KB155343

정신분석과 문화연구센터
무의식의 저널
Umbr(a)

폴레모스: 헤게모니와 민주주의

- 정신분석과 정치

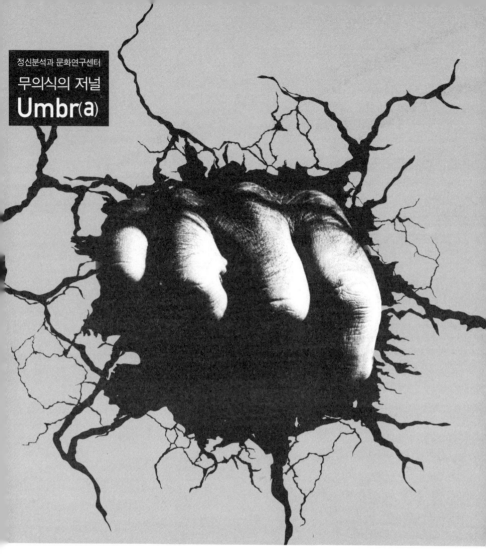

정신분석과 문화연구센터

무의식의 저널

Umbr(a)

폴레모스: 헤게모니와 민주주의
-정신분석과 정치

어네스토 라클라우/엘리자베스 그로스 외 지음

강수영 옮김

인간사랑

차례

2부　진리와 일자

3부　승화와 동성애

역자 서문

전쟁, 갈등, 충돌-적대주의의 양상은 흔히 부정적으로 간주된다. 하지만 고대 그리스의 패러다임에서는 인간사회는 언제나 전쟁과 갈등상태에 있다. 전쟁, 즉 갈등과 충돌을 평화와 질서를 유지해야 한다는 정당성과 정의의 틀 안에서 수용하는 태도이다. "폴레모스는 모든 것의 아버지이자 왕이다"(헤라클레이토스). 폴레모스, 즉 전쟁이 지배한다. 이 패러다임은 정신분석이론에서 적대주의의 형태로 이어진다. 정신분석 이론의 관점에서 우리가 물어야할 질문은 이것이다. 일체의 갈등과 전쟁은 나쁘고 피해야할 것인가?

멀리 갈 것도 없이 최소한 20세기 이래, 그리고 현재 진행되는 국지전들까지 떠올려보면, 전쟁은 늘 일어났고 또 일어날 것이다. 최근의 전쟁, 러시아-우크라이나 전쟁은 어떻게 시작되었나? 또 이스라엘이 가자 지구를 폭격할 때 어떤 명분을 내세웠나? 2001년 미국 뉴욕시의 월드 무역센터 빌딩에 가해진 고공비행 테러 직후 부시행정부는 국가와 국민의 이름으로 대 이라크 전을 펼쳤다. 상식선에서 우리는 전쟁을 반대하며 평화를 지향하지만, 현실사회에서 전쟁은 국내외적으로 상시적 현실이 되었다. 다시 한 번 "폴레모스는 모든 것의 아버지이자 왕이다."

현 시대의 전쟁은 소위 '정의로운 전쟁'이라고 불릴 수 있다. 거의 모든 전쟁이 '정의'의 명분에 의해 진행되어 왔다. 전쟁이 정의로울 수 있는가? 혹은 어떤 상황에서 전쟁이 정의로운가? 또 '정의로운 전쟁'은 도덕적으로 전혀 문제되지 않는지? 어떤 전쟁도 명분 없이 일어나지 않는다. 우리에게 익숙한 대중서사 중 하나인 할리우드의 마블 유니버스에서 벌어진 전쟁을 떠올려보라. 타노스와 그에 대항하는 어벤저스 모두 '정의'의 이름으로 참전한다.

명분은 전쟁에 동반되는 살상과 파괴, 대량학살까지도 일삼는 폭력성을 합리화한다. 반대로 전쟁에 함축된 폭력성이 억압과 피억압의 국면에서는 저항의 무기가 되기도 한다. 억압에 저항하는 '레지스탕스'의 폭력은 정의의 이름으로 정당화될 수 있을까? 폭력에는 무조건 거부감을 느끼고 폭력이 비윤리적이라고 생각하는 현대인의 감성에는 폴레모스, 즉 정신분석의 적대주의는 이해하기 어렵고, 반감을 일으키기 쉽다.

물론 폭력은 정당화될 수 없다. 그렇다고 현실 속 적대적 갈등과 세계 곳곳에서 일어나는 전쟁의 실태를 '평화주의'를 기치로 해결할 가능성은 미미해 보인다. 갈등으로 점철되는 현실을 이해하는 방식은 여러 가지겠지만, 정신분석이 제시하는 방향을 따라가 보면 무의식과 내재적 적대주의를 발견하게 된다.

이번 호의 편집자는 적대주의를 사유의 영역에서 불러낸다. 편집자의 말을 빌면 '사유', 즉 '생각한다'는 것은 참전을 의미한다. 사유는 타협과 협상을 지향하지 않는다. 그렇지만 분열이나 불화를 조장하지도 않는다. 사유의 장에 참전하는 모든 참가자들은 평등하다(편집자의 말). 정치사회적 장에서, 혹은 학술 영역에서 토론은 우리에게 익숙한 장면이다. 민주주의의 정신은 토론과 합의라고 들어왔다. 정신분석의 폴레모스는 여기서 한 걸음 더 나아가 사유, 즉 토론의 장에 참전한다는 것은 기존 질서의 유지가 아니라 이미 자리를 차지하고 있는 것들('기존 질서')로부터 '단절'하는 것이라고 주장한다. 기존의 것을 그저 유지보수하려는 것이라면 적대할 필요는 없다. 급진적 민주주의 정치는 대화와 토론, 즉 사유의 발화를 통해서 기존질서에 질문을 던지고, 탈구성하며 '새로움'을 모색하는, 종착지 없는 과정이다.

미국의 유력 일간지 《워싱턴포스트》는 7월 14일자 오피니언에 「아슬아슬했던 미국」이라는 표제 하에 사설을 실었다. 미국의 제47대 대통령 후보이자 45대 대통령을 역임했던 도널드 트럼프의 암살시도가 있던 다음날이었다. 점점 거세지는 당파적 분열과 혐오의 분위기 속에서 일어난 충격적 암살미수사건을 겪고 난 미국사회를 향해 《워싱턴포스트》는 언론의 사명을 되새기는데, 정적을 원수가 아닌 동반자로 볼 것이며, 첨예한 의견 차이를 민주주의의 당연한 대가로 받아들이면서 미국정치를 합리적으로 재구성하는 데 참여하겠노라고 다짐한다. 국민의 절반인 '그들'의 나라를 구하려는 시도를 그만두고 '우리'가 함께한다는 생각으로 행동하자는 기자들의 선언은 폴레모스가 그어놓은 선, 즉 한쪽엔 신을, 다른 한쪽엔 인간을 드러내는 그 선을 기준삼아 우리 모두가 '인간'쪽에 있음을 의미한다. 또 폴레모스는 노예와 자유인을 나누는데, 사유의 장에 참전함으로써 우리는 노예에서 자유인이 되는 것이다. 기자들의 선언은 이 자유인으로서 책무를 다한 것이리라.

그렇다면 이 기자들의 선언이 단지 '우리'라는 범주 안에서 아직도 현재진행형인 미국사회의 갈등과 분열을 서둘러 '봉합'하는 데 그치지 않으려면 — 현재 미국사회의 갈등은 쉽게 봉합될 수 없다. 물론 한국 사회에서 상시적으로 목도하는 갈등과 혐오도 마찬가지다 — 폴레모스의 사유를 실천해야 한다. 편집자가 인용한 저 헤라클레이토스의 구절이 담고 있는 의미는 오직 폴레모스 만이 사유하는 인간을 자유롭게 해줄 수 있다는 것이다. '우리'라는 대명사로 갈등의 양 진영을 성급히 한데 묶어둘 수는 없다. 근본적으로 폴레모스는 '우리' 인간을 한 쪽에, 다른 쪽에 '신'을 두는데, 신은 여기서 기성종교에서 믿는 신이 아니라 '불멸'을 의미한다. 짐짓 분열되고 적대적 관계에 놓인 듯하지만, 우리는 모두 신의 자리와는 다른 한쪽에 몰려있다. 우리는 늘 '우리'로서, '우리' 안에서 적대하고 연합하고 갈등할 뿐이기 때문에, 새로운 국면으로 나아가기 위해선 사유가 행하는 칼을 휘둘러 '단절'해야 한다. 그러니 이 지구화시대 세상에서 빚어지는 전쟁들을 해결하는 방법은 단절의 사유를 통해 지금과는 전혀 다른, 새롭고 낯선 곳을 향하는 것이다. 그 곳은 필멸의 존재(인간을 포함한 모든 생명체)를 제외한 '신'의 영역이 가리

키는 '불멸' 즉 초월의 장소이다. 정신분석이론에서 이 신, 불멸의 위치
는 무의식의 장소이다.

정치 선거의 시절을 보내는 지금 티브이나 미디어에서 제공되는
후보자들의 토론을 보면 말에 실린 발언자의 욕망이 엿보인다. 정치토
론회에서 말은 대화상대를 향하지 않고, 있는 그대로 의미를 전달하지
못한다. 미국에서는 현직 대통령이 토론회 후에 곤혹을 치르고 후보사
퇴를 했다. 이 사건은 토론회의 목적이 대화나 소통, 연합이 아니라는
점을 극명히 보여준다. 토론회에 참석한 후보자는 자신의 개인적 역량
을 뽐내고 '정의롭고 정직한' 정치인의 모습을 보여주면 된다. 이에 더
해 이제는 '건강한' 몸과 정신도 중요한 기준이 되었다. 이런 상황에서
현실 정치에 폴레모스의 사유가 들어설 여지는 없어 보인다.

이번 호에서는 정신분석이론가들이 급진적 민주주의와 헤게모니,
페미니즘정치, 고전비극과 퀴어 미학, 프랑스철학자 바디우와 들뢰즈
의 존재론, 진리와 다중에 관한 주제들을 다루면서 각자의 입장을 피
력한다. 이들은 진정 사유와 그 실천적 발언이 어떻게 '참전'의 선언인
지를 잘 보여준다. 그들은 논쟁 상대에게 말을 걸거나 반박을 하기보
다는, 폴레모스의 한쪽에서 신의 영역인 다른 쪽을 향해, 그곳의 불멸
을 염두에 두고 사유'한다.' 현실정치에선 아마도 민주주의, 자유와 평
등, 행복의 가치 등이 될 텐데, 폴레모스의 정신에 입각해서 정치가들
이 어떤 '사유'의 몸짓을 보여줄지 지켜볼 일이다.

2024년 7월 미국 알래스카에서

편집자의 말: 폴레모스'의 첫 번째 원칙

전쟁의 화신, 폴레모스는 모든 것의 아버지이자 왕이다. 한쪽에는 신, 다른 쪽엔 인간을 드러내며, 한쪽에 노예를, 다른 쪽에 자유인을 만든다.

— 헤라클레이토스, 『단편』 53

사유가 존재하기 위해서는 공적으로 선언되어야 한다. 사유를 선언한다는 것은 — 선언된 것이 진정한 사유라면 — 항상 폴레모스와 관련되며, 곧 참전을 의미한다. 폴레모스는 이미 하나로 결합된 집단을 분열시키지는 않는다. 폴레모스에 선행하는 집단은 없기 때문이다. 사유의 출현은 이미 동의한 사람들에게 편을 갈라 서로 적대하라고 강요하지 않는다. "폴레모스는 모든 것의 아버지이자 왕이다." 폴레모스는 이미 연합된 것을 분열시키지 않는다. 대신 폴레모스 이전에 존재하지 않던 것을 결합시킨다.

우리는 이 연합 상황에 대해 정확히 할 필요가 있다. 사유는 타협을 통해 연합하지 않는다. 사유는 결코 '인정한다'거나 '결산한다' 등의 표현으로 축소될 수 없다. 이런 표현들은 사유가 담론의 장에서 이미 가용한 조건이나 경제 내에서 작동한다는 것을 가정한다. 실제 사유는 양쪽 입장 사이에 어딘가 편리한 중간지대에 놓이지 않는다. 사유는 필연적 위치가 정해져 있지 않다. 따라서 타협이라는 개념과 정반대이다. 대립하는 두 입장을 타협시킨다는 것은 궁극적으로 '위치정하기'이다. '타협적' 위치에 관련된 모든 것은 반드시 이미 존재한 것, 즉 연합해야 할 두 입장과 관련해서 신중하게 위치를 정해야 한다. 사유는 이미 존재하는 것과의 단절로서 근본적으로 새로운 것이다. 그렇기 때문에 위치가 정해지지 않은 채 발생한다. 이번 호 『폴레모스: 헤게모니와 민주주의』에서 제시하는 폴레모스는 타협이 아니라, 사유이다. 서로 결합하기보다 사유하기, 다시 말해서 담론의 장을 가로질러 절단하는 사유이다.

사고가 이런 식으로 존재를 가로질러 절단하는 데 성공한다면 이미 위치한 모든 것들과 단절하게 된다. 이 단절의 사유를 향한 보편적 호소를 통해서 담론의 장은 연합된다. 논쟁적 사유는 폴레모스에 선행해서 입장을 정하게 해줄지 모를 차이나 구별에 관해서 근본적으로 위치를 정하지 않기 때문에 차이에 기초해서 담론의 장에 다가가지 않는다. 대신 모두에게 동등하게 다가간다. 폴레모스의 형식을 띠는 사유는 온전히 불편부당하다. 그 이유는 모든 가능한 입장과 지위를 (타협의 형태로) 고려해서가 아니라, 모든 입장과 지위로부터 단절하기 때문이다. 타협은 모든 관점을 설명하고 모든 불일치를 고려하려고 시도하지만, 이때 뭔가 새로운 대립을 초래시킬 균열로부터 빠져나가기 마련이나. 그래서 사유는 모든 입장을 동등하게 간주하는 대신, 동등하게 무시한다. 폴레모스, 즉 사유의 선언이 전장을 마련한다. 폴레모스는 진정 "모두의 아버지이고 왕이다." 사유는 대립물의 균형을 통해 모든 것을 합쳐버리는 것이 아니라 논쟁의 공간을 재규정하기 때문이다. 이 공간에서는 이미 존재해있던 대립물은 완전히 무시된다.

결과적으로 폴레모스는 논쟁 너머에 뭔가 새로운 것을 도입한다. 단순히 논쟁 그 자체에 새로운 것을 도입하는 것이 아니다. 헤라클레이토스가 말하기를 폴레모스는 "한쪽에는 신을, 다른 한쪽에는 인간을 드러내고, 한쪽에는 노예를 다른 쪽에는 자유인을 만들어낸다." 무엇보다도 폴레모스는 불멸의 존재 혹은 신을 드러내며, 이로써 신을 제외한 모든 것은 필멸, 즉 인간이 된다. 불멸의 등장은 논쟁 너머에 존재하는 장소의 출현이다. 하지만 불멸은 논쟁에 참여하게 될 새로운 위치(협상의 장소로서)는 아니다. 차라리 논쟁이 멈추는 장소인데, 폴레모스를 통해 이 장소는 사유활동에 참여하게 될 곳임이 드러나게 된다. 그렇지만 이 장소는 담론의 장, 즉 논쟁의 차원으로부터 제거되어있다. 이처럼 오직 폴레모스만이 사유를 불멸로 드러내게 된다. 마찬가지로 — 위에 인용된 헤라클레이토스의 마지막 구절에 따르면 — 오직 폴레모스만이 사유하는 인간을 자유롭게 해준다.

우리가 처한 이 문화상대주의의 시대에 사유의 자유는 다양한 위치로 잘못 오인되고 있다. 이 와중에 오직 정신분석만이 논쟁의 조건 너머의 장소를 유지하고 있는 듯이 보인다. 이 장소로부터 다른 자유의 개념이 가능하다. 폴레모스로서의 사유는 의심의 여지 없이 여타의 학제를 횡단한다. 정신분석의 출현은 이 너머의 장소를 무의식이라고 명명했던 순간에 다름 아니기 때문에 정신분석은 이 사유의 요구에 충실할 수밖에 없다. 이번 호에 수록된 논문들이 이 정신분석의 충실성을 증명해준다. 단지 지속적인 논쟁들 — 다문화주의, 성차 등등 — 에 대한 어떤 입장을 제시하려는 데 머물지 않고, 사유하는 인간과 논쟁 자체에 영향을 미침으로써 정신분석은 논쟁의 장 자체를 재규정하고 있다는 것을 보여준다.

주

1 폴레모스는 그리스 신화에서 전쟁의 화신이다. 소크라테스 이전 시대의 철학자 헤라
클레이토스에 의하면 폴레모스는 모든 존재의 아버지이자 왕으로서 존재하는 모든
것을 구분하는 갈라진 틈과 간격, 연결을 나타낸다. 당시 폴레모스는 내전보다는 외
전, 즉 도시국가 간 전쟁을 의미했고, 나아가 인간사회의 갈등 전반을 의미하기도 했
다. 현대철학자 하이데거는 폴레모스를 다른 무엇보다 앞서 신적인 것으로서, 신적
다스림을 위한 투쟁을 의미하며, 차이 또는 차별화의 원칙이라고 했다. 서양철학사에
서 존재는 이처럼 갈등과 투쟁을 통해 드러난다(역주).

1부

보편성

이론, 민주주의, 좌파: 어네스토 라클라우와의 대화

- 카를로스 페소아, 마르타 헤르난데즈, 이성원, 라쎄 토마센[1]

마르크스주의는 아수라장이 되었다. 1989년 베를린장벽이 무너진 후 마르크스주의가 정치적, 이론적으로 심각한 위기에 처했다는 정치적 신호가 점점 뚜렷해지고 있다. 이 상황에서 많은 지식인들이 정치로부터 완전히 등을 돌려버렸다. 그들은 너무도 쉽게 포스트모던 조건을 이론으로 정립하는 것이 불가능하다고 주장하거나 정치적 특수주의의 불가항력을 강조하면서 마르크스주의의 근본적 패배를 단정한다. 혹은 소위 유럽주의 제3의 길[2]로 대표되는 중심부와 관련된 이데올로기를 지원하기로 선택한다. 그렇지만 우리[질문자]가 보기엔, 지식인의 이런 선택들은 동일한 결여의 징후일 뿐이다. 즉 상실된 욕망의 대상을 향한 갈망이다. 정치적 애도[3]는 진정 이 시대가 견뎌내야 할 고행이며 이 시대가 당면한 위험이다. 애도는 행동에 틈[hiatus]을 낳고

욕망의 중지는 지배하려는 대타자의 욕망을 위한 여지만을 남겨놓는
다. 현 정치적 상황에서 대타자의 욕망은 신자유주의로 불리고, 애도
중인 우리는 마르크스주의 신화와의 단절을 거부함으로써 실상 대타
자가 우리의 욕망을 구성하도록 허락하고 있다.

　현 위기 상황에도 불구하고 마르크스주의로 불리는 욕망의 대상
을 재규정하기로 선택한 지식인들도 있다. 어네스토 라클라우는 그런
이론가 중 한 사람이다. 담론의 조건에 따라 사회적 현실의 기호학적
지도를 그려가면서 형이상학의 후기구조주의적 전망을 수용한 라클
라우는 작금의 사회경제적 조건에 적용할 진보적 정치기획을 절합하
려고 노력해왔다.『헤게모니와 사회주의전략』에서 그의 헤게모니이
론이 처음 제시되었다. 1985년 샹탈 무페와 공저한 이 책에는 라클라우
의 기획이 기술되어있고 규범을 제시하고 있다. 특수를 보편의 전통적
논리로부터 해방시킴으로써 보편주의를 재개념화하려는 시도한 기획
이었다. 그는 주체성을 비본질적으로 그려내려고 했는데 주체성의 존
재조건은 완전한 실현의 불가능성을 전제한 구성적 불가능성이다.

　우리는 각자가 활동하는 세 지역 ― 아시아, 유럽, 라틴아메리카 ―
의 언제나 새롭고 빠르게 변화해가는 사회경제적 조건들을 연구하면
서 라클라우의 이론에 담긴 다양한 측면들을 적용해왔다. 라클라우의
이론을 검토하면서 우리는 현 세계에 등장한 두 가지 기표, '좌파'와 '민
주주의'의 정치적 위기와 관련된 질문을 구성하려고 했다. 우리는 라클
라우의 헤게모니 이론이 가장 명징하며 지적으로 도전적인, 실행 가능
한 진보적 정치기획의 절합이라고 생각한다.

이론

질문 우발성은 당신의 이론 작업에서 핵심적 개념입니다. 이 용어는 1960년대에 좌파진영에서 꽤 유행했습니다. 가령 사르트르의 『구토』가 한 예입니다. 하지만 조르주 소렐의 『마르크스주의의 분해』(1908)까지 거슬러 올라가 볼 수도 있습니다. 우발성을 사회성의 경계 내에서 필수적인 논리의 개념과 대립하고, 혹은 정체성을 규정하는 고유한 본질의 개념과 대립하는 것으로 이해할 수 있을 텐데, 당신은 어떻게 우발성의 개념을 사용하고 있으며 헤게모니의 논리에서 이 개념이 근본적으로 어떤 역할을 수행하고 있는지요?

라클라우 나는 우발성 개념을 기독교전통에서 규정된 엄정한 철학적 의미로 사용합니다. 본질적으로 자신의 존재와 연관되지 않는 존재는 우발적입니다. 이런 의미에서 유한성은 우발성에서 규정된 차원들 중 하나입니다. 그렇기 때문에 나는 우발성을 우연한 사건의 범주와는 구별해내려고 했습니다. 우연성은 아리스토텔레스 철학에서 개체의 존재 속 내재적 구분을 의미합니다. 현대철학자 리처드 로티는 '우발성'이라는 용어를 '우연성'과 동의어로 사용했지만 내가 보기엔 이 두 범주는 엄격하게 구별되어야 합니다.

우발성의 개념은 사회적 공간의 담론적 구조와 중요하게 연결되어 있습니다. 궁극적으로 초월적 기의를 둘러싼 결정적 봉쇄를 작동시킬 수 없는 불가능성과 연결됩니다. 이 불가능성의 결과 기표와 기의의 관계는 고착되지 않으며, 사회 구성의 과정에서 위상학적 전치들이 구성적 역할을 담당하게 됩니다. 헤게모니의 논리에 따르면 사회적 관계들이 침전되어 기존 제도의 우발적 활동을 비가시화하는 지점까지 이르게 되면 어떤 헤게모니적 전치도 가능하지 않게 됩니다. 이 본원적 우발성을 가시화하려는 지속적인 재가동화는 모든 헤게모니적 작동에 포함된 핵심적 차원입니다.

질문 당신은 헤게모니가 역설적으로 구성되었다고 주장합니다. 이때 재현불가능한 것의 재현이 성취됩니다. 아마도 당신이 포스트모더니즘의 시학에 속하는 침묵의 수사학을 잘 알고 있는 듯 보입니다. 이 침묵의 수사학도 동일한 원칙에 따르지요. 파울 첼란이나 호세 앙헬 발렌테[5]는 침묵의 수사학을 실천하는 작가로 꼽힙니다. 그러나 이 시학 운동에서는 마치 신비주의처럼 기표는 아무것도 의미하지 않고 소통하지 않으며 그저 모든 표현 너머 투명한 어떤 것을 만들어냅니다.[6] 만일 침묵이 주체의 담론에서 핵심이라면 어떻게 대의정치의 역할을 담당하는 시민이 자신이 대의하는 주체들의 침묵이 무엇을 의미하는지 알 수 있을까요? 이 침묵을 어떻게 해석할 수 있을까요? 앎 너머에 있는 침묵의 가능성을 고려하는 것은 실수가 아닐까요?

라클라우 내 방법론은 당신이 언급한 지적 경향과는 아주 다릅니다. 재현불가능한 것의 재현은, 내가 그 표현을 사용했던 의미와 맥락에서는, 필연적인 동시에 불가능한 대상 — 사회의 충만함 — 이 있음을 암시합니다. 그래서 우리가 다루는 것은 침묵이 아니라 결여입니다. 부재로서 현존하는 어떤 것이 있지요. 이 결여의 현존이 취하는 일차적 형식은 텅 빈 기표들을 통한다고 나는 주장해왔습니다. 헤게모니는 이 기표들을 좀 더 광범위한 담론의 총체성으로 담론적 차원에서 절합하도록 작동합니다. 그렇기 때문에 나는 재현의 관계를, 대의자가 자신이 대표하는 것과 마주해서 헤게모니적 작동에 참여하는 것이 아니라 대의의 과정을 통해서 대의하는 대상의 정체성이 구성되는 수행적 개입으로 봅니다. 재현불가능성의 재현이란 그 자체로 내용이 없기 때문에 재현을 통해서만 존재한다는 의미입니다. 즉 엄격하게 구성적인 대체를 통해서 존재하게 되며, 대체되는 대상은 존재하지 않습니다. 이것은 내가 보기에 모든 재현에 본질적으로 내재하는 오용catachresis[7]입니다. 대체는 분명 비유적이지만 수사를 대체할 수 있는 문자 그대로의 용어는 없습니다. 그렇기 때문에 헤게모니적 작동은 역전될 수 있습니다. 사회의 충만함을 재현하는 기표들이 충만함에 필수적 형태는 아니며, 다만 우발적인 체화일 뿐입니다.

질문 룸펜프롤레타리아 — 마르크스에게는 비천한 주체였던 집단 — 는 역사적 잔여물이었고 아직도 그렇습니다. 현시대는 유연축적의 시대로, 신자유주의가 세계 권력으로서 막강한 헤게모니를 과시하고 있는데, 여전히 룸펜프롤레타리아는 존재합니다. 룸펜프롤레타리아는 또한 미국 학계 일부에서 '하위주체'로 불리기도 합니다. 알베르토 모레이라스의 하위주체성 개념[8]에 따르면 하위주체는 배제되거나 포함된 존재가 아닙니다. 샹탈 무페의 가설에 의하면 민주주의 정치는 포함과 배제의 이중운동을 함축하고 있습니다. 가령 슈미트[9]식으로 친구와 적을 짝짓기 할 때 하위주체는 적도 친구도 아닙니다. 그보다 하위주체는 잔여물이며, 배제/포함의 대립 쌍에 남아있습니다. 이렇게 보면 하위주체는 여전히 역사적 잔여물입니다. 하위주체를 이렇게 정의한다면, 헤게모니 이론은 이 개념을 어떻게 절합할 수 있을까요?

라클라우 이 질문은 매우 중요한 문제를 제기하고 있습니다. 먼저 나는 당신이 언급한 모레이라스의 논의에 대체로 동의한다고 말할 수 있습니다. 정확히 하위주체는 포함되지도 배제되지도 않습니다. 왜 그럴까요? 배제의 관계는 — 부정적으로 — 포함된 것의 정체성을 규정하는 방식이기 때문입니다. 그러나 역사의 잔여물인 하위주체는 당신이 말하듯 포함/배제의 대립 쌍 너머에 있습니다. 헤겔주의의 역사 없는 민족이라는 개념과 마찬가지입니다. 룸펜프롤레타리아의 마르크스주의적 개념은 동일한 현상계의 질서에 속해 있습니다. 룸펜프롤레타리아는 역사가 없습니다. 잔여물의 존재로서 사회의 아주 다양한 유형들에서 발견될 수 있기 때문입니다.

하지만 문제는 이보다 더 복잡합니다. 심지어 마르크스 이론에서도 그렇습니다. 마르크스는 역사적 장면의 전면에 잔여물들을 등장시키지 않은 채 현실 정치의 발전을 설명하기 어렵다는 것을 알게 됩니다. 마르크스이론에서 룸펜프롤레타리아의 역할에 관한 탁월한 논문을 쓴 피터 스탤리브래스는 「루이 나폴레옹의 브뤼메르 18일」에서 제시된 보나파르트주의의 정치적 논리를 분석합니다. 여기서 그는 이 논리는 계급이해관계를 중심으로 조직되지 않은 사회적 요소들의 활동에 의존한다고 결론 내립니다. 이 사회적 요소들은 생산 과정 내에 정박하고 있지 않습니다. 스탤리브래스의 말로 표현하면 "마르크스에게 … 이질성은 정치적 통합의 반테제가 아니라 이 통합의 가능성을 위한 조건이다. 나는 마르크스 이론에서 이것이야말로 룸펜프롤레타리아의 진짜 스캔들이라고 생각한다. 즉 룸펜이 그 자체로 정치의 수사가 된다 … 룸펜은 어떤 의미에서든 마르크스주의에서 이해하는 계급보다는 정치적 절합이 가능한 집단의 비유에 가깝다. 사실 그렇지 않은 집단이 있는가? 그래서 현기증 날 정도로 다양한 사회적 계급들은 이런저런 순간에 보나파르트주의에 동참하며, '룸펜프롤레타리아의 대장'에 충성심을 보인다."[10]

나는 여기서 이렇게 이해된 — 포함도 배제도 아닌 — 하위주체성의 개념은 헤게모니 개념을 이해하려면 반드시 필요하다는 점을 덧붙이고 싶습니다. 어떤 잔여물도 없다면 포함과 배제를 엄격하게 분리시키는 경계를 갖게 될 것이고, 그렇게 되면 헤게모니화 할 대상이 아무것도 없게 되기 때문입니다. 내적인 경계의 변동성은 헤게모니에 필요한 가정입니다. 이 변동성에는 주변과 잔여물, 통합되지 않은 사회적 분야들이 존재해야 합니다. 새로운 헤게모니 전략들은 이 분야들을 역사적 영역으로 설치하게 됩니다. 수많은 제3세계이론가들은 이 주변부가 담당하는 창조적 역할을 강조했습니다. 가령 프란츠 파농은 이렇게 주장합니다. "룸펜프롤레타리아는 일단 구성되면 도시의 '안전'을 위협하는 모든 세력들을 불러오게 되며, 회복할 수 없는 부패의 기호로서 식민주의적 지배의 핵심에 존재하는 괴저병이다. 그래서 포주와 홀리건, 실업자들과 잡범들 등이 건장한 노동자남성들처럼 투쟁에 참여하게 된다. 이 무계급의 게으름뱅이들은 호전적이고 결정적인 행동을 하면서 민족성에 이르는 길을 발견하게 된다 … 매춘부도 그렇고 한 달에 2파운드 받고 일하는 가정부, 자살과 광증 사이를 반복하는 이들 모두가 그들의 균형을 회복하게 될 것이며, 다시 한번 앞으로 나서서 의식이 깨어난 민족의 거대한 행사에 자랑스럽게 행진할 것이다."[11]

　　지구적 자본주의의 조건에 의해 인구의 상당한 부분이 갈수록 주변화되어가면서 지속적으로 하위주체성을 생산, 재생산하게 됨에 따라 이런 방식으로 헤게모니적 실천의 작동 지역을 확대한다는 점을 덧붙이고 싶습니다.

질문 칸트의 본질과 현상의 구별에 대해 말해보겠습니다. 본질은 직관의 대상이라기보다는 감수성의 한계에 불가피하게 결박되어있는 문제입니다. 칸트에 의하면 이론적 이성에서 본질이 부당하게 사용됩니다. 예를 들어 본질을 대상화하게 되는데, 칸트에게 이 대상화는 오직 사유에서만 존재하는 영역으로부터 대상이 그 자체로, 직관과의 연관성이 없이 존재하는 영역으로 이동하는 것입니다. 이런 의미에서 개념들은 오성의 순수한 개념들, 가령 실체, 권력, 행위와 현실, 인과성 등이 마치 본질 그 자체이거나 적어도 본질에 적용가능 하듯이 초월적으로 사용될 때 대상화됩니다. 당신의 이론적 장치의 토대가 된 전제들 중 하나, 즉 일체의 사회적 현실이 담론적이라는 사실을 고려한다면, 어떻게 본질의 부당한 사용이라는 칸트식 역설에 대응할 수 있을까요?

라클라우 나는 칸트의 이원론이 어떤 방식으로도 유의미하게 내 이론에서 사용된 담론의 개념과 연결된다고 생각하지 않습니다. 먼저 칸트는 오성의 초월적 조건들을 다룹니다. 반면 나는 의미화(기초적 형식은 기호)를 말하고 있습니다. 둘째, 담론의 개념에서 중요한 것은 수행적 차원으로, 비트켄슈타인의 언어게임이라는 개념에 근사한 것입니다. 반면 현상계와 본질이라는 칸트의 구별은 앎의 주체에만 관련된 것입니다. 따라서 물자체에 관련된 저간의 논의는 나의 이론적 문제 지형과는 아무 관련이 없습니다.

나의 담론주의 방법론에 관련된 것은 사실상 — 칸트의 전통과는 전혀 무관하게도 — 언어가 현실과 맺는 관계 — 분석철학 전통의 시작부터 다루어온 사물과 직접 연결된 궁극적 '이름'이 있는지의 여부 — 에 관한 문제입니다. 혹은 후설의 모토인 "사물 그 자체로!"가 현상학적 기술에서 그 적절한 답을 찾을 수 있는가의 여부입니다. 또는 — 구조주의의 절정기에서처럼 — 기표의 질서와 기의의 질서 사이에 엄격한 동종구조를 설정할 수 있는지의 문제입니다. 이 모든 직접성의 환영들은 해소되어왔고 이러저러한 형태의 담론이론들에 의해 대체되었습니다. 나의 담론주의 방법론이 이런 지적 변화의 일부인 것은 사실입니다. 하지만 이런 논의는 당신의 질문이 원하는 방향과는 매우 다른 쪽을 향하고 있습니다.

질문 기호, 기의 그리고 기표의 소쉬르적 개념에서 취한 형식화에 따라 "기표, 기의 그리고 기호는 모두 기표로 개념화되어야" 한다고 당신은 최근에 주장했습니다.[12] 하지만 의미와 사회의 가능성 그 자체가, 아무리 구성적으로 왜곡된다고 해도 기표의 작동이 의미의 부분적 — 오직 부분적으로만 — 고착화로 작동하는 기의를 생산한다고 가정하지는 않나요? 다시 말해서 의미와 사회의 가능성은 기의의 생산을 가정하는 것은 아닌가요? 기표의 작동이 동시에 기의의 생산을 가능하게 하고 제한하는 조건은 아닌지요?

라클라우 당신이 언급한 그 문장은 실은 제이슨 글리노스의 글에서 인용한 것입니다. 제 책에서 제이슨을 인용했습니다. 이와 관련된 논쟁은 이렇습니다. 만일 언어가 소쉬르의 이론에서 형식이며 실체가 아니라면 의미화 과정은 오직 구성요소들의 형식적 차이에서만 진행됩니다. 그 중 일부는 기표이고 나머지는 기의라는 사실(이런 구별은 실체를 — 음성학적이든 개념적이든 — 논쟁에 재도입함으로써만 유지됩니다)과는 무관합니다. 이런 형식주의적 경향은 나중에 옐름슬레브[13]가 구조주의적 모델을 재구성하면서 강조되었고 정제되었습니다. 글리노스는 의미의 변형이 기표나 기의의 차원에서 생긴 변화의 결과라기보다는 — 이런 변화가 음성학적 혹은 개념적 실체들에서 시작된다는 사실과는 무관하게 — 의미화체계의 구성요소들 사이의 관계에서 생긴 형식적 변화의 결과로 나타난다고. 다소 자극적으로 주장합니다.

당신이 언급한 문장에서 나는 브루스 핑크에서 따온 사례를 다루었습니다. 프로이트에게 쥐인간의 콤플렉스는 기의의 차원에서('쥐'가 '음경'을 연상시킵니다. 쥐는 성병을 확산시키기 때문이죠) 혹은 기표의 차원에서 연상을 통해서 구성됩니다. 프로이트가 "언어적 가교"라고 불렀던 언어들 사이의 순수한 유사성(spielratten는 '놀음'을 의미하는데 쥐인간의 아버지는 놀음 빚을 졌습니다)이지요. 쥐인간의 콤플렉스는 전체로서 의미를 고정시킵니다. 그 구성요소들이 함께 기의의 차원이나 언어적 가교를 통해서 연상을 구성하게 되는 것과는 무관합니다.

이것은 정치와 분명 연관됩니다. 헤게모니적 구성에서 통일성은 방금 기술했던 두 가지 방식에서 함께 모인 구성요소들 간 중층결정의 결과입니다. 그래서 당신의 질문에 대한 대답은, 당신이 말하고 있는 의미의 부분적 고착화는 분명 사회적 관계들의 어떤 헤게모니적 개념에 중심적이라는 것입니다. 그러나 기표의 차원에서 원인이 작동하고 기의의 차원에서 결과가 작동하는 이원론적 도식에서가 아니라 내가 언급한 이중적 과정에서 비롯됩니다. 의미는 단순하게 '기의'를 의미하는 것이 아니라 기표와 기의의 관계에서 주어진 구조적 구성물입니다. 그래서 나는 글리노스가 기표, 기의와 기표로서의 기호들을 다루는 시도를 했을 때 장점을 발견한 것이지요.

질문 당신의 헤게모니 개념에서 기본적 전제는 권력은 매끄럽지 않고 배타적 성격을 갖고 있고 특수성에 대한 보편성의 의존이라는 결과를 낳는다는 것입니다.[14] 만일 권력이 매끄럽지 않고 배척한다면 이 권력의 성격은 사회적 작동인자들 사이의 어떤 주어진 관계 내에서 유지되는 것처럼 보입니다. 헤게모니적 담론의 구성에서 다양한 특수 집단들이 등가적 관계로 진입하는데 어떻게 이 사회적 개체들은 권력적 속성의 견지에서 등가적 연쇄 안에 서로 관계하게 되는지요? 이런 헤게모니적 기획을 지배하는 이처럼 비유적으로 집약된 작동은 권력의 성격에 어떻게 유지되나요? 아니면 그 등가적 연쇄 속에 다른 성격의 권력이 있는 건지요?

라클라우 무엇보다 권력의 매끄럽지 못한 구성적 성격에 대해서 말하는 것이 무엇을 의미하는지 설명하도록 하겠습니다. 이 점은 역설적으로 거의 동일한 결론에 도달하게 될 두 양극의 가설들을 거부하는 것과 관련됩니다. 먼저 조화로운 유토피아적 사회라는 가설입니다. 권력은 여기서 전적으로 제거되기 마련이지요. 두 번째는 — 홉스에서처럼 — 자기 규정이 불가능한 사회입니다. 자연의 국가에서 인간들의 평등이 오직 모두를 상대로 한 모두의 전쟁을 낳을 뿐이기 때문에 그에 수반되는 혼돈은 레비아탄의 손에 전체 권력을 굴복시킴으로써만 대체될 수 있을 뿐입니다. 이 두 가설들은 오직 한 지점에서 만납니다. 이 두 가설에서 권력은(그 결과 정치는) 근본적으로 제거됩니다. 존재하지 않는 권력과 총체적인 권력 — 즉 어떤 저항에도 제한받지 않는 — 은 정확히 동일합니다. 오직 시민사회의 차원에서 권력이 매끄럽지 않다면 — 그러면 홉스의 가설과 상충되는 — 시민사회는 자기통제가 가능하게 됩니다. 이 지점은 중요합니다. 권력의 매끄럽지 않음이 시민사회에 자기통제를 가능하게 만듭니다. 자기통제와 권력은 서로 필요한 것이지요. 이 두 요소들의 절합이 제가 말한 헤게모니입니다.

당신이 정당하게 말하듯 권력에는 배타성이 필요합니다. 그렇지만 내가 책에서 설명하려고 노력했듯이 이런 배타성은 바로 자유의 조건입니다. 포함/배제의 경계선이 없다면 어떤 등가성도 없습니다. 하지만 등가성이 의미 있는 전체가 되려면 등가적 연쇄의 한 구성요소라도 전체성으로서 후자를 재현하기 위한 헤게모니적 기능을 취해야만 합니다. 아시다시피 권력의 매끄럽지 못함이 작동되는 두 계기가 있습니다. 먼저 포함/배제의 경계를 구성할 때 등가적 연쇄가 그 자체의 정체성에 도달하기 위해서 그 특수적 내적 연계성의 하나를 권력화하고 보편화해야 합니다. 이 평등주의적 논리의 진입에는 — 요구의 복수성이 등가물을 통해서 진행되는 논리 — 복합적인 헤게모니적 작동이 요구됩니다. 등가성은 이제 묘사했던 매끄럽지 못한 두 계기가 없이는 불가능합니다. 이 개념적 매트릭스 안에서 하위주체성의 문제를 기입하는 것은 꽤 쉽습니다.

질문 당신은 헤게모니 이론에서 두 명의 자크, 즉 데리다와 라캉의 이론을 사용합니다. 가령 슬라보예 지젝과는 달리 당신은 데리다의 해체와 라캉의 정신분석을 결합하는 게 가능하다고 믿습니다. 정확하게 어떤 방식으로 이 두 이론가를 결합시키는지요? 어떻게 당신은 지젝이 데리다의 해체와 라캉의 정신분석을 결합할 수 없다는 주장에 대응하시나요? 데리다와 라캉의 작업에서 양립불가능한 지점이 있을까요?

라클라우 정확하게 얘기해 보죠. 다른 이론과 전적으로 양립 가능한 이론은 없습니다. 정확히 중첩되지 않는 개념들만 보게 될 겁니다. 서로 다른 강조점들과의 순전한 통약불가능성 뿐입니다. 여기에 자체적으로 결코 일관되지 않는 이론만 더할 뿐입니다. 저자는 다양한 담론의 공간에 참여하고 복수의 개입을 만들어내며 자신의 이론적 언어가 통제되기보다는 그것이 작동하는 맥락 안에서 전체적으로 헤게모니로 만들 수 있습니다. 이렇게 말하고 나니 나는 데리다와 라캉 사이에서 지젝과 같은 방식으로 통약불가능성을 보지는 않는다고 덧붙여야겠습니다. 나는 이미 버틀러와 지젝과 함께 『우발성, 헤게모니, 보편성』이라는 책에서 이 점을 분명히 했습니다. 그러니 여기서 다시 반복하고 싶지는 않습니다. 다만 지젝이 이 문제를 오독하는 지점이 분명 많고 고립된 쟁점은 아니라는 것만 덧붙이겠습니다. 전체적으로 지젝의 정치적 지적 기획을 추적해보기만 하면 됩니다. 나는 그의 기획에 동의하지 않습니다.

　　내가 데리다와 라캉에서 취한 이론적 지점들과 관련된 당신의 질문에 관해서 대답하기 전에 나는 데리다주의자도, 라캉주의자도 아니라는 점을 말씀드리고 싶습니다. 내게는 나만의 어젠다가 있는데, 그것은 헤게모니의 개념에 집중해서 정치이론을 발전시키는 것입니다. 그러나 그렇게 하기 위해선 최근 정치이론의 존재론적 가설들을 의문시해야 했습니다. 그런 과정에서 데리다와 라캉의 지적인 정치적 단계들이 서로 연관되어 있다는 점을 알게 되었습니다. 비트겐슈타인과 하이데거와 같은 철학자들의 것과 마찬가지입니다. 그러나 이 지적인 영향력들에 몰입할 때는 나만의 이론적 질문을 제기한다는 목표가 있습니다.

이제 당신의 질문으로 돌아가 보지요. 헤게모니적 절합이라는 입장에서 정치를 개념화하려면 다음과 같은 것을 제시해야 합니다. 1) 침전된 사회적 형태들은 본질적으로 우발적이다. 2) 이 우발적 절합에서 시작해서 할 수 있는 언어게임들은 고전적 정치이론의 함축적 존재론 안에서 사유가능성을 상당히 넘어서는 개체들 사이의 관계를 가정한다. 이런 점에서 해체가 발전시킨 미결정성의 개념은 중요합니다. 하부구조들 — 부차성, 반복, 재표지 등등 —, 로돌프 가셰[15]가 체계화한 이 구조들은 헤게모니적 논리에 의해서 가정한 전략적 작동을 재사유 하는 데 소중합니다. 이것들은 사회적 관계들을 수사적으로 구성한 것을 재사유하는 나의 기획과 잘 어울리고, 해체가 재사유에서 중요한 영향력을 갖게 되는 핵심적 양상입니다.

라캉에 관해서 나한테 중요한 관심사는 정치를 다루는 내 방식에서 텅 빈 기표개념이 사용되는 역할에 있습니다. 일련의 라캉주의적 범주들 — 실재, 결여의 주체와 소대상 등 — 이 내 이론을 발전시키는 데 매우 영감을 주었습니다. 라캉이 이 범주들을 제시한 것들과 내가 규명하려 했던 쟁점들과 비교하는 과정에서 내 이론적 범주들을 벼리는 데 막대한 도움을 얻게 된 새로운 차원들, 뉘앙스들로 채워진 무기고를 발견하게 되었습니다. 이제 내가 해체에서 취한 것과 라캉이론에서 취한 것이 통약불가능하다고 전혀 생각하지 않습니다. 특히 어떤 절충주의도 이 과정에 관여하지 않습니다. 각 범주들은 나만의 이론적 질문 속에서 재규정됩니다.

질문 당신의 책에서 실재와 상징계라는 라캉주의적 개념은 역사적 변화와 사회적 구성의 변형들을 위한 반본질주의적 조건들입니다. 당신이 실재와 상징계를 개념화하면서 어떻게 한 개념이 다른 개념에 종속될 수 없고, 대신 구성적으로 상호작용하는지를 설명하고 있는지요? 다른 말로 하면 어떻게 우리는 실재와 상징계 사이의 구성적 관계를 유물론적이며 반본질주의적으로 지속시키게 되는지 설명해 주시겠습니까?

라클라우 아시다시피 일부 라캉주의자들 — 특히 지젝의 경우 — 『헤게모니와 사회주의전략』에서 제시된 적대주의개념을 라캉의 실재와 동화시키려고 시도했습니다. 이런 동일화를 받아들일 수는 있긴 하지만 단지 어느 정도까지만 그렇습니다. 여기에는 두 가지 한계점이 있습니다. 먼저 라캉에게 실재는 상징화될 수 없습니다. 그러나 적대주의는 담론적 구성물이고 그런 의미에서 상징적으로 객관성의 한계들이 보이는 뭔가를 마스터하려는 시도입니다. 이런 이유에서 최근 저작에서 나는 좀 더 심오한 차원에서 탈구를 얘기했습니다. 한편 '적대주의'를, 담론 상 탈구를 이겨낼 시도 중 하나로 개념화합니다(라캉은 아마도 상징적으로라고 말할지도 모릅니다). 이런 관점에서 보기에 라캉의 실재는 내가 탈구라고 표현한 것에 사실 매우 가깝습니다.

실재와 적대주의의 동일화에 대한 두 번째 한계점은 라캉의 실재 개념이 내 이론에서는 주이상스 개념과 연결된다는 사실에서 찾을 수 있습니다. 내 접근법은 상징계 질서의 내적인 아포리아에 집중하는 경향이 있습니다. 브루스 핑크는 이를 "상징계적 질서의 킹크"라고 합니다. 『해방(들)』에서 가령 재현 가능한 것과 재현 불가능한 것 사이의 한계는 한계 개념의 내적 비일관성이라는 차원에서 논의됩니다. 나는 주이상스 범주에 반대하지는 않습니다. 그보다는 내 이론에서 주이상스 같은 범주(혹은 유사한 구조적 기능을 담당하는 것)가 없이는 불완전한 상태라고 생각합니다. 그러나 이 이론적 정식화의 단계에서 나는 주이상스 개념이 얼마나 나 자신의 목적에 적합하다고 생각하는지를 말할 입장은 아닙니다.

어쨌든 나는 라캉주의적 실재개념을 다룰 수 있을 정도로 준비되어 있는 것은 분명합니다. 헤게모니 논리에서 재현가능과 불가능 사이의 변증법을 매우 함축적으로 조명하고 있습니다.

질문 자본주의에 대한 당신의 분석에서 경제와 경제 외적인 요소들을 구분합니다. 나아가 당신은 마르크스주의의 핵심개념인 상부구조와 최종심급의 경제결정을 포기하려고 합니다. 어떻게 자본주의에서 경제와 경제외적 세력들 사이를 구별하십니까? 이 경제적 요소들이 이미 원초적(본래적) 축적의 과정을 상징화하고 압축하고 있으며 일상생활의 영역에서 작동하는 정치적이며 이데올로기적이고 육체적 실천들로 생산되는 자본주의 생산수단의 사회적 재생산 과정까지 압축한다고 말할 수 있을까요? 물질의 개념화에서 이 두 가지 자본주의 세력 ― 경제와 경제외적 ― 은 "자본주의축적의 매 단계"에서 결합됩니까?[16]

라클라우 경제적이고 경제외적인 두 가지 유형의 요소를 구별하기란 불충분하다고 봅니다. 당신이 인용한 문단에서 나는 이렇게 주장합니다. "자본주의축적의 조건들은 복합적인 힘들의 균형에 대응하는 일련의 요소들에 의해서 제공된다. 일부는 물론 경제적이며 또한 정치적, 제도적, 이데올로기적 힘이다. 그러므로 그것들 중 어느 것도 '상부구조'로 개념화될 수 없다 … 개별적이고 규정 가능한 '경제심급'의 신화는 포기되어야 한다. 경제와 경제외적 요소를 첨예하게 구별할 수 있으려면 '경제'의 개념은 전적으로 내생적인 법들에 따라 지배되어야 한다. 반면 '경제외적' 개념은 만일 단일한 범주에서 경제적이지 않은 것의 부정적 사실에 의해서만 비교될 수 있는 재현대상들을 품어야 한다면 통일성의 실증적 토대들이 필요할 것이며, 그 토대는 물론 구식의 토대/상부구조 모델의 하나 이상의 변이체를 제공한다."[17]

바로 이런 이유로 나는 인용한 구절에서 경제외적개념이 통합된 범주라는 생각을 거부합니다. 그리고 질문이 암시한 대로 나는 결코 "자본주의의 두 세력-경제와 경제외적"이 있다고 말하지 않았습니다. 당신이 언급한 상징화하고 압축적인 기능에 관해서는 이 세력들이 다만 너무 현실적입니다. 하지만 경제요소의 특권을 갖고 있지 않습니다. 어떤 사회적 요소 혹은 정체성도 언제나 중층결정 되어있고 그렇게 차원의 복수성이 압축되어있습니다.

민주주의

질문 샹탈 무페와 함께 급진적 민주주의의 개념을 당신의 이론작업 일부로 사용했습니다. 정확히 이 급진적 민주주의는 당신에게 어떤 것입니까? 그런 정치적 기획이 가능할지 그리고 현재 우리 시대의 정치상황에서 발전될 수 있다고 보십니까?

라클라우 이 질문에 충분히 대답하려면 인터뷰에서 허락되는 것보다 더 많은 지면이 필요할 것 같습니다. 그러니 여기서 두 가지 점에 집중하도록 하겠습니다. 첫째 토대의 우발성을 완전히 수용하는 민주주의입니다. 저항과 그 역의 가능성을 넘어서는 어떤 내용도 가정하지 않는 급진적 민주주의 입니다. 이것은 집단적 조직의 어떤 원칙이나 규범도 '영원한 상에 있어서'[18]의 효과를 갖지 않는다는 점과 관련됩니다. 이것이 바로 내가 실증적 민주주의의 최소치를 분리하려고 애쓰는 이론들이 소용없

는 활동이라고 생각하는 이유입니다. 가령 — 하버마스주의자들이 그렇
듯이 — 실체적 양상으로부터 절차적인 것을 분리시키고 민주주의를 오
직 절차적 양상에 근거를 두려고 하는 것은 아무런 의미가 없습니다. 정
치적이고 실체적 동의는 이렇게 분리될 수 없습니다. 우선 절차와 실체를
분리하는 선은 매우 흐릿합니다. 둘째 실체적 내용만큼 우발적이지 않은
절차는 없습니다. 어떤 사회적 조직의 우발성에 대한 의식을 살려놓는 것
은 이 의식의 관리를 제도적으로 고착화하는 것을 의미하지 않습니다.

우리는 우발성의 의식이 — 언제나 변화하는 사회적 조직들의 가
능성을 의미한다고 내가 말했던 것 — '뭐든 괜찮다'는 태도나 어떤 식의
비관주의도 결부되지 않다는 점을 강조해야 합니다. 그보다는 사회적 상
호작용이 유일한 세상의 원칙이라고 주장하는 것과 관련되며, 인간의 행
위, 투쟁과 논증 이외에 어느 것에도 윤리적 또는 사회적 원칙들의 토대
를 세울 수가 없습니다. 유한한 인간들은 그들의 원칙들에 그 자체의 존
재를 갖지 않은 형이상학적 필연성을 부여하지 않습니다. 자유와, 우발
성에 대한 의식은 함께 갑니다. 급진적 민주주의는 이 사실을 완전히 인
지하며 정치적 형태의 번역을 인식하는 것입니다. 만일 내가 말하고 있
는 것이 옳다면 이 정치 형태들은 여하한 사회의 유토피아적 청사진의 고
정성과 무시간성을 갖지 않습니다. 급진적 민주주의는 이런 의미에서 세
속화를 향하는 근대적 조류의 절정이자 동시에 교체로도 볼 수 있습니다.
고전적 현대성은 신학적 토대를 갖춘 사회적 질서에서 이동했지만 첫 단
계에서 인간을 위해서 신성한 속성들에서 소외된 진정한 본질을 회복하
려고 시도했습니다. 젊은 헤겔주의자들, 포이에르바하, 그리고 초기 마르
크스는 이 변형된 계기의 명백한 표현입니다. 이 변화를 완전히 세속화된
우주로 완성시키려면 만개한 본질 — 신성이든 인간적이든 — 을 받아

들이지 않아야 하고 우발성과 유한성을 받아들여야 합니다. 이것은 어떤 실증주의에 빠져서가 아니라 그것들을 약화시키는 형이상학적 범주들과 게릴라 전쟁을 벌이는 것입니다. 하지만 역설적으로 이 범주들을 없애지는 않습니다. 그래서 본질은 이 새로운 담론에 부재하는 것(결여의 위치로 일컫는)으로 존재하고, 주권은 헤게모니가 되고 재현은 애매한 게임이 되어 재현과 재현대상들은 상호 오염시키며 행위주체성은 모순적인 중심/탈중심의 게임 등의 위치가 됩니다. 텅 빈 기표들은 — 헤게모니적 전략의 결절점 으로서— 이런 방식으로 급진적 민주주의 관점의 구성적 차원이 됩니다.

질문 일반적인 민주주의, 자유주의 민주주의, 급진적 민주주의를 어떻게 구분할 수 있을까요? 민주주의적 논리를 구체적인 민주주의 체제와 그 개념 너머에서 초월적으로 분리시킬 수 있나요? 여기서 '논리'는 무엇을 의미하나요?

라클라우 일반적인 민주주의와 관련해서 그 개념은 다양한 맥락에서 사용되어왔고 아주 다르고 모순적인 목표를 갖고 있어서 비트겐슈타인이 '가족상동성'이라고 부른 것을 구성할 수 있다는 점에 만족할 수 있을 겁니다. 그러나 모든 구체적 체제와 개념들을 떠받치는 궁극적인 민주주의적 핵심의 가능성과 관련된 당신의 질문에 대한 제 대답은 부정적입니다. 그런 핵심은 없습니다. 만일 어떤 방식으로든 민주주의가 — 내가 생각하기엔 — 평등에 관련된다면, 순수하게 자유주의적 민주주의와 급진적 민주주의 간 차이는 분명합니다. 자유주의 민주주의에서 평등의 원칙은 오직 시민권의 공공장소에 적용되며, 급진적 민주주의에서는 자유주의자들에게 사적인 배타적 영역이자 공화주의적 통제를 피해 가는 수많은 영역으로 확장됩니다.

질문 민주주의와 민주화의 주류 이론들에서 학자들은 형식적 민주주의의 슘페터주의적 '최소한의 절차' 개념에 기초해서 민주주의화로서 민주주의의 제도화를 연구하는 데 집중해 왔습니다. 그러나 급진적 민주주의 전략은 어떤 특수한 사회형태를 넘어서, 그리고 자유와 평등의 급진적 팽창에 의한 어떤 제도의 제한성도 넘어서 새로운 급진적 민주주의의 시민들이 정치적 정체성을 구성하는 데 달려 있는 듯 보입니다. 그럼에도 급진적 민주주의는 그 지평을 확대하기 위해서는 적어도 일정한 민주주의의 제도화(최소한의 절차를 포함해서)가 필요하지 않은가요? 급진적 민주주의가 특정 담론에서 그 한계와 가능성의 제도화 과정에 의존해야 한다면, 어떻게 급진적 민주주의 전략이 적어도 민주주의의 '이 지역의 유일한 게임'으로서 제도화되고 현대대의민주주의의 원칙을 넘어설 수 있을까요?

라클라우 당신이 언급한 제도화의 모든 형태들은 오직 프레이밍(틀짜기)의 특수한 형태에서만 의미를 가질 뿐이고, 그것은 자유주의민주주의로 존재하게 됩니다. 그러나 민주주의는 자유주의보다 더 광범한 현상입니다. 앞에서 언급했듯이 평등의 원칙을 좀 더 광범한 사회관계의 영역으로 확대시키고 사회적 약자를 자유롭게 하는 것과 관련됩니다. 이제 민주주의가 좀 더 광범한 의미로 개념화된다면, 나는 대중의 민주주의적 요구가 자유주의적 틀 외부에서 제시될 수 있는 여러 가지 맥락을 상상 — 상상할 뿐 아니라 실제로 볼 수 — 할 수 있습니다(수많은 제3세계 국가들을 생각해보십시오). 나는 이 틀 자체에는 반대하지 않습니다. 당신과 내가 살고 있는 사회의 유형에서 만일 우리가 민주주의적 요구를 제시하기를 원한다면 자유주의적 프레임을 제거할 수 없다는 사실에 동의합니다. 그러나 중요한 점은 후자가 반드시 전자와 중첩되지는 않는다는 것입니다.

이것은 당신의 질문 중 하나와 연결된 또 다른 쟁점에 도달하게 됩니다. 어느 정도 나는 이 문제에 대해 대답하긴 했지만 완전하진 않았습니다. 어떻게 급진적 민주주의 기획을 현재의 조건에서 제시할 수 있는 가의 문제와 관련됩니다. 적어도 내게는 우리가 앞으로 수년간 맞닥뜨리게 될 중요한 문제는 특수성과 보편성을 절합하는 문제라고 말하고 싶습니다. 지난 수십 년간 수많은 앞서 수몰된 정체성들이 평등권을 요구하기 시작했는데, 즉 좀 더 광범한 등가적 연쇄에 참여할 권리를 요구함으로써 새로운 적내주의의 폭발을 목도하게 되었습니다. 문세는 이 하위주체의 요구가 이처럼 수적 증가하는 것은 1989년과 그 이후 일련의 사건들과 함께 좀 더 광범한 해방적 담론들이 결핍되었던 시기에 일어났다는 데 있습니다. 이 상황에 노정된 위험은 우리가 어떤 지구적 평등주의 이데올로기 — 그리고 쉽게 지배체계로부터 회복될 수 있었던 — 에도 절합되지 않는 즉각적인 요구들과 어떤 실제적 갈등에 뿌리를 둘 수 없는 순수하게 추상적인 보편주의 사이에서 실재적 대립물로 끝날 수 있다는 것입니다. 우리는 이미 '새로 태어난' 레닌주의자들의 몇몇 고립된 목소리를 듣기 시작했습니다. 이들은 페미니즘과 다문화주의, 그리고 — 학술영역에서 — 탈식민주의와 문화연구를 향해서 계급투쟁의 추상적인 회귀라는 이름으로 격렬하게 '증오발언'을 퍼붓기 시작했습니다. 물론 그들이 자신의 담론들을 노동자의 요구에 연결시킬 어떤 시도도 하지 않기 때문에 아무런 의미도 없습니다. 이런 종류의 담론은 물론 정치적으로나 이론적으로 그리 중요하지 않습니다. 하지만 급진적 민주주의가 오늘날 처한 곤궁을 가리키고 있습니다. 더 광범한 해방적 담론이 없이 즉각적인 투쟁들은 무능력에 처하게 됩니다. 실제 사회적 투쟁의 복수성에 뿌리박지 않은 채 보편적 담론은 더 이상 잘 될 수 없습니다. 급진적 민주주의에 헤게모니적으로 접근하는 것은 매개될 수 있는 이 두 차원들 사이를 매개하는 시도이고, 그것 자체로는 어떤 종류의 조화로운 통일성에도 필연적으로 합일되지 않습니다.

질문 좌파들이 급진적 민주주의로 그들의 비전을 재구성한다고 당신이 말했습니다. 그러나 다양한 정치적 경향들을 그 상상계적 담론으로 함께 모으려는 좌파의 기획에서 이렇게 미리 결정된 비전은 이 기획에 방해물로 작동하지 않을까요? 결국 다양한 좌파적 정치경향이 있습니다. 가령 참여민주주의 같은 것인데 그 기획의 일부가 될 수 있는 서로 다른 가능한 비전들을 가리킵니다. 다른 말로 말하면 어떻게 좌파적 상상계 담론의 일부가 될 수 있는 다양한 정치적 비전들을 급진적 민주주의를 향한 움직임의 미리 결정된 처방과 양립할 수 있을까요?

라클라우 무엇보다 급진적 민주주의의 개념에 관련된 사항을 분명히 해두지요. 먼저 어떤 사회 조직의 우발성에 대한 인식이 관련되어 있습니다. 민주주의는 그것이 주어진 공동체에 실제 존재하는 논쟁적 네트워크 이외에 그 자체 효용성의 원천을 인정하지 않는 한 급진적입니다. 그것의 추론으로서 사회의 특수한 청사진에 이르게 될 선험적 도그마를 인식하지 않는 한 급진적입니다. 정확히 그런 이유로 급진적 민주주의를 수호하는 일은 어떤 특수한 정치적 체제를 옹호하는 것도, 어떤 다른 구체적 제도의 구성도 아닙니다. 그런 의미에서 정치적 기획의 전제조건들 일부를 주장합니다. 그 기획을 자신의 것으로 인정하며, 후자는 급진적 민주주의 개념이 실제로 제공하는 것 이상 더 풍부하고 더 많이 맥락의존적이 되어야 합니다. 가령 평등주의 논리의 작동에 배제와 한계를 설립해야만 합니다. 급진적 민주주의 개념에서 단순히 도출될 수 없습니다.

참여민주주의의 개념에 관해서는 — C. B. 맥퍼슨과 캐롤 페이트만 등이 수년 전 옹호했지만 대체로 현재는 폐기되어버린 용어 — 급진적 민주주의와는 다른 추상적 차원에서 구성됩니다. 우선 이 개념은 확실한 제도적 구성을 가정한 다원주의개념에 기초했습니다. 나는 이 구성물들 일부에 특별히 동의하지 않는 것은 아닙니다. 물론 나는 적대주의와 사회적 분리에 어떤 창조적인 정치적 역할을 부여하기를 거부하는 데 참여주의적 접근을 따르지 않기는 합니다. 이 마지막 예에서 참여민주주의 옹호자들의 담론은 '좋은' 사회를 향한 유토피아적 탐색의 전통에 많이 속해 있습니다. 이 기획에 나 자신 동일화하지 않습니다. 그러나 급진적 민주주의는 구체적인 정치기획의 이름이 아니기 때문에 당신이 언급한 특별한 양립불가능성이 실제로 일어난다고 보지 않습니다.

질문 헤게모니이론에 따르면 배제가 없이는 어떤 정치적 사회적 질서도 있을 수 없습니다. 문제는 배제가 어떻게 만들어지느냐입니다. 급진적 민주주의는 급진적 민주주의가 되기 위해서 무엇을 배제해야만 하나요? 우리는 극단적 우파와 같은 구체적 사례들과 이런 배제들이 만들어진 방식을 모두 생각합니다. 급진적 민주주의는 다른 정치체제보다 덜 배제하나요? 만일 그렇다면 왜 다른 체제보다 급진적 민주주의를 더 선호할까요? 다른 정치적 체제들이 다른 방식으로 그 배제와 관련이 있기 때문에 급진적 민주주의를 선호하는 건가요?

라클라우 나는 앞서 급진적 민주주의가 그 자체로 본질적인 우발성을 주장해야 한다고 말했습니다. 이제는 더 광범위한 사회적 관계의 영역들로 평등의 논리가 확장되어야 한다고 덧붙이고 싶습니다. 분명히 하자면, 평등은 형식적 원칙으로서 어떤 상황과 분리되어 보편적으로 적용되는 것은 아닙니다. 그보다 '평등'은 긍정적 가치가 된다는 것, 유럽의 앙시앵레짐 계급 사회에서 일어난 것과는 다르다고 주장됩니다. 이 긍정적 가치가 평등주의원칙에 적용되지 않고는 민주주의는 — 급진적이든 아니든 — 존재할 수 없습니다. 그러나 평등의 원칙은 필수적으로 그 형식적

속성이 아니라 그것이 작동하는 구체적 맥락에 의해서 주어질 수 있는 한계를 찾게 됩니다. 나는 사회 내부에서 평등의 원칙을 다른 사람들이 하는 것보다 더 광범한 집단들 — 문화적, 성적 그리고 인종적 소수인종들이나 경제적으로 불이익에 처한 사람들 — 에게 확장시킬 준비가 되어있습니다. 그런 의미에서 나의 민주주의는 비교적 좀 더 급진적이지만 이런 확장은 무제한적이지 않습니다. 항상 만족되지 않은 요구가 있을 것이고 배제가 생겨날 것입니다.

급진적 민주주의는 다른 정치적 체제보다 배제를 덜 할까요? 나는 잘 모르겠습니다. 민주주의에 출몰하는 실제적 위험들에 달려 있습니다. 몇몇 경우에는 급진적 민주주의 정부는 단순한 자유민주주의보다 더 배타적이어야 합니다. 가령 독점적 경향을 통제해야 하고, 혹은 자본의 자유로운 순환에 제한을 두어야 하고 증오발언의 자유로운 작동을 방해해야 할 때가 있습니다. 여기서 분명하게 '배제한다'는 것은 다른 종류의 배제와 동일한 것을 의미하나, 배제당하는 것은 다를 것입니다.

질문 라틴아메리카(지구 남단의 원뿔 즉, 칠레, 아르헨티나와 브라질)와 유럽에서 제3의 길 민주주의체제에서 일어나는 민주주의적 기획들과 관련되는 방법이 있습니까? 칠레와 아르헨티나가 여전히 민주주의적 포퓰리즘의 시기를 거쳐 가고 있다고 생각합니까? 어떤 의미에서 당신의 이론적 정치적 기획이 (칠레와 아르헨티나에서) 라틴아메리카와 관련될 수 있나요? 당신의 지정학적 위치는 당신의 이론에 영향을 미치나요?

라클라우 나는 제3의 길과 영국, 독일의 사회민주주의 정부들에 의해서 구성되어온 급진적 중심의 개념을 강하게 비판합니다. 나는 이런 구성체에서 1980년대 이후 작동했던 신자유주의 모델과 화해하려는 시도 이상의 것을 보지 못합니다. 이 사회민주주의 내에서 우익의 흐름은 특히 적대주의와 사회적 분리를 없애려고 하는 순수한 합의의 정치를 향한 운동에서 가시화됩니다. 이 '멋진 신세계'에서 정치는 행정이 되는데, 사람들은 선택이나 선택할 가능성을 얻지 못하고, 그 결과 여러 경우에 우익 포퓰리즘의 등장에 우호적인 성취되지 않은 요구의 축적과 탈정치화가 증대되어 갔습니다.

아르헨티나와 브라질 체제에 관해서는 — 칠레에 관해 얘기하는 것은 아직 성급합니다 — 오직 민주주의 포퓰리즘에 대해 고차원의 유머로 말할 수 있을 뿐입니다. 우리가 가진 것은 단지 그들의 경제를 국제적인 금융자본의 요구들에 적용하는 트라우마적 과정입니다. 사회적 비용만이 오직 가시적일 뿐입니다. 결과는 민주주의적 참여의 감소입니다. 포퓰리즘이 어떤 의미가 있으려면, 사회적 공간의 이분화와 하위주체의 적극적 정치적 힘으로 변형이 되어야 합니다. 우리가 목격하는 것은 정확히 반대입니다.

질문 지난 20년 동안 자본주의적 세력들은 극적으로 그들의 연합을 강화해왔고 (비록 혈투를 벌였기는 했지만) 다양한 자본주의 시장을 만들기 위해서 새로운 환상들을 생산했고 자본의 축적을 활성시켰습니다. 이 신자유주의적 변화는 심각한 사회적 트라우마를 발생시켰습니다. 특히 일상생활에서의 인권은 강등되었고, 세계에 대항한 반자본주의 투쟁을 이끌어왔습니다. 여기에는 가령 한국(1997년 1월)에서 신자유주의 노동유연화에 대항하는 대중적 파업, 시애틀(1999년 11월)에서, 그리고 프라하(2000년 9월)에서 WTO의 밀레니엄회의에 대항한 대중시위, 그리고 멕시코의 사파티스타[19]와 브라질의 비-토지운동과 같은 지속적인 투쟁들이 포함됩니다. 만일 이런 반자본주의 투쟁이 급진적 민주주의의 지평에 놓여야 한다면 어떻게 급진적 민주주의전략의 헤게모니적 행위주체성이 반자본주의투쟁을 급진적민주주의의 등가적 연쇄로 절합 될 수 있는가요? 어떤 종류의 정치적 결과들이 급진적 민주주의 전략을 현 단계 반자 본주의적 투쟁과 연결할 수 있을까요?

라클라우 당신은 현재 사회투쟁의 주요한 차원들을 정확히 지적했습니다. 잠시 질문의 마지막 부분에 집중해봅시다. 책에 이미 내가 썼듯이 어떤 사회적 적대주의도 세 가지 개념적 성격으로 구성되어있습니다. 첫째, 여기엔 요구가 관련됩니다. 탈골된 정체성의 경험이 그 뿌리에 있습니다. 둘째는 구성적 탈구 때문에 탈구의 원천에서 구체적 형태들을 도출해 낼 인과적 모델을 통해서 적대주의를 설명할 수 없습니다. 항상 주장했듯이 적대주의는 객관적 관계가 아니라, 사회적 객관성의 한계입니다. 적대주의적 관계의 이런 비객관적 성격은 적대주의적 힘의 객관적 존재적 성격들로부터 도출될 수 없습니다. 이 힘은 적대주의적 효과들을 통해서 정체성의 부정 — 그 결과로 불완전성 — 의 상징이 됩니다. 존재적 객관성과 적대주의적 부정의 상징적 육화 사이의 간극은 적대주의적 관계의 세 번째 특징을 설명해줍니다. 적대화된 세력들이 그들 사이에 등가적 연쇄를 만들 수 있는 가능성입니다. 이것들은 투쟁들 사이의 객관적인 필수적 연결점에 기초하는 것이 아니라 불이익에 처한 사람들(정체성에서 막힌)이라는 사실에 기초하고 있습니다. 불이익에 처해있다는 사실은 그 특수한 원칙이 무엇이든지 간에 그들이 등가물이라고 부르는 연대 관계의 토대가 됩니다.

우리가 제기하는 정치적 쟁점들에서 이 점은 중요합니다. 왜냐하면 — 이유가 무엇이든 — 불이익에 처했다는 것이 서로 다른 투쟁들 사이에서 등가적 연쇄의 토대라면, 적대주의적 세력들의 통일성(소위 지배적 담론들)은 적어도 동일한 방식으로 등가적 연결성을 통해서 구성되었습니다. 가부장제, 동성애공포증과 자본주의 착취 사이에는 불필요한 객관적 연결고리가 있지만 1) 사회적 투쟁들 자체가 그들의 등가물을 통해서 이런 연결성들을 만들어내고, 2) 지배적이고 적대주의적 세력들은 그들 자신의 헤게모니를 만들기 위해서 등가적 관계들을 만드는 시도이기도 할 것입니다. '자본주의적 착취'라는 표제 하에 흡수된 현상의 통일성일지라도 동일한 방식으로 구성됩니다. 지구화된 자본주의의 결과들은 생산관계들 내에서 단순히 작동할 뿐 아니라 — 그래서 고유한 해방적 주체(노동계급)가 그 결과입니다 — 더 큰 공간에서 일어납니다. 환경의 파괴, 대량실업과 빈부 간 사회적 격차와 일체의 사회적 관계에서의 탈골이 그 결과입니다. 이것은 적대주의의 지점들을 다수화하고 그 결과 좀 더 광범한 등가적 연쇄망의 잠재성을 창조합니다. 사회적 투쟁의 지구화과정은 당신이 언급한 동원과정으로 — 이 목록에 첨가되어 있는 다양한 다른 운동들을 통해서도 — 실체화되었고 이 지구화는 사회투쟁의 새로운 형식들을 가리킵니다. 과거의 계급투쟁들과는 매우 달라질 것입니다. 이제 더 이상 동질적 해방주체의 출현하는 문제는 아니고 다양성에서 통일성을 가능하게 하는 전 지구적 정치적 상상계에 의해 통합되는 것들의 복수성이 출현하는 문제입니다. 이것은 우리가 급진적 민주주의에 첨가해야 하는 어떤 것이 아니라, 급진적 민주주의가 실제로 무엇인가에 대한 개념입니다.

좌파

질문 당신은 스스로 좌파로 밝혔습니다. 그러나 당신의 헤게모니 이론을 유지하면서도 좌파에서 우파로 정치적 진영을 바꿀 수 있습니까? 달리 말하면 헤게모니 이론과 우파의 정치적 진영에 동시에 입장표명할 수 있는 건지요? 여기서 중요한 점은 한편으로는 철학적 입장이 있고 다른 쪽에는 정치적 진영 사이를 연결하는 문제입니다. 당신의 정치적 입장과 철학적 태도는 필연적인가요, 아니면 우발적인가요? 어떤 정도로 당신의 정치적 입장과 철학적 태도가 분리될 수 있을까요?

라클라우 나는 당신의 질문이 가정하고 있는 것에 동의할 수 없습니다. 가능한 정치적 입장들의 전체 스펙트럼을 마주해서 중립적인 이론적 접근법이 있을 거라는 생각은 실제적 참여와 아주 무관하게 순수하게 사유적 방식으로 도달하게 될 사실의 세계가 있다는 것을 당연시합니다. 그러나 만일 — 내가 그렇듯이 — 당신이 실천의 우선성을 받아들인다면 사정은 꽤 달라집니다. 실천의 우선성은 당신이 세상과 맺는 관계의 우선성을 의미하고, 이것은 사실이 출현할 수 있는 유일한 영역입니다. 만일 내가 여기서 저 문까지 걸어가려 한다면 내 앞의 테이블은 장애물이 되겠지요. 하지만 내가 공격을 받아 나 자신을 보호한다면 테이블은 나를 보호하는 수단이 될 수도 있습니다. 사실은 오직 세상에 내가 실천적으로 참여하는 과정에서 등장하는 것입니다. 다른 정치적 기획들에 의해서 바뀌지 않는 순수하게 이론적 담론의 집대성이라는 사건은 전적으로 불가능합니다.

물론 이것은 이론적 내용과 정치적 접근 사이에서 일대일로 대응하는 것을 의미하지 않습니다. 이 접근법들 사이의 대립이 통약불가능한 이론적 우주로 번역될 수 있는 게 아닙니다. 무엇보다 이것은 정치적 기획들이 서로 전적으로 낯설지 않기 때문에 일어날 수 없습니다. 이것을 담지한 사회적 행위주체들은 결국 동일한 세상에 살고 있고 수많은 사회적 의미를 공유합니다. 그들이 타자에 대해 불일치할 수 있다는 것이 아무리 중요하더라도 그렇습니다. 그래서 그들이 논쟁의 헤게모니적 전치의 형태를 취하고 있는 이유입니다. 어떤 의미들이 재설합되고 다른 의미들은 포기되며 어떤 새로운 의미들은 결합됩니다. 전체들이 관여하는 세상과의 관계를 정식화하는 것은 지속성과 불연속성을 가정합니다. 그러나 이것은 이론적 전체자료에 기술적이고 규범적 양상들 사이를 차별하는 데 존재하는 인위적(전적으로 불가능한) 작동과 아주 다릅니다. 그래서 우리는 가장 분산된 정치적 사용들로 이용되는 가장 순수하게 기술적인 범주들의 체계를 갖게 됩니다.

질문 앞의 질문과 관련해서 많은 질문들이 헤게모니의 이론과 급진적 민주주의 개념 사이의 관계와 연관되어 생깁니다. 헤게모니 이론에서 어떤 특수한 윤리정치적 입장들이 생깁니까? 그렇다면 당신은 어떤 윤리정치적 결론을 내리시는지요? 아니라면, 헤게모니이론이 윤리정치적 입장들과 마주할 때 중립적인가요?

라클라우 앞에서 내가 설명했던 것과 같은 이유로 나는 그런 용어로 이 문제가 제기될 수 있다고 생각하지 않습니다. 이렇게 제가 질문한다고 생각해봅시다. '지금 비가 와요. 그럼 제가 집에 머물러야 하나요, 아니면 비가 와도 학교에 가야 할까요?' 이제 제가 이 질문에 대한 답을 발화의 맥락과 전혀 무관하게 요청한다고 가정해봅시다. 이 질문의 모순성은 '비가 와요'라는 진술이 순수하게 기술적 언술이라고 가정한다면(적어도 논쟁을 위해서) 이 사실에 대한 나의 대응 여부와 관련해서 아무것도 도출되지 않는다는 것은 명백하다는 사실에 놓여있습니다. 나는 이 예를 실제적 결과와 마주한 이론의 무관심이 발생할 수 있는 조건(그리고 앞서 설명한 대로 이런 조건들은 결코 일어나지 않습니다)을 보여주기 위해서 사용했습니다. 오직 헤게모니 이론이 '비가 온다'는 진술과 같은 지위를 가질 때는 — 즉 전적으로 진술적 지위 — 그 윤리정치적 함의들이 외부에 놓일 때 뿐입니다. 하지만 이런 일은 일어나지 않습니다. 헤게모니 이론이 고전적 마르크스주의의 고전주의가 발견하게 되었던 논리적 궁지와 1980년대에 사회주의 전략이 처한 곤란함을 사색하는 과정에서 발견된 사실이 있습니다. 이 실제적 관심이 더 이론적인 범주들의 영역을 구성하고 이론구성을 이끌어갑니다. 급진적 민주주의는 정치적 대답의 시작이며 따라서 이론적 차원과 분리될 수 없습니다. 이와 반대 방향에는 반사회주의적 정치를 증진시키려는 목적으로 『자본론』 전체를 받아들일 수 있는가를 묻는 행위입니다.

이보다 더 적절한 질문은 헤게모니 이론의 몇 양상과 직관들이 전적으로 다른 이론적 정치적 목적들에 따라 사용될 수 있는가의 여부입니다. 이것은 늘 당연히 가능하지만, 오직 이 경우 더 이상 우리가 제시했던 헤게모니적 이론적 접근법을 갖고 있지 않을 것이라는 가정에서만 가능할 것입니다. 자유주의적 이론가가 우리의 범주들을 사용에서 롤즈[20]의 '근원적 입장'을 재사유한다고 가정해봅시다. 이것은 실상 아주 불가능하지는 않지만, 이 범주들이 새로운 이론적 맥락의 구조적 압박에 굴복할 때만 가능합니다. 이 이론적 맥락은 필연적으로 그들을 바꾸게 될 것입니다. 그리고 내 생각에 롤즈의 이론을 바꾸게 되지요.

질문 사회주의는 가령 당신의 초기 저작 『헤게모니와 사회주의 전략』(1985년)에서 사용된 용어였습니다. 그러나 당신의 후기저작에서는 이 용어는 부재합니다. 사회주의는 당신의 이론에서 여전히 자리가 마련되어 있습니까? 그렇다면 당신의 이론작업에 어떻게 관련됩니까? 아니라면 왜 이 용어를 버렸나요?

라클라우 용어들은 역사적 조건이 바뀌면서 다시 개념규정 되어야 합니다. 사회주의란 말로 만일 전 지구적 자본주의의 손에서 전적으로 통제당하기를 막기 위해 생산과정의 사회적 관리에 관한 특정 형태들을 의미한다면 물론 저는 사회주의자라고 할 수 있습니다. 그러나 사회적 통제는 어떤 종류의 민주주의적 설명력을 벗어나는 국가적 관료주의에 의한 통제만을 의미해서는 안 됩니다. 동유럽의 명명법과 그 재난과도 같은 결과를 통해서 운영된 경제의 경험은 모두의 기억에 남아있습니다. 문제는 그런 사회적 통제를 행사하도록 정해진 선거인단들이 과거보다 더 다양화되었고 현대세계에서 채택되어야 할 민주주의적 사회적 통제의 형태들이 아직 고안되지 않았다는 것입니다. 그러나 그 일이 급선무입니다. 그것이 없이는 '사회주의' 용어는 어떤 정확한 의미도 결여되어 있으며 현존 경제질서에 대한 대안을 제시하는 종류의 정치가 없이는 지배적 신자유주의적 모델의 헤게모니를 논파할 방식은 전혀 없습니다. 쟁점에 집중한 정치의 어떤 확산도 이 본질적으로 중요한 과제의 대체물이 될 수 없습니다.

질문 그리 멀지 않은 과거에 좌파는 계급과 관련된 쟁점들과 관련되었습니다. 당신의 이론에서 중요한 목표 중 하나는 좌파에게 이런 본질주의적 잔여물을 제거하는 것처럼 보였습니다. 그런데 이제 와서 좌파, 우파 등 용어의 생산성은 심각하게 문제시됩니다. 그럼에도 불구하고 당신은 이런 정치적 입장을 유지하고 있는데, 가령 버틀러, 지젝과 공저한 최근의 책 『우발성, 헤게모니, 보편성: 좌파에 관한 현재적 대화』의 부제에서 잘 표현되어있습니다. 당신의 저작과 관련해서 좌파라는 것은 무슨 의미인가요? '좌파'라는 용어는 다양한 좌파주의적 경향을 절합하는 데 있어(당신이 부르는 대로) 텅 빈 기표의 역할을 하는지요? 그렇다면 이런 경우에 어떻게 당신의 반본질주의적 추론을 공유하지 않는 좌파주의적 경향들을 어떻게 설명하나요?

라클라우 이 질문에 답하려면 두 가지를 고려해야 합니다. 먼저, 그렇습니다. 나는 좌파/우파의 이분법을 유지하고 있습니다. 당신이 정확히 지적했듯이 저는 좌파의 개념을 선험적으로 구성된 내용 — 계급이든 뭐든 — 과 연결시킬 수 있다고 생각하지 않습니다. 이것은 좌파를 우파와 분리시키는 경계는 지속적으로 전치되어왔다는 의미입니다. 광의의 의미에서 좌파를 나는 당신이 말한 대로 텅 빈 기표의 속성을 가지고 있을 정치적 상상계 주변으로 결정화된 평등주의적 논리의 확장이라고 이해합니다. 나는 우파의 경우 '도덕적 다수'라는 표현이 담당하는 응집 역할을 생각합니다. 이 도덕적 다수의 내용은 부정확합니다만 그들이 구축하려고 애쓰는 정치적 경계의 견지에서는 매우 정확하지요. 나는 완벽하게 미국이나 영국에서 좌파의 입장을 갖는다는 것이 무엇을 의미하는지 잘 알고 있습니다. 하지만 가족상동성이라는 점에서만 이런 의미들이 일반화될 수 있습니다.

그러나 나는 이 텅 빈 기표들이 사회적 투쟁과 그리 다양하다고 볼 수는 없는 좌파주의적 경향들을 한데 모으는 절합의 역할을 구상합니다. 많은 경우에 이 좌파적 경향들은 희망이 없는 분파들로서, 나의 정치적 기획의 기초적 사항조차 공유하고 있지 않습니다. 라캉의 저 유명한 발언을 떠올려보십시오. "나는 너무 많은 사람이 필요하지 않다. 내가 전혀 필요하지 않는 사람들이 있다."

질문 초민족주의적 자본주의자들의 직접적인 정치적 반동과 일상생활에서 자본주의의 M-C-M 관계[21]의 새로운 변형된 형식들을 목도하면서 담론분석의 배경 하에 어떻게 좌파는 고전적 마르크스주의적 틀을 너머서 자본과 자본주의의 이 현대적 이동을 해석할 수 있을까요?

라클라우 당신의 진문에 적전히 답변하려면 너무도 많은 측면을 고려해야 해서 아마 관련된 문제들을 다룰 두 번째 인터뷰가 필요할 수도 있겠습니다. 그래서 나는 몇 가지 주제만 집중해보겠습니다. 마르크스주의 경제학은 이런저런 식으로 20세기 동안 주목받아온 논리적 비일관성의 목록 전체를 보여줍니다. 가치의 노동이론도, 가치의 가격으로의 변환도, 절대적 가치에서 상대적 잉여가치로의 변환도, 절대적 세금의 개념도 마르크스가 구성했던 용어로 받아들여질 수 없습니다. 좀 더 일반적인 차원에서 그 자체의 태생적 논리가 지배하는 자본주의적 경제의 전체 개념은 곧 현대 자본주의의 현실과는 양립 불가능합니다. 우리가 오늘날 보유하고 있는 것(사실상 오늘날 뿐 아니라, 과거부터 언제나 그래왔듯이)은 마르크스주의가 경제, 정치, 이데올로기적 차원들로 분리시킨 요소들의 겹침입니다. 이 차원들은 그런 방식으로 분석적으로 고립될 수 없습니다. 전 지구화된 자본주의의 현실들은 부차적이지 않지만 — 상부구조는 차치하고 — 그 반대로 자본주의축적의 과정에서 필수불가결한 부분인 정치적 차원을 강조할 필요가 있습니다. 이것은 또한 자본주의가 만들어내는 적대주의들은 마르크스가 그럴 것이라고 생각했던 것보다 더 광범하게 확산하고 이질적이라는 것을 의미합니다. 우리는 이에 대해 앞에서 얘기했습니다.

여기에선 몇 가지 결과들이 있는데 제가 주장하고 싶은 두 가지 결과를 지적해 보겠습니다. 첫 번째는 적대주의적 결과들의 이질성이 투쟁의 분산과 원자화로 이르게 됩니다. 이것은 후자가 고립화되고 무능에 빠지게 되지 않는다면 일정한 정치적으로 구성된 그들 간의 연결성이 작동하게 될 것을 의미합니다. 그 결과 헤게모니적 매개는 정치적 정체성에 엄격하게 구성적인 것이 됩니다. 그러나 — 이것은 두 번째 결과인데 — 어떤 정치적 정체성도 그것이 출현하는 사회적 요구를 넘어선 뭔가가 아니면 존재하지 않기 때문에 재현의 관계들은 정치적 정체성에 구성적입니다. 말할 필요도 없이 동일한 것이 자본주의적 세력에도 적용됩니다. 이윤을 추구하는 것이 고전적 자본주의가 다루어야만 했던 것보다 훨씬 더 복합적인 이동성을 필요하다면 말이지요.

주

1 이 글은 어네스토 라클라우에게 네 명의 질문자들이 질문을 하고 라클라우가 답변을
한 것을 기초로 구성되었다.

2 사회주의 복지국가와 신자유주의 시장경제의 단점을 배제하고 장점만을 융화시킨
새로운 개념의 차별화 전략(역주).

3 타인을 어떤 형태로든 상실 — 죽음 포함 — 하는 경험을 심리적으로 해결해가는 기제
로, 정치적 상황으로 인한 재난이나 비극적 사건을 해당 집단이 해결해가는 방식(역
주).

4 한국어 번역본의 제목은 『사회변혁과 헤게모니』(터, 1990)로 출간되었다(역주).

5 Paul Celan: 루마니아 출신의 독일 시인. 2차 대전 후 파리에 거주하면서 강제수용소
체험을 썼다. José Ángel Valente: 50세대로 알려진 스페인 시인이며 작가, 번역가(역
주).

6 거숌 숄럼의 이 발언은 신화적 상징의 절합을 묘사하고 있다. 또한 앞에서 언급된
두 저자들의 시학에서 침묵의 의미화과정을 묘사하기도 한다. Gershom Sholem,
Major Trends in Jewish Mysticism (New York: Schocekn Books, 1995), 27쪽 참조.

7 말의 오용을 의미하는 개념인데, 특히 어원의 오해로 인해 빚어지는 언어적 실수(역
주).

8 하위주체성은 헤게모니적 중심에서 배제된 주체위치를 일컫는 개념이다. 기존에 피
억압집단에 해당하며 억압의 역사를 가진 인종적, 성적, 민족적 집단이다. 그람시가
처음 사용했고 탈식민주의 연구자들, 특히 스피박에 의해서 적극적으로 차용되었다.
본문에 언급된 모레이라스는 억압/피억압, 포함/배척의 이분법적 범주에서 벗어나서
이 집단의 경험을 재규정한다(역주).

9 Carl Schmitt:독일의 정치철학자로 자유주의와 의회민주주의를 비판했다(역주).

10 Peter Stallybrass, "Marx and Heterogeneity: Thinking the Lumpenproletariat,"
Representations 31 (1990), 88쪽.

11 Stallybrass, 89쪽에서 인용됨.

12 Judith Butler, Ernesto Laclau and Slavoj Zizek, *Contingency, Hegemony,
Universality: Contemporary Dialgoues on the Left* (London: Verso, 2000), 70쪽.

13 Louis Hjelmsleve: 덴마크의 언어학자(역주).

14 같은 책, 208쪽.

15 Rodolphe Gasché: 미국의 철학자 및 문학이론가(역주).

16 Ernest Laclau, *New Reflections on the Revolution of Our Time* (London: Verso, 1990), 25쪽.

17 같은 책.

18 sub specie aeternitatis: 현실을 보편적이고 영원한 것으로 보는 철학적 시선으로, 구체적이고 시간에 구애받는 현실이 아니라 '영원한 현재'로서의 시간성을 갖는다. 스피노자와 비트겐슈타인이 사용한 표현이다(역주).

19 멕시코의 무장혁명단체. 원주민 인디오에 대한 정부의 경제정책에 항의하는 반정부군(역주).

20 John Rawls: 미국의 법정치학자(역주).

21 마르크스의 자본론에서 이론화된 상품경제의 기본적 구조를 표시하는 공식이다. M은 화폐이고 C는 상품으로, 자본이 투자되어 상품생산이 되고 그로부터 다시 자본의 이익이 도출되는 자본주의생산구조의 일반정식이다(역주).

좌파 상연:『우발성, 헤게모니, 보편성: 좌파에 관한 현재적 대화』리뷰

- 줄리엣 플라우어 맥케넬

헤게모니적 보편성이 아닌 보편성은 없다.

- 어네스토 라클라우[1]

좌파가 처한 현시대[2000년대 초]의 마비상태로부터 좌파의 기력을 회복시키려 시도한 점에서『우발성, 헤게모니, 보편성』에 경의를 표해야 한다. 슬라보예 지젝은 이 마비상태를 좌파의 정치적 기획에 대한 문자화되지 않은 금지라고 묘사한다(127쪽). "오늘날 급진적 사유와 행동의 (불)가능성"이라고도 했다(91쪽).[2] 이 책은 지젝, 주디스 버틀러와 어네스토 라클라우의 예의 바른 대화를 상연하고 있다. 이 책의 세 저자들이 그들의 "반전체주의적 급진주의 민주주의 기획"이라고 똑같이 부르고 있는 것을 극화시키기 위해서이다. 진보주의 경향의 이론가들이 연대를 선언하는 일은 당연히 좌파들로부터 환영받기 마련이다. 급진주의 민주주의 기획은 이 책이 제공하려고 하는 전시회를 보장할 것이다. 특히 미국의 최근(2001년) 선거 관련 이벤트들은 갑갑한 민주주의적 제도들이 진정 급진적으로 보이게 해준다.

하지만 이 책은 도박이다. 첫째, 세 저자들의 이론적 범위를 통해 측정되기를 기대한다. 이들의 이론적 차이는 고작 그들의 성격에서 나타나는 차이와 유사할 뿐이다. 그들이 쓴 서문 형식의 글은 이 책이 "우리의 사유가 담은 공통적 궤도를 구축하기"를 희망한다고 했는데, 그 결과 "서로 다른 지적 관심사를" 반영하고 있다고 첨언한다. 저자들이 반복해서 그들의 상호동의를 표명하고 있음에도 저자들의 전혀 다른 스타일은 악명 높고, 그 차이를 무시할 수는 없다. 그들의 스타일은 이론적이고 정치적 차이의 좀 더 심오한 깊이와 무관하지 않을 것이다. 버틀러의 태연한 스타일은 서로 어울리지 않는 것들을 매개하고 화해시키려는 경향을 반영한다. 라클라우의 꼼꼼한 논리는 사회변화가 바로 눈앞에 있고 내재적이라는 사실을 확신시킨다. 반면 지젝은 정치적 행동을 향한 열정적인 조바심 탓에 우리를 언제나 고무시키는 현실적인 사례들을 사용하고 있다. 연대성의 대화는 또한 독자의 호기심을 거스르게 된다. 그들을 결합시키는 수사학보다는 그들을 분리시키는 쟁점들이 호기심을 더 자아내기 마련이다.

그럼에도 불구하고 저자들을 함께 결합시키는 것을 향한 우리의 관심은 전폭적이다. 놀랍게도 (20세기 중엽 헤겔이 얻은 무관심을 감안한다면) 헤겔은 — 마르크스가 아니라 — 이 세 저자들을 대체로 결합시키는 철학자이다. 특히 헤겔의 부정의 변증법이다. 헤겔로의 회귀는 이 책의 좀 더 큰 이야기들 중 하나를 구성한다. 마찬가지로 세 저자는 마르크스적 관점에서 모두 등을 돌리고 안토니오 그람시의 헤게모니 개념을 이데올로기 분석에 사용하게 된다. 이런 회귀는 헤겔로의 귀환보다 덜 놀랍긴 하다. 라클라우의 경우 샹탈 무페와 함께 쓴 책에서 이탈리아의 반파스시트적 사상에 오랫동안 참여해왔기 때문이다. 마지막으로 저자들은 광의의 의미로 '포스트모던' 이론을 공유하고 있다. 마르크스에서 공공연히 벗어나 있기 때문에 (가령 푸코의 경우 그렇다), 본질적으로 비정치적인 이론들이지만 그럼에도 좌파에서 어느 정도 수용된 것들(가령 러시아혁명의 첫 세대들이 열정적으로 받아들였던 소쉬르)을 포함한 일반적인 형태의 포스트모던 이론이다. 하지만 진짜 문제는 라캉의 정신분석과 후기구조주의(세 저자들이 이미 과거에 자신의 입장을 증폭시키기 위해 사용했던 이론)를 좌파주의담론에 결합시킨 것이다. 정신분석과 후기구조주의의 좌파정치는 명백하지 않기 때문에 내 생각에 독자는 반복해서 이 책으로부터 거리를 두고(심할 정도로 자기참조적인 이 논쟁의 통로를 지나가야 한다) 이들의 논의가 급진적 민주주의에 어떤 기여를 하는지 가늠해야 할 것이다.

　　종합적으로 볼 때 이 책은 간단히 반응을 보이기 쉬운 책은 아니다. 그래서 나는 책의 제목을 진지하게 고려해서 이 책의 전체적인 결과를 이해하고 각 이론가들과 이론이 좌파를 위해서 후기구조주의와 정신분석이 던진 질문에 어떻게 대응하는지 모색하면서 읽겠다.

헤게모니

그람시의 헤게모니와 저항헤게모니 개념을 먼저 검토해보자. 그람시는 이탈리아의 파시즘과 운명적으로 조우하면서 어떻게 이들이 정치적 지배를 '새로운' 방식으로 얻게 되었는지를 목도하고 헤게모니 이론을 만들게 된다. 그람시에게 헤게모니는 지배계급이 자신의 정치적 목표를 이루기 위해 피지배계급을 드러내지 않은 방식으로 이끌어가는 과정이다. 그들의 가장 내면적 지각을 은근히 지배하고 내밀한 일상의 관계를 왜곡시키는 방식을 사용한다. 헤게모니적 실천을 통해서 지배계급은 그들의 권력위치를 심어놓는다. 저항헤게모니는 피지배계급의 입장에서 헤게모니 권력에 전략적으로 저항하는 것이다. 스탕달의 소설『적과 흑』에서 왕정복고기 프랑스를 묘사하는 방식을 떠올려보자.[3] 소설에서 반동세력의 귀족들이 시도하는 공공연한 정치가 대체로 좌초되지만 그들의 태도와 도덕관습을 이상이라고 따르기를 강요해서 지배적 지위를 다시 성공적으로 획득하고 과거 혁명계급들을 지배하게 된다. 과거의 군주적 특권들이 국왕의 헌장(새 헌법)에서 심하게 축소되었기 때문에 귀족들은 새로운 정치적 수단을 이용해서 자신의 목표를 헤게모니적으로 달성한다(그람시의 탁월한 수정주의적 마르크스주의이론을 여기서 간략하게만 기술할 수밖에 없는 점에 대해 양해를 구한다. 하지만『우발성, 헤게모니, 보편성』이 이 개념을 여러 방면으로 복합적으로 다루기 때문에 반복을 피하기 위해서 어쩔 수 없었다).

라클라우의 헤게모니: 헤게모니를 가장 기획적으로 다룬 건 라클라우이다. 다른 지면에서 라클라우는 부지런히 전후 후기 마르크스주의 유럽을 위해서, 그리고 포스트모던 이론을 위해서 그람시를 쇄신시킨다. 라클라우는 '지배계급'이 누구이고 무엇인지(가령 귀족, 부르주아지) 또 피지배계급 혹은 잠재적인 반헤게모니적 계급이 무엇인지(그람시에게는 남부 이탈리아의 농부였고 마르크스에게는 도시의 프롤레타리아)에 관한 앞선 관념을 전치시킨다. 이러한 맥락중심의 대체물보다 더 중요한 것은 라클라우에게 계급갈등 그 자체가 더 이상 마르크스와 그람시에게 그랬던 것과는 달리 사회의 중심적 적대관계가 아니라는 점이다. 결국 국가는 변형되었고, 그람시의 시민사회에 대한 헤게모니적 권력은 오직 국가에 대한 정치적 통제를 얻기 위해서만 필요하고, 이런 통제를 얻으면 지배계급의 헤게모니를 재강화시킨다. 역사적 상황들(EU의 구성과 지구적 자본 등)은 명백히 '국가'의 내적이고 외적인 외형을 변형시켰고 헤게모니의 기능과 지위는 이에 따라 반드시 변화하게 된다.

라클라우에게 헤게모니는 그럼에도 불구하고 민주주의에 필수불가결한 이론적 실제적 도구이다. 헤게모니는 간접적으로 그 차별적 작동을 통해서 구조적 사회변화에 사용된다. 사회정치적 존재(56쪽)에 필수적 "3차원"을 생산하는데 이것이 없이는 근본적 사회의 적대주의를 (잠정적일지라도) 무화시키는 데 필요한 "경향적으로 텅 빈 기표들의 생산"(57쪽)이 되지 않는다. 비록 헤게모니화가 결코 단일한 사회적대주의를 뿌리째 뽑아내지는 못했지만 사회질서가 영속적인 열린 자리, 반헤게모니화가 차지할 무조건적인 자리를 허용한다. "불가능성의 재현"

으로서 헤게모니는 보편과 특수 사이의 분리를 열어둔다. "보편과 특수 사이의 통약불가능성을 유지하면서도 특수가 보편의 재현을 취하는 것이 가능하다"(56-57쪽). 헤게모니는 (그렇게 만들어졌어도) 계급분열을 넘어서고 그 역할은 미래의 사회변화를 위한 토대를 세우는 것이다.

버틀러의 헤게모니: 버틀러가 그람시 헤게모니를 채택하는 방식은 라클라우와는 사뭇 다르다. 버틀러는 라클라우가 생각하기에 헤게모니 개념에 중요했던 (그리고 사회질서 그 자체에도 중요한) 분열, 대립과 보편성을 문제 삼는다. 버틀러는 분열로 (그람시에게는 계급분열, 라클라우에게는 보편과 특수의 분리) 구조되었다는 것을 거부하고, 동전의 양면을 구성하는 헤게모니를 선호한다. 즉 담론의 경계 지워진 영역 안에서 헤게모니가 작동한다. 버틀러에게 사회적 계급적 적대주의는 단지 역사적으로 지나간 것만이 아니라 사회적 질병의 뿌리와 마찬가지이다. 그렇다면 전적으로 실용적 토대위에서 버틀러는 헤게모니의 가치를 찾는다. 좌파가 얻을 이점을 공고히 하거나 아니면 좌파의 손실을 저지하는 데 사용되는 방식으로서 말이다.

왜 버틀러가 분리와 대립에 저항하는가? 이 두 개념은 (루소와 헤겔, 그리고 분명 라클라우에게) 사회적 역사를 추동하는 엔진이다. 그람시를 공시적이며 푸코주의적 방식으로 채용하는 버틀러는 헤게모니가 한 사람에게 (계급구성원으로서만이 아니라) 작용하는 것은 뭐든 포함하는 개념으로 확장시킨다. 버틀러에게 헤게모니는 "규제적 장치"(157쪽)의 외양을 갖고 있다. 가령 국내적, 그리고 국제적 정부 관리의 다양한 기관들, 검열위원회, 그리고 어떤 지점에서는 "지식인들"(148쪽) 등을 가리킨다. 이런 권력체제들은 하나의 파당이나 집단에 고정되어있지 않고 사회질서 그 자체에 밀착되어 있다. 버틀러는 헤게모니 권력을 사회적 이상(정상규범)에 위치시킨다. 사회적 이상은 무의식에서 재생산되는 동일성을 강요하는 선험적 가치들(13; 279쪽)이다. 이 내면화된 규범들은 언어학적 대립의 속임수와 언어의 차별적 작용(153쪽)에 의해서 전적으로 생산되는 의미효과들에 의해 생산된다. 그러나 이것들은 "재현의 영역에 있는 시민–주체들"을 형성하기 위한 헤게모니로 기능한다(14쪽).

언어는 버틀러에게 헤게모니 뿐 아니라 반헤게모니의 생성장소이다. 헤게모니와 반헤게모니적 실천들은 라클라우처럼 새로운, 나아가 저항하는 텅 빈 기표들을 만들어내는 문제가 아니라 낡은 것들을 재구성하고 전복시키는 문제이다. 버틀러의 두 번째 장 「보편성에 맞서는 일에 대해」의 말미에 그녀는 이렇게 쓴다. "발언될 수 없는 것을 발화 가능성의 영역에 동화시켜서 지배의 현존하는 규범들 내부에 얌전히 두는 것이 아니라, 지배의 확신을 무너뜨리고 보편성의 주장이 얼마나 모호하며…체제의 붕괴를 경로하는 방식을 보여주는 것이 과제이다"(179쪽).

버틀러의 프로그램은 전통적 정치의 견지에서 보면 비정치적이다. 서로 싸우는 파당이나 정치화된 집단 사이의 갈등은 없다. 권력체제를 향한 적대감만이 있을 뿐이다. 위에 인용된 그녀의 프로그램 진술은 의심의 여지 없이 마르크스적이기보다는 니체주의적으로 (모든 가치들의 초가치화) 들리고 그들의 선동적 에너지가 목표로 삼는 곳에 몇 가지 지침을 제공하는 급진주의자들에겐 보통 이상의, 보다 일반적으로 들린다(이 인용문의 일반성은 내게는 버틀러가 『혼성 통용어』에 실은 글에서 예전에 읽었던 저널리즘적인 주석을 떠올리게 한다. 여기서 "이웃도 없고, 국가도, 시대도 없다"고 불평했다. 물론 이런 태도는 버틀러만의 특유한 스타일이 아니라, 자본주의 때문에 점점 더 우리가 겪게 되는 라이프스타일 금지 때문이라는 사실이 놀라울 뿐이다).

헤게모니에서 버틀러에게 '좌파적'인 것은 무엇인가? 버틀러는 헤게모니의 뿌리를 언어에 깊이 심어두어서 계급의 문제와 그것에서 비롯된 분열을 그저 스쳐 지나가게 된다고 공격받을 수 있을까? 아니다. 그와 반대이다. 라클라우처럼, 버틀러는 헤게모니가 특정한 '지배계급'의 이해관계를 봉사한다는 생각을 거부한다. 하지만 라클라우와 같은 이유로 (국가의 형태에서 생긴 세계사적 변화) 그것을 거부하지 않는다. 버틀러의 논리는 계급을 개인적 사회적 동일화를 임의적으로 구성하는 언어학적 '권력체제'의 (딱한) 효과들을 적은 긴 목록에 첨가한다. 그녀의 선택지가 갖는 부분적 목록은 언어를 통해 우리에게 부과되고 여기에는 "동물과 인간을 구분 짓는" 것들이라고 포함한다. "양성을 구별해서 '불가피한' 이성애와 젠더의 관념적 형태론의 방향으로 동일화를 직조"하며 "인종, 민족, 계급정체성과 관련해서 고집스러운 통일화와 거부"를 생산한다(153쪽).

버틀러가 라클라우처럼 헤게모니를 사회정치적 상황의 변화에 맞도록 유연화하지는 않는다는 점을 잠시 떠올리기를 바란다. 버틀러의 흥분하지 않는 산문은 그녀가 일으킨 개념의 인플레이션과 그런 수단으로 보편성에 대한 모든 주장을 기꺼이 파괴시키려고 하는 것과는 어울리지 않는다. 헤게모니는 모든 권력의 원천으로서 언어 — 단순히 지배계급의 권력만이 아니라 — 와 공존해서(동시대 아마도) 이름짓기와 호명을 통해서 개인적 정체성을 구성하고 복종시키는 것이다. 우리가 언어의 전 사회적 힘으로서 정치적 정적주의로(누스바움이 지적했듯이[4]) 버틀러가 기운다고 상상하지 않게 하려고 버틀러는 언어와 관념적 동일화의 파괴적 효과는 호전적으로 "탈동화적 저항"(150-153쪽)으로 맞서는 것이라고 분명히 밝힌다.[5] "헤게모니를 새롭게 사유하려는 노력은 가능하지 않다…합법성의 규범이 …무너지는 곳의 선에서 정확히 위치하지 않으면[가능하지 않다]"(178쪽). 언어사용자들은 그 파괴적 효과들에 저항하기 위해서 언어를 동원해야 한다. 버틀러의 담론권력의 둥근 세계에서 (그리고 그것에 둘러싸인 사회적 장에서) 헤게모니 정치는 불가피하게 그 반헤게모니적 얼굴을 대면한다는 사실과 관련된다.

　버틀러의 이론이 복잡하긴 하지만 그녀의 정치적 견해는 놀랄 만큼 단순하다. 이것이 버틀러가 대중적으로 호소력을 갖는 이유이다. 그녀는 반헤게모니를 계급에서 떼어내어 전체 사회적 장에서 순환시켜 어느 지점에선가 작동하게 한다. 비록 그것의 가치는 "지배의 확신을 무너뜨리기"가 가시화될 수 있는 국지적 차원에서 가장 높아진다(나는 작은 사회적 영역들에서 작동하는 것을 그려볼 수 있지만, 더 큰 광범위한 국가적 또는 국제적 정치를 위해서는 상상할 수는 없었다). 여전히 버틀러는 더 도식적인 관심사를 드러낸다. 버틀러가 한때 젠더정체성에 대해서 글을 썼다는 사실을 떠올려 보라. "의학적 호명을 생각해보자…어린아이를 '그것'이라고 부르지 않고 '그녀' 혹은 '그'로 바꿈으로써 소녀는 '소녀화' 되어 젠더의 호명을 통해서 언어와 친족의 장에 들어오게 된다."[6] 버틀러가 담론적 반헤게모니가 아이의 탄생 순간에 시작되는 것을 보기 위해서 젠더(구체적 차이)를 섹스(대립물)로부터 외삽(外揷)[7]시키는 것은 불가능하지 않다. 부모와 의료계 인사들은 신생아를 '그' 혹은 '그녀'로 부르기보다 '그것'으로 부르려고 한다.

반헤게모니는 버틀러에게 최고의 사적인 차원에서 작동한다. 그리고 오직 함축적인 의미로만 좀 더 깊이 정치적 차원들에 영향을 미치는 것으로 보인다. 물론 버틀러는 "차원들"로 사유하는 것에 경고를 하면서[8] 신좌파의 기원적 충동들 중 하나, 즉 개인을 정치화하려는 충동을 만족시킨다. 좌파의 정치적 행위는 더 이상 정확하게 몇몇 구체적 '그들'이 당신(사회경제적 계급의 구성원으로서)을 지배하고 그들의 통제를 막기 위해서 다른 이들과 힘을 모아서 '그들'에게 대항하기 위한 방법을 찾아내는 일이 아니다. 버틀러에게 좌파의 정치적 행동은 이제 어떻게 "권력의 체제"(151쪽)가 내적으로 "우리를 통제하는 것에 동의하기"(29쪽)를 강요하는지 깨닫는 문제이고, 60년대의 "침착하게 생각해"로 강박을 벗어나는 문제이다. 사회적 호명과 강요된 동일화에 저항하면서 우리는 자발적으로 정치적 진술을 하게 된다. 내가 버틀러의 글에서 발견한 바로는 아마도 이것은 여전히 우리가 하고 있는 유일한 정치적 선언일지 모른다.[9]

지젝의 헤게모니: 지젝의 경우 전혀 다른 것이 헤게모니의 판에 들어온다. 라클라우와 버틀러와 달리 지젝의 구좌파적 관심은 포스트모던의 조건하에서 전적으로 사라지지는 않았다. 그가 그람시적 헤게모니를 재절합시키는 사회적 장은 버틀러의 단일 논리적 장과 전혀 공통된 점이 없다. 그보다는 조금 더 라클라우의 사회적 구성과 관련된다. 지젝은 헤게모니가 그들의 분석에 필수불가결한 사회적 정치적 삶에 중요한 "제3차원"을 첨가한다는 점에 라클라우에 동의한다. 그럼에도 불구하고 지젝의 헤게모니는 "차원들"에 대한 그의 정신분석적 헌신을 반영한다. 즉 화해 불가능한 갈등에의 헌신이다. 지젝의 라캉주의적 시선에서 헤게모니는 사회적 장의 "체제에 내재적인 특수한 차이들 — 계급, 인종 등등 — 에 걸친" 급진적 사회적 적대주의를 재현한다. 그러나 또한 덧붙여서 이 모든 재현들 위로 기묘하게 떠도는 우발적이고 간접적인 현존을 드러낸다. [사회적 공간 내부에서] "간사회성 차이"에 대한 어떤 기술도 또 다른 더 급진적 차이— "사회를 비사회로 분리시키는 한계"(92쪽) — 에 탯줄로 연결되어 있다고 지젝이 쓴다.

지젝이 이 한계를 강조한 이유, 즉 사회와 사회가 아닌 것 사이의 근본적 대립을 강조한 이유는 무엇 때문인가? 아마도 헤겔의 자아와 비자아의 변증법과 관련이 있겠지만 내 생각엔 이것은 '심리적 삶'(버틀러의 책 제목에서 따왔지만 그 정신은 다르다)과 좀 더(전부는 아니라도) 관련이 있다고 생각한다. 간단히 말해서 지젝은 언어가 사회의 기원이라는 것(누구도 이 점을 의심하진 않는다)에 만족하고 (『그래마톨로지』에서 데리다가 그랬듯이) 전-언어적 기원을 찾아내려는 시도를 목적론적이라고 치부하는 후기구조주의적 입장을 거부한다. 지젝은 이보다 더 근본적인 질문을 던진다. 기원에 관한, 그리고 충동의 원인에 관한 질문이다. 충동은 비-사회적이지만 자연이 아니라 사회의 매우 차별적이고 언어학적인 구성에서 비롯된다. 즉 상징적 명명과 표지, 분류 등과 관련된다. 지젝의 '한계'는 해체이론에서 언어적 매개로 확실히 진입할 수 있게 하려고 언어를 주변으로 그리는 감각적 한계선들과는 다르다. 지젝은 (비언어학적) 상징계를 괄호로 묶어두지 않고 정면 대응한다. 그는 버틀러와 라클라우의 담론적 영역과는 사뭇 다른 정치적 지평을 열게 된다. 대신 지젝은 언어(상징계)가 자체로 헤게모니를 유지할 수 없을 때 일어나는 일을 검토한다. 즉 상상계, 사회 혹은 언어가 내부로부터 위협받을 때이다.

지젝이 사회와 비사회 사이에 기입한 한계는 그저 가변적인 경계가 아니라 상징계-사회가 시작하는 곳과 끝나는 곳을 표지하는 결정적 경계이다. 지젝의 한계는 내적인 한계로서 사회적 자아가 멈추고 충동이 시작되며 언어가 결코 발언할 수 없는 것을 대면하는, 불편한 곳이다. 이 지점이 바로 라캉이 실재라고 부른 것이다. 지젝에게 이 라캉주의적 지점이 갖는 특수한 정치적 이해관계는 내적인 한계가 사회적 상황과 개인적 상황에 동시에 등장한다는 것이다. '내적인 한계'는 단지 어디에서 당신이 멈추고 다른 사람이 시작하는 문제만이 아니라 어디에서 당신이 당신이길 멈추고 당신의 자아(기표로 구성된)가 멈춘 뒤 충동이 시작되는가의 문제이다.[10] 이 내적 한계에 도달하면 그곳은 '대타자'에서 유출된, 외적인 강제로 느껴진다.

여기서 우리는 라클라우의 열린 끝 뿐 아니라 버틀러의 한정된 사회적 공간으로부터도 역시 멀어져 있다. 지젝에게 급진적 적대주의(사회와 비-사회 사이에)는 사회체계에 내재적인 특수한 차이들을 통해서 왜곡적 방식으로 재현될 수 있을 뿐이다. 상징들 사이의 공간에서 뿐 아니라 개인들 사이의 공간이다. 이런 실재의 귀환은 간사회적 차이들("사회적 공간의 요소들 사이에서")에 "차이의 모습으로 변장해서," "지도그리기"가 된다(92쪽). 실재는 따라서 언어와 비언어의 근본적 대립에 따른 효과이다(혹은 사회와 비사회 또는 상징과 실재 사이의 대립). 그러나 비상징계와의 격렬한 조우는 사회적 분류들을 단지 차이들로 평평하고 상상계적으로 재현하는 것에 차원성을 더해준다. 여기에 상상계와 상징계의 구분이 멈추게 된다.

지젝은 실재를 헤게모니적으로 규정한다. 실재는 그람시의 지배계급이 행사하는 것과 유사한 상징적 절합으로 형태를 만드는 사회적 관계들에 왜곡을 삽입할 수 있는 힘이 있다. 그람시의 정치적 헤게모니는 시민사회의 외부에 있다. 지젝의 실재는 단순한 사회성을 초과함으로써 구별을 근본적으로 만든다. 실재의 한계는 사회성(오직 상징적 계약과 언어학적 존재만을 갖고 그 이상은 아무것도 없는 것)의 절대적 비현실성(허구성)에 영원히 봉합되어 있다. 사회적 차이들의 지도에 그려진 이 터무니없는 실재는 반드시 해결되어야 한다. 지젝은 이 결과들을 인종차별주의, 파시즘, 공산주의와 도착의 현실들을 정치적 그리고 정신분석적 방법론을 사용해서 분석했다.[11] 언어는 해결책이 아니라 문제의 일부이다.

아무래도 지젝이 마치 구좌파의 주제들(가령 계급갈등)로부터 아주 멀리 거리를 두는 것처럼 들릴지도 모른다. 그러나 그는 계급이 실제로는 정치적 형상화들로부터 결코 제거될 수 없다고 주장한 사람이다. 그에게 계급은 오늘날까지도 나머지를 중층결정하는 구체적 적대주의이다(321쪽). 지젝은 우리가 지구적 자본주의 분석을 계급이 자본주의의 억압 하에서 재구성되는지 결정해야 수행할 수 있다고 주장한다(322-323쪽). 상징계적 상상적 그리고 실재적 파당으로 재구성해야 한다. 어떻게 지젝의 이론에서 이런 방향들이 화해될 수 있을까? 지젝의 헤게모니적 실재와 그가 계급적대주의를 부인하는 거부 사이의 결과는 정신분석과는 궁극적으로 양립불가능할지도 모를, 나이든 마르크스이론에 대한 노스텔지어보다는 민주주의의 근원적 충동을 포용하는 것과 더 관계가 있어 보인다.

계급에 관한 간단한 보충설명: 지젝에게서 나타나는 이 모순과 화해를 시도하기 이전에 여기서 '계급'과 관련해서 단순하게 진술해보려고 한다. 우리는 봉건적 세상이 계급이 아니라 일련의 기업화된 사회체(누군가의 '토지'는 그의 사회적 '존재'였다)로서 조직되었다는 것을 잊어선 안 된다. 이것들은 동질적이고 통합적이며 분리된 자체적으로 경계를 부여한 것으로 생각되었다. 사회를 구성하는 이 기업적 방식은 (아마도 단기간? 나는 이점이 종종 궁금하다) 18세기의 민주주의 혁명과 함께 종결되었다. 이런 혁명들은 사회를 '전체'로 보는 개념을 시작했다. 모든 것의 가장 중요한 '차이' ─ 계급분화 ─ 를 포함했던 차이들에 의해서 조직된 것이다. 기업화는 그 구성원들에게 자연스러운 위치와 천부적 권리를 제공해줌으로써 효과적으로 작동했다(다만 오직 개인에게만 주어진 권리에 관한 것이었다). 개인의 재산과 지위가 전부이다(기업주의적 사회조직이 제공하는 듯이 보이는 전반적 조화에 대한 노스텔지어는 늘 남아있다).

계급 구성원에 우호적인 체제(토지)의 혁명적 전복은 그 이해관계가 다른 집단들과 필수적으로 갈등을 일으키는 집단과 동일화한다는 것을 의미했다. 이런 분열에 의한 불협화음은 각 구성원과 집단이 일정하게 양도할 수 없는 권리를 갖고 있다는 의미에서 유지되고 있다. 오직 보편적 권리의 개념만이 차별화된 사회구성체를 유지해주고 적대적인 구성요소들로 쪼개져 나가지 않도록 해준다. 마르크스에게 계급과 보편성 간의 필수적 긴장이 급진적으로 표현된 첫 사례는 프랑스 혁명이었고, 마르크스는 헤겔이 보편과 특수의 추상적 변증법을 이 혁명에 기초해서 만들었다고 믿었다.

다시 지젝: 그람시는 마르크스의 계급전쟁을 지나치게 문자적으로 취하는 것을 넘어서도록 해준다. 하지만 지젝에게 그람시적인 헤게모니는 오직 계급갈등이 여전히 작동할 때에만 활용될 수 있다. 지금은 국가에서 초국가로 변화된 시대이긴 해도 마찬가지다. 지젝은 동료 저자들을 대놓고 비난한다. 지구적 자본주의의 헤게모니적 실행들을 대항하지 못했고 모든 계급적 적대주의를 끝내는 명령을 행사하는 새로운 지배계급을 인식하지를 못했다는 이유였다. 지젝은 따라서 지구화 경제를 다시 정치화한 분석을 요청한다(223; 321쪽). 정신분석의 원천

들(실재의 권력)에 부수적으로 따르는 헤게모니 개념을 이용하라고 한다. 오늘날 사회생활을 왜곡하고 (상상계적으로) 밋밋하게 만드는 기업주의적인 동질화는 실재의 잔여물이 실재적 차원들을 들추어내고 자본주의의 내재적 한계를 가늠하기를 요구한다.

지젝은 (비록 계급적 차이가 오늘날 존재론이 되어가는 방식에 대해 말하기는 하지만) 존재의 철학으로 우리가 역전될지도 모른다는 것에 관심을 갖지 않는다. 그러나 계급갈등이 포스트모더니즘의 확산되는 특수성들로 해소되면 보편의 관계를 부인하는 것에 관심을 갖는다. 이 부인의 방식은 민주주의의 중요한 지지대 중 하나를 사유 없이 전복하게 된다. "개별 특수성은 각기 보편성과 관련된다"(316쪽)라고 지젝은 선언한다. 물론 그는 계급 갈등이(그리고 확장된 보편성이) 더 이상 분석의 유행을 타는 용어가 아니라는 것을 인식하고는 있다. 그러나 그의 위트넘치는 첫 장 「계급투쟁이냐 포스트모더니즘이냐? 물론이지, 제발!」에서 민주주의를 경제적 계급분리의 사회 — 마르크스주의적인 의미이거나 현대의 '후기빈곤사회' — 와 등식화하기를 거부한다. 여기서 이 사회는 계급분열이 "다양한 정치적 주관성들"과 무관하다고 여겨지는 곳이다(99쪽).

그래서 우리는 헤게모니(그리고 그것의 부수물인 계급)와의 관점에서 양립불가능성을 발견한다. 이 책에서는 편집상 이 개념을 분명하게 해설하려고 하지 않는다. 대화참여자들은 우리로 하여금 급진적 민주주의의 동일한 기획이 실제 무엇을 의미하는가를 궁금하게 만든다. 우리는 지젝으로부터 가령 계급적대주의가 오늘날 지구화자본주의의 물결에 은밀하게, 하지만 완전히 연루되어있다는 것을 듣게 된다(320쪽).
그리고 지구화경제는 반드시 재정치화되어야 한다고도 했다. 라클라
우는 전통적 계급적대주의는 역사적 사건들에 의해 압도당해 왔고 좌
파의 과제는 사회적 질서를 변화에 열어놓고 사회적 적대주의를 인식
하고 영속시키기 위해 유연하게 다루도록 체제를 설비하는 것이라고
했다(299쪽). 버틀러는 우리가 세 번째 선택지를 마주하고 있다고 한다
(미국학계의 좌파에게 널리 받아들여진 가정). 우리는 실천이성을 행사하기
위해서 쟁점별로 억압의 지대를 실용적으로 검토해야 한다. 예를 들
어 버틀러는 "좌파 행동"은 "성적 교환의 공적 지대들의 합법성과 법성,
세대 간 성관계, 혼외입양, 증대되는 에이즈 연구와 시험, 그리고 트렌
스 젠더 정치 등과 같은 이슈들에 대해…비판의 정치적 문화"를 유지
하는 것이라고 규정한다(161쪽; 이것은 전혀 "정적주의적"이지 않다). 버틀러
가 권력체제의 초기 분석들(마르크스, 그람시)을 회의주의적으로 처리한
것은 상처를 주고 치유하는 언어의 힘에 관련된다. 그녀는 권력이 임
의적으로 행사되는 장소들에 집중해서 그 권력을 비난하게 한다. 그녀
자신은 "비규범적 성적 실행들에 대해 비판하는" (규정되지 않은) "지식
인들"을 비난한다(148쪽). 이 지식인들은 결과적으로 게이에 대한 국가
적 억압에 동조한다. 버틀러가 적극적으로 관여하는 '쟁점들'은 사회적
적대주의와 거의 혹은 전혀 관련 없이 사적인 차원에서의 거짓 부정들
과 무의식적 부인들과 전부 관련된다는 점에 주목하자.

　저자들의 차이는 책이 진행되면서 더 증폭되어가기만 한다. 지젝
은 "[두 저자들과의] 대화는 공유된 가정들에서 출발한다"(91쪽)라고 말하

면서 글을 시작한다. 그들의 길고 긴 논쟁 뒤에도 그는 자신이 "버틀러의 정치적 목표들을 전적으로 지원한다"라고 주장한다(313쪽). 그러나 그의 집중된 정치적 결말은 극적으로 그와 버틀러 사이의 구체적인 불일치를(라클라우와는 그보다는 조금 덜하게) 강조한다. 지젝이 보기에 버틀러와 라클라우는 좌파적 쟁점들이 고집스럽게 여전히 존재한다는 것을 보지 못한다. 그들의 이론 때문이 아니라, 그들의 이론에도 불구하고 보지 못한다. 지젝에게 두 저자는 사회상징적 생활의(혹은 그 내부의 내적인 한계) 모순들에 대해 부주의하기 때문에 정치를 회피하면서 저평가하거나 심각할 정도로 다루지 않는다. "구 마르크스주의적 결에서 나는 이렇게 계속 생각한다"고 지젝은 쓴다. "오늘날의 자본주의는 그 승리를 구가하면서 새로운 '모순들'을 만들어낸다. 이 모순들은 잠재적으로 표준적 산업자본주의보다 더 폭발적이다. 일련의 비합리성들을 즉시 떠올릴 수 있다…"(322쪽).

지젝에게 현대 라캉주의 정신분석은 민주주의와 자본주의 정치비판에 중요한 모순에 대한 감각을 부활시켜준다. "자본주의체제는…그 내적인 한계와 자기 취소에 다가가고 있다…'마찰 없는 자본주의'(빌 게이츠)는 수백만의 목숨이 미래에…관한 초반성적 사색에서 결정되는 악몽으로 바뀌고 있다"(322-325쪽). 만일 우리가 이 진술을 버틀러의 "어떤 특수한 정체성이라도 그것이 출현하는 차이의 관계들의 장은 무한해야 한다"(31쪽)라고 발언한 것과 비교해보면 확실한 차이를 볼 수 있다. 지젝에게도 버틀러에서처럼 "사적인" 차이가 있다. 하지만 그의 차원은 사회정치적 차원과 분리불가능하다. 그 자체의 모순들에 붙들려있다고 해도, 그것은 바로 주체이다. 버틀러는 사적, 사회적 정치적인 것이 단일 차원의 자아로 융합된다(책이 진행되어 갈수록 버틀러가 사용하는 표현이다).

이 책은 이 오월동주(吳越同舟) 상황을 쟁점에 따라 입장에 따라 만들거나 없애거나 하는데, 독자들에게 잠재적 정치적 프로그램, 행동이나 좌파이론들이 소상하게 설명한 것의 결과들에 관해서는 기껏해야 빗겨나가는 정보를 준다. 좌파는 어디로 향하고 있는지 우리의 궁금증은 채워지지 않은 채 남아있다. 그럼에도 나는 계속해서 이 책에서 개념적 실천적 구별점들을 강조하고 싶다. 좌파를 문제적인 것으로 제시하려는 게 아니라 좌파가 겪는 어려움으로부터 뭔가 교훈을 끌어내기 위해서이다.

보편성

나는 이미 책 제목의 마지막 단어 보편성 문제를 다루었고 보편적 주장들과 보편인권에 대한 역사주의의 회의주의를 언급했다. 각 저자들은 보편의 현대적 비판을 인정한다(제국주의적 지배를 부여하는 회책 등). 그럼에도 불구하고 라클라우와 지젝에게 보편은 해방주의적 정책에서 여전히 본질적이다.

라클라우와 보편성: 라캉은 헤겔이 보편성을 "근본적 배제"로 파괴하는

것을 인정한다(207쪽). 하지만 라클라우에게 "특수성에 보편의 의존"은 "보편주의 해방기획"의 부분이자 파편이다(207쪽). 라클라우에게 보편은 사회변증법의 필수적 계기이다. 그 힘은 역사에 의해 두들겨 맞고 이론의 처참한 비판에 무너졌지만 보편은 여전히 라클라우에게 반헤게모니의 진정한 장소로 남아있다. 보편은 문자 그대로 시민사회든 정치사회든 어디에도 없다. 좌파의 과제는 헛된 반헤게모니적 전략을 넘어서는 것이 아니라 헤게모니의 보편적 자원을 스스로에게 사용해서 사회에 근본적인 적대주의를 인식하고 희석시키는 것이다. 라클라우에게 헤게모니는 "경향적으로 텅 빈 기표들"의 공간/비공간을 만들어내서 구성적인 보편성(주280)을 위한 길을 만든다.

버틀러와 보편성: 버틀러에게 보편이 특수에 의존하는 것(보편성을 걸러내는 것으로서의 특수)은 보편의 정치적이고 해방적 주장들을 무효화할 뿐 아니라 그것에 본질적인 배제들로 보편이 더럽혀지고 오염되고, 이 배제들이 보편에 출몰하게 된다. 버틀러는 동료 비평가인 제릴리, 스캇과 함께 하는 것이 더 합리적이라고 생각한다. 이 두 비평가들은 보편이 "오직 기표의 망에만" 있다거나 보편과 특수 사이의 "미결정적 우연"에서 찾는다(33쪽).

버틀러에게 언어의 범위는 보편성을 없애기에 충분하다. 그녀는 솔직하게 보편성이 무익한 사회적 대립물들과 치명적인 정치적 적대주의가 비밀스럽게 결합하는 장소라는 것을 의심한다.[12] 그녀에게 헤게모니는 내재적인 보편주의의 힘이 없고 그것이 필요하지 않다. 헤게모니의 유일한 효용성은 좌파주의의 물결이 우리의 마음과 정신에 스며들어 영향을 미치고 통제의 힘을 해방적 목표에 돌리는 정도에 달렸다(나는 이것이 정치적 올바름과 유사하다고 생각한다). 그리고 버틀러에게 헤게모니는 언어적 힘에 다름 아니다. 언어의 상대적 절대주의와 비교해서 정치와 법은 그저 부분적 헤게모니일 뿐 소급력이 약했다. 언어만이 행하고 행하지 않는 힘을 보장했다. 정치에서 버틀러는 "언어는 극복 불가능하다"(179쪽)라고 말했다. 언어는 정확히 말해 보편적이지 않다.

버틀러의 주장은 기술적으로 보면 문화주의적 관점을 취한다. 언어의 현상은 실제 인류학적으로도 보편적이지만 언제나 실용적으로 하나의 문화와 다른 문화를 구별하는 데 사용되었다. 이 둘을 매개하기 위해서 버틀러는 보편 대신 문화적 언어 번역으로 관심을 돌린다(36-7쪽). 버틀러는 한때 민주주의의 개념에 본질적이었던 보편을 언어로 대체한다. 그녀에게는 급진적 민주주의기획에 언어를 연결시키는 일은 매우 중요했다. 무엇보다 이것은 간단해 보인다. 그녀는 민주주의를 기표를 향한 투쟁이라고 정의한다. 그러나 그녀의 개념은 라클라우의 기표들과 같은 방식으로 작동하지 않는다. '그 다음에 오는' 기표의 해방적이며 전적으로 텅 빈 힘을 만들지 않는다. 버틀러는 대신 기표-기계의 중단을 주장한다. "때로 특정 기표들이 머물러서 금지된 영역이 되어 특정 순간의 특정 소여를 점하게 되도록 해야 한다"(269쪽). 언어의 차별적 목표를 중지시켜서 얻게 되는 에너지는 벨트웨이 헤겔주의자들,[13] 가령 프란시스 후쿠야마 등이 역사의 변증법적 행진으로부터 뽑아내는 종류의 것(냉전을 멈추어서)이다. 변증법적 유물론의 대립물처럼 언어적 대립물은 사회적 역사를 추동할 필요가 더 이상 없다. 버틀러는 대신 그것들의 자체적 몰락에 관심을 둔다.

버틀러에게 "작동하는 것"은 그러므로 더 이상 진보적이지도 퇴보적이지도 않은 변증법이다. 변증법적 대립물이 형성한 정체성의 공시적 위반으로써 "그것들을 사용하도록 미리 권리를 부여받지 못한 사람들"에 의해서, 또 그들을 위해서 "혁신적 남용"으로 열려있다(36쪽). 사회적인 것과 정치적인 것과의 (일체 위상학의 반헤게모니에 따른) 언어학적인 결합은 버틀러에게는 보편적 결합이다.

지젝과 보편성: 지젝의 관점은 두 이론가들을 일부 공유한다. 보편성은 라클라우의 경우 해방적이며, 버틀러의 경우 특수에 의해 오염되었다. 그러나 정확히 바로 이 오염을 이유로 보편은 해방적이다. 지젝은 이렇게 쓴다. "자본은 재기표화/재의미화에 한계를 부여한다"(223쪽). 헤게모니적 힘은 사회적 관계를 변화시키거나 얼어붙게 하고 보편의 작업을 전치시켜서 강력한 주장을 한다. 지젝은 자본에 "인권에 관한 헤게모니적 개념에서 포함과 배제가…재협상되고 재정의될 수 있고 보편에 관한 언급이 정확히 그런 질문과 재타협을 자극할 수 있는 도구로 사용될 수 있다"(102쪽)는 제안으로 대립한다.

보편성에 대한 간략언급: 이 대목에서 나는 해설을 다시 한번 잠시 멈추고 보편이 이 책의 공공연한 레이다 망 밖에 놓여있는 것처럼 보이는 뭔가를 상기시켜 보려 한다. 버틀러와 그의 공저자들 사이에는 보편성에 관한, 연결할 수 없는 차이로 남아있다는 사실이 우리의 관심을 가장 끌 것이다. 특히 헤겔의 변증법적 방식을 고수해 왔던 좌파의 이론가들(특히 비판적으로는 마르크스 혹은 사르트르)과 헤겔의 총체적 앎의 목표를 반박했던(버틀러는 그렇게 하지 않았다) 이들이 결코 보편을 포기하지 않았다는 사실을 감안한다면 그렇다.

결국 오래지 않아 누군가 좌파정치에서 보편주의와 특수주의의 문제를 제기한다면 개념들은 사회민주주의적 대의명분을 표현하기에 완벽히 쉽고, 특히 도움이 될 만한 듯 보일 것이다. 마르크스의 헤겔주의적 시각이 독일의 소수 광산노동자들의 봉기를 경험하면서 잘 벼려졌던 사실을 생각해보라. 마르크스는 이 겉보기에 보잘것없는 봉기가 보편적 중요성을 띤다는 것을 알았다. 경제적 계급전쟁이 아니라 '사회혁명'의 사례였다. 마르크스는 "단일한 사업구역에 한정되어 있지만 총체성에 영향을 미친다. 비인간화된 삶에 대한 인간의 투쟁이며 단일하고 현실적 개인의 관점에서 시작하기 때문이다. 집단성으로부터 스스로가 분리된 것에 개인은 반응하게 되고 그 집단성은 인간의 진정한 집단성, 인간의 본질이다"라고 말했다.[14]

마르크스에게 사회혁명은 늘 필수적으로 보편적인 성격을 띤다. 사회의 범위너머 존재하는 것은 비인간적이라는 사실을 떠올려보자. "혁명의 정치적 영혼"은 이런 비인간적 성격 같은 것을 갖고 있다. 여기에는 "정치적 영향력이 없는 계급들이 국가의 최고 지위들로부터 그들의 고립을 종결시키려는 경향"이 있고, "그들의 입장은 국가의 것이며, 추상적 전체로서 오직 현실 삶으로부터 분리되어야 존재할 수 있다…그래서 정치적 영혼을 가진 혁명은 그 제한적이고 이중적 본성에 순응하면서 사회의 지배계급이 사회에 해로움을 주도록 조직한다."[15] 마르크스의 보편은 계급을 넘어서 사회성이 비사회성, "비인간화"와 만나는 지점에 이르게 된다. 아주 작은 특수한 사례에서도 정치화된 사회에서 계급적대주의의 비인간화된 효과(계급적대주의는 지배계급의 이해관계에 의해서 왜곡된 사회관계일 뿐이다)를 극복하는 것은 특수의 방법을 통해 보편에 다가가게 된다. 이 보편성은 우리에게 시민사회 — 즉 우리를 규정하고 인간적으로 만드는 집단의 존재[16] — 는 개인들과 그들의 계급을 공동의 삶으로부터 분리시키려는 매번의 노력을 주장해야 한다는 사실을 상기시켜준다.

간단히 말해서 우리는 양직업자들의 봉기에 담긴 '특수성'은 그 특수화의 과잉으로부터 보편성을 창조한다고 말할 수 있다. (사회적) 비존재를 양직업자들에게 부여하는 지점까지 몰아세운 특수화이다. 지금까지 이것은 버틀러의 "배제된 자"를 포함시키려는 욕망과 별로 다르게 들리지 않는다. 그러나 그녀가 보편에 대해 저항할 때 본질적 요소를 설명하지 않고 내버려둔다.

마르크스가 계급이 완전히 망가지고 배제되며 비인간화되고 박탈되어서 단순히 모든 사회의 지위를 거부하는 사회에 출몰하는 유령으로 강등될 뿐 아니라 보편성이 되도록 강요받았다고 말할 때 철학자이든 아니든 모든 사람들이 그의 논점을 놓치기는 어렵다. 인간의 지위에서부터 근본적으로 추방되는 직공들의 의미는 그들의 유령적 귀환이 아니라 억압된 자의 복수를 즐기는 것도 아닌, 정반대의 결과를 낳는다. 오직 인간으로부터의 배제를 현실화함으로써만 보편이 탄생하고 '인간성'이 재구조화될 수 있다.

직공의 봉기가 마르크스에게 '말해주는' 것은(이것이 그 '보편적' 성격이다) 어느 누구도 우리가 고통받는 듯이 고통받아선 안 된다는 것이다. 이 '어느 누구'는 비판적이며 부정적인 보편성이다. 이것은 어떤 협소한 자기이해관계를 감추지 않는다. 비록 그것이 존재하는 것이 전적으로 특수에 의존해서 보편적인 외침 '누구도 이렇게 고통받아서는 안된다' 정도로만 축소되는 것에 의존되어있지만 어떤 특수한 내용도 갖지 않는다. 마르크스(다른 이들과 마찬가지로)에게는 사회의 모든 변화를 추동하는 것은 바로 이 보편성 — 정치적 차별의 세력에 내적인 방해물을 인식하고 사회와 비사회가 만나는 지점을 인식하는 것 — 이다. 그리고 바로 그 사회로부터 분리되고 소외되게 된다. 인간적 사회에서 한 장소의 박탈을 인식하는 것은 사회 내부에 결코 단순하게 존재할 수 없는 보편성의 본질이다. 나는 이것은 지젝이 사회와 비사회가 충돌하는 지점을 결정하자고 주장하는 것과 매우 동일하다고 생각한다.

버틀러가 진정 자기만족적인 사회세계를 그 죽어있는 중심으로부터, 이동할 수 있는 이 권력을 배제하길 원한다는 것을 상상할 수 없다. 이 누구도 그런 일을 해서는 안 된다….

그리고 이 보편은 로자 파크스[17]가 만든 민주주의에의 헌신이지 않은가? 파크스가 단호하게 버스 뒷 칸으로 물러서기를 거부했을 때 "내 흑인 그리고 여성으로서의 정체성이 이 인종차별주의 사회에서 담론적으로 부여되었기 때문에 이런 취급을 받아서는 안 됩니다. 당신은 내가 당신에게 마치 자연적으로 하나 혹은 여러 범주들에 속하는 것처럼 보인다는 이유로 이렇게 날 대우할 권리는 없습니다. 나는 자유롭기 때문에 내가 그런 범주들에 속하지 않는다는 것을 잘 알고 있습니다'라고만 말하고 있는가?

아니다.

로자 파크스는 웅변적인 몸짓을 통해 누구도 지금부터 타인에 의해서 인간존재로 취급받을 권리를 박탈당해선 안 된다고 말하고 있었다. 더 구체적으로 그녀는 모든 사람들이 여기 서 있는 나처럼 취급받지는 않는다는 사실을 말하고 있었다. 우리는 "인간'이 단지 문화적으로만 상대적으로 구별된다"고 말장난할지 모른다. 하지만 우리가 할 수 없는 것은 문화적 상대주의의 입장을 사용해서 보편의 힘에서 공기를 빼거나 파크스의 몸짓이 참조하고 있는 '인간성'이 전적으로 언어와 그 사회적 계약으로부터 만들어진 것이라는 의미를 무시하지 않도록 하는 일이다. 쉽게 그녀의 존재를 없애거나 규정하는 국지적 사회계약이 아니라 바로 상징적 협약, 즉 퍼스와 루소 등등의 이론이다.

마르크스의 것은 '논쟁적인 보편성'으로, 개인들이 개인화된 희생자로서가 아니라 새로운 탈계급의 구성원으로서 사회적 동일화로 동결된 것으로 취급한다. 그의 유일한 존재는 그 절합에 고유하게 위치하며 어느 누구도 강요받아선 안 되고 모두가 강요받는 것은 아니라는 보편적 주장을 한다…그런 보편성은 사회'내' 무(無)가 할 수 있는 것을 제공한다. 즉 사회를 '전체'로서 이해할 수 있는 입장이다. 특수성은 그 특수성을 제거하는 경향이 있는 '전체'와 떨어져 있고 기적적으로 보편의 크기에 맞게 자라게 된다. 그리고 '전체'를 유한한 총체성으로서 이해한다. 마르크스에서 보편은 사르트르가 "자기폐쇄적"(전체주의적) 사회라고 부른 곳에서 반영웅이다.[18] 어떤 특수성은 전체로부터 떨어져 나와 있고 소외되어있을 때 그 보편성이 출현한다. 마르크스의 경우 — 그리고 파크스의 경우 — 이 거리두기는 사회적 혁명에 — 심지어 간단히 사회변화를 위해 — 충동을 제공한다.

고전적 민주주의는 보편적 전망을 위한 영구적 장소를 확보하려고 시도했다. 지젝은 '자리잡기'를 자크 랑시에르가 어디에도 존재하지 않는 사람들에 대해서 묘사했던 데모스[19](어느 부분도 아닌 부분)와 동일시한다. "나는 이 그림자 존재는 정치적 보편성의 장소라고 주장하고 싶다. 정치에서 보편성은 어떤 적합한 장소도 없는, '어긋난' 장소의 행위 주체자가 스스로 전 지구적 질서내부의 장소를 갖고 있는 사람들에 대항한 보편성의 직접 구현으로서 자신을 위치할 때 주장된다"(313쪽). 이 보편성은 사회를 계급으로 분리시키는 것을 초과하거나 부족하고, 각 구성원들의 역할을 목록화한 것에는 못 미친다. 이것은 '전체'를 보고 비판하고 발언하고 게다가 발언할 수 있는 유일한 목소리이다. 데모스는 전체의 내적인 한계이고 보편으로서 개별 사회적 구별 위에 그림자를 드리우게 된다. 우리는 개별 양식을('전부 아닌'의 비전체성의 이면) 아래 인용한 사르트르의 묘사에서 볼 수 있다. 비확실성의 포스트모던 원칙들에 앞서 누가 보편을 그저 자만에 찬 소규모의 사회집단에 대한 영향력으로만 보는 데 실패할 것인가? 사르트르는 이렇게 쓴다.

모든 인간에게서 인간본성, 뭔가 보편적 본질을 찾는 것이 불가능하다 면 보편적 인간조건이 존재할 것이다 …역사적 상황은 다양하다. 인간 은 이교도사회에서는 노예이거나, 봉건영주나 프롤레타리아로 태어날 수 있다. 다양하지 않은 것은 그가 세상에 존재할 필요성, 그곳에서 일 하고 활동하고 타인들 사이에 놓여있고 그곳에서 도덕적이어야 할 필 요성이다 …결과적으로 모든 형태는 그것이 아무리 개별적이라도 보 편적 가치를 갖는다.[20]

다시 버틀러와 보편성: 버틀러는 사르트르가 칸트주의윤리학의 '대 준 칙들'을 가지고 했던 궤변과 동일한 근거에서 지구화의 이름을 들먹이 면서 보편성을 궤변한다. "[보편적 준칙의]내용은 언제나 구체적이고 따 라서 예측불가능하다. 언제나 발명의 요소가 있다." 그러나 사르트르 는 보편으로 자유를 만드는 것에 대해 궤변하지 않았다. "중요한 것은 이미 실천된 발명이 자유의 이름으로 이루어졌는지를 아는 것이다." 사회적 현실화는 미리 불필요하게 회피되었지만 (상징적, 사회적, 언어적) 절합의 결여는 정확히 권력의 원천이다.

버틀러는 민주주의를 완전히 새로운 방식으로 보편화하기 위해서 보편의 부정적 힘을 담론적 이성으로 결합시켰다. 민주주의는 그녀가 말하기를 현실화에 대한 저항을 통해서 확보된다. "민주주의는 현실화 를 영구적으로 지연시킨다…실현될 수 없는 영속적 방식으로 이 실천 이 남아있는 것에 필수적이다"(268쪽). 그녀는 (철학의 관념화와 세상의 현실화 사이에 대한 마르크스의 구별과 같은) 일체의 대립물을 거부한다. 이것은 "이상의 관념화와 사례화가 나타나는 모든 양식의 소여 사이에 일정한 거리를 유지하기" 대신 관념성과 현실성을 결합시키지 못하게 한다(269쪽). 이런 혼동은 규범(이상)과 일탈을 일체 사회적이거나 사적인 주장의 뼈의 길이와 너비로 만든다.

버틀러의 민주주의는 현실화되지 않는다. 오직 언어만이 생명유지를 위한 혈이기 때문이다. 언어는 관념의 원천적 힘을 다루고 언어적 일탈(수사와 이탈)로 관념화를 제지한다. 언어는 권좌를 박탈하고 모두가 권력을 갖게 만들 수 있다. 누구도 해석되지 않고는 언어를 사용할 수 없는 것처럼 누구도 의도한 것과 달리 말하지 않고 해석하지 않는다(279쪽).[21] 언어에 의해 한계가 지워진 사회적 전체에 외부적인 어떤 것도 영구적으로 작동하는 권력의 지속적인 민주주의적 재분배를 위해 존재할 필요가 없다.

버틀러에게 고전적(마르크스, 헤겔, 루소, 그람시) 의미에서 인간사회 관계들을 왜곡하는 힘과 같은 것에 정치가 있는가? 만일 있다면 버틀러는 전적으로 담론에서 정치를 찾는다. 그녀는 헤게모니와 보편성이 언어의 차이구조에 최우선의 자리를 양보하게 한다. 이 구조는 오직 언어만이 공격의 수단을 갖는다(수사학, 아이러니, 패러디의 술책과, 또는 "반복적 수사", "인용" "순환되는 비유"와 함께[269쪽]). 마지막 문단은 이렇게 결론 내린다. "언어는 그것이 전하는 진실을 구축할 뿐 아니라 의도된 것과는 다른 진실을 건넨다. 그리고 이것은 언어에 대한 진실이고 정치에서 극복될 수 없음에 관한 것이다"(279쪽).

한계 짓고 다룰 수 있는 사회적 세팅(아리스토텔레스의 무대 비유가 떠오른다)을 염두에 두면 버틀러의 입장은 꽤 제대로 작동될 수 있다. 민주주의가 보편화되면 초언어학적인 보편성을 제거할 수 있다. 차별과 모순들은 민주주의가 헤게모니적이라면 단순한 기표들에 대한 투쟁으로서 지양된다. 버틀러의 정치를 그려보기 위해서 수행성을 적용하고, 우리는 무대를 갖는다. 누군가 곧 앞으로 나설 것이고 타자들은 무대 옆에서(혹은 버틀러가 표시하듯이 가장자리에서) 기다려야만 한다. 그러나 타자들은 어느 날인가 자유롭게 무대의 중심으로 이동할 것이다. 이런 수가 갖는 해방적 메커니즘은 (민주주의적으로) 그/그녀의 사회적 지위를 변형시키는 권력을 누군가에게 결국 부여하게 될 규범에서 수사적이며 수행적인 일탈의 감행이다.

여기서 누군가는 역할을 바꿀 수 있고 또 누군가는 궁극적으로 '스타'가 될 수 있다는 다이내믹한 자유플레이로 이미 구성된 민주주의적 정체성에 보편주의적 관점이 지렛대장치 역할을 할 필요는 없다. 아니면 그럴 필요가 있을까? 버틀러는 민주주의의 범위를 넓히려고 일하는 문화적 민주주의자이다. 그렇긴 해도 나는 버틀러의 급진적 민주주의가 문화적인 것 이상 뭐가 있을지 궁금하다. 이 수행적 민주주의에서 동일화들이 상연되고 보편성(무대사업의 일부와 함께)이 재상연되는데, 반민주주의적 언어와 비유법에 의한 잠재적인 재의미규정에는 열려있는지 버틀러에게 물어볼 수 있을까? 그녀가 "내가 이해하는 헤게모니는 그 규범적이고 낙관적 순간이 정확히 자유주의의 중요한 조건들과 그 가능성들을 확장시키기 위한 가능성들로 구성되었다. 그 조건들은 더 포용력이 있고 역동적이고 더 구체화된다"(13쪽)라고 말했을 때 단일하나 확산되는 민주주의 문화 외에 어떤 것도 상상하기를 주저 하는 듯이 보인다. 이 문화는 어떤 전적으로 이질적 생명형식에 의해 서 근본적으로 해체되거나 공격을 받을 위협에 노출되지 않는다. 그러 나 민주주의가 헤게모니적이라면 왜 좌파는 그렇게도 그 내부의 새로 운 상상력이 넘치는 프로그램들을 지원하기를 주저하는가?(확실히 그렇 게 보인다). 대립물들을 두려워하는 근본적인 뭔가가 없기 때문인가? 왜 버틀러의 민주주의적 무대는 결코 그것과 절대적으로 일치하지 않을 것이 분명한, 다른 무대에 의해 심각하게 위협당하지 않는지 궁금하 다. 버틀러의 사회성이 적대주의와 그 결과인 정치적 대립물들을 인정 하려고 하지 않는 경향에서 볼 때 어떻게 앞으로 나아갈지를 물어야 한 다. 그녀의 민주주의에서 사회가 우리에게 부여한 가면들이 임의적이 며 또 가변적임을 깨달음으로써 인간성과 퍼소나를 변하게 할 자유가 있다. 그러나 대안적 마스크를 선택하기(퍼소나, 마스크, 비유들)는 문화 적 영향을 받고 매우 특수하고 시민적이며 미리 꽤나 민주주의적인 사 회적 영역에 국한되어있다(버틀러의 글이 놓인 축소된 정치적 세팅에 대한 좌 절감을 담은 지젝의 비판에 따르면 무대 옆에서 기다리고 있는 사람들은 "헤게모니 적 상징계 체제에 의해 배척당한 채" 특권을 박탈당하고 무시당하는 존재보다는 쉽 게 신나치가 될 수도 있다는 것이다[313쪽]. 나는 확실히 버틀러가 이 사유불가능성 을 고려한다고 본다).

교훈

버틀러의 사회정치이론에서 우리가 찾은 한계들이 무엇이든 이 책에서는 (그리고 바로 그 한계들 때문에) 버틀러가 승리한 듯 보인다. 그녀는 고전적이며 적극적으로 명징하다. 다른 두 저자들이 낭만적이며 생각이 많고 모더니스트적이고 불협화음을 일으키고 논쟁적이고, 더욱이 그녀의 단정함에 좌절감을 느끼는 것처럼 보이게 한다. 버틀러는 여기서 프랑스 고전극의 유려한 영웅들이 승리하는 방식으로 이긴다. 그녀는 명확한 판단을 부드럽게 회피한다. 그리고 지젝과 라클라우를 전지한다. 버틀러는 단일한 시각으로 결합되지 않는 다양한 이론적 입장들을 손에 들고 저글링 한다. 이 단일 관점은 하나 혹은 다른 이론적 지위로 그녀를 과도하게 동일시하게 된다.[22] 여기서 그녀는 수줍어하기만 하지 않고, 누구도 그녀를 내리누를 수도 없다. 그녀의 심오한 정치적 이론적 충성심은 수사적 언어가 제공하는 가면과 모호성을 통해서 동일화할 수 있는 지위를 전복하는 것에 있기 때문이다.

그녀의 무관심한 듯한 스타일은 드랙[23]의 화려함과 자신이 전복의 모델로 제시하고 있는 탈안정화된 젠더정체성에 잘 어울려 보이지 않는다. 그러나 우리는 신고전주의 무대가 배우들의 숫자를 제한하고 시간과 장소, 행위의 범위를 제한했다는 것을 떠올려야 한다. 그리고 이 철저한 무대의 한계들은 혁명적 변화가 임박한 사회에서 경계에 대한 욕망에 응대했던 것이라는 사실도 상기하자(다가올 변화를 보여주는 중요한 표지들 중 하나는 무대 밖에서 사람들이 그들의 사회적 역할을 멀리 떨어져서 종종 공포심을 가지고 바라보게 된다는 것이다. 장 자크 루소는 이렇게 묘사했다. "비록 모두가 자신의 직업 준칙을 열성적으로 설파함에도 각자 다른 이의 어조를 갖는 것에 자부심을 느낀다. 치안판사도 기사도적 태도를 취하고 기업인도 영주처럼 행동하며 주교도 용맹스런 제안을 한다. 궁정인은 철학에 대해 말하고 정치인은 위트가 넘치고 글을 쓴다. 단순한 장인에게로 가면 다른 어조를 취하기 어려워서 궁정에 있는 사람처럼 보이기 위해서 검은 일요일마다 옷을 차려입는다"[24].

버틀러 자신의 수행 — 이 책에서의 수행 — 은 '민주주의 수호'를 위한 그녀의 전략을 거의 완벽하게 보여준다. 버틀러는 동요 없이 침착함을 유지한다. 그녀는 세세한 것에는 논쟁을 피하고 적대적 논쟁에 참여하기를 평정심을 유지한 채 거부한다. 그녀가 하는 일은 다른 저자들의 작업을 살짝 기분 나쁠 정도로만 규정한다. 버틀러에 응대하는 과정에서 라클라우와 지젝은 각기 그녀를 점점 더 많이 인용하지만 그 반대는 일어나지 않는다. 이런 태도는 다른 저자들을 거의 히스테리적으로 보이게 하면서 논쟁적이거나 방어적이며 여기저기서 궤변을 하게 만든다(비록 마지막 장에선 각자 그들만의 태도를 회복하긴 했다). 이것이 감정이 풍부한 지젝의 경우 그다지 성공한 것처럼 보이진 않지만 세련되고 논리적인 라클라우의 경우에는 기념비적인 순간이라고 할 수 있다. 따라서 버틀러는 이 책에서 실질적인 평온의 중심이 된다. 그녀는 정확한 논쟁의 세목들에 특별히 지원받지 않는 전략적인 우위를 유지하지만 놀라울 정도로 성공적인 수행적 효과를 낳았다(아마도 미국의 이론이 유럽인들보다 더 빠르게 포스트모던적 태도를 동화시켰기 때문에 그 중심의 담론적 매너리즘 — 대립물을 무용하고 비이성적인 것으로 치부해버리는 — 은 두 사람보다 버틀러에게 더 자연스러워 보인다).

그러나 좌파의 마음을 울리는 것은 그녀가 사용한 전술이라기보다는 전반적인 헤게모니적 전략이다. 버틀러의 구체적인 언어적 행위는 여기서 부차적인 이슈가 아니다. 그것은 그녀의 입장(입장 없음의 입장)에서 의미 구성의 힘을 갖고 있다. 버틀러는 포스트모던 담론들의 전 스펙트럼에 정통했다. 반면 그녀의 좌파 유럽 출신 대화자들은 오직 선택적이고 또 꼼꼼히 그들의 저작에, 가령 라클라우의 경우 『구조, 역사, 정치』에서 수고를 들여 통합시켰을 뿐이다. 그렇지 않은 경우엔 그들은 드러내놓고 이론적, 정치적 이유에 대해 논쟁을 벌였다. 지젝은 버틀러만큼이나 — 헤겔주의적으로 — 포괄적이다. 하지만 지식을[25] 수사적이며 수행적으로 통합시키는 방식은 버틀러식이고, 그녀에게만 고유하다. 구조, 역사, 정치를 동시에 아우르는 탁월한 포스트모던적 절차이다. 버틀러가 흡수할 수 있는 이론적 입장들의 숫자와 그가 서로 상충하는 이론가들로부터 입장들을 취해서 적용하는 유연함은 거장의 수준에 이르는 수행이었다. 칸트의 선험성과 가능성의 조건들, 칸트의 헤겔비판, 한쪽에 섹슈얼리티에 관해 프로이트에 깊은 적대감을 갖고 있던 푸코를, 다른 한편에는 프로이트의 비유적 언어에 대한 통찰력 등(151쪽)이 있다. 각 인용들은 모두 적절하다. 하지만 대체로 그 효과는 숙련된 버틀러의 능력 중 하나, 즉 총체적 지식이다.

물론 그녀의 목표는 자신의 거장다움을 제시하거나 단순히 '이기려'는 게 아니다. 이런 절차를 사용해서 버틀러 자신이 바로 매개의 형상 그 자체가 되었다. 이것이 내 주장의 핵심이다. 맥루한에 의해서("미디어는 메시지이다") 사소화되고 20세기 철학 그 자체의 표현방법에 집중해서 유종의 미를 거둔 것이지만, 우리 시대에 가장 인상적인 개념적, 그리고 정치적 권위를 휘두른 것은 매개이다(레이건의 "벽을 때려 부숴, 고르바초프 씨"[26]를 떠올려보라. 미국의 대중의식에서 이 발언은 발화수행이론이 저 악명 높은 "자, 게임을 시작해"에 담긴 수행적 힘을 보여주었다). 이 언어의 수행적 힘을 스스로를 위해 혹은 저항해서 사용할지(버틀러가 의존하는 것) 좌파는 결정을 내려야 한다.[27] 버틀러를 보면 이 새로운 단일 언어적 정치세계에서 어떻게 작동하는가에 대한 전략적 실마리를 전해주고, 우리는 그것들에 매우 신중하게 주의를 기울여야 한다.

왜냐하면 버틀러의 정치적 좌파주의는 언어의 자원들을(수사, 아이러니, 가면쓰기와 모호성) 변증법적 대립 자체의 운동을 뽑아내려는 목적으로 사용하는 일에 헌신하는 데 있다. 만일 이 전략이 냉전시대의 "서로 정책문제들을 통제하기 위해서 겨루는 개별적 블록들"의 종말에 대한 대중적 요구들을 만났다면(버틀러 13-14쪽), 그리고 만일 여전히 대립의 정치적 그리고 다른 형식들을 불안정화하기 위해서 준비된 지원을 제공해준다면 아마도 민주주의의 대의명분을 위해서 정치적으로 효과적일 것인지를 물어야 한다. 결국 공산주의의 몰락 이후 세계의 정치적 지도가 일차원적으로 다시 그려진 후에도 이것은 여전히 최상의 길인가? 진정 이 일방향의 정치적 세상에서 대립들 — 탁월한 포스트모던 절차들 — 을 불안정화하는 것은 이미 어떤 출구라도 막아버리는 것처럼 느껴지게 되고 보편적 투쟁을 방해하게 된다(나는 시애틀에서 벌어진 시위[28]에서 많은 사람들이 안도감을 느낀 이유가 바로 이것이라고 생각한다).

그러나 만일 수사적 수행이 성공했다면 정치적으로 행동하는 것은 쉽지 않다. 지젝의 전략은 수행성에서 "밑돈을 올려"왔고 마치 사태를 뒤흔드는 폭발적인 보편적 목소리인 것처럼 호소를 해왔다.

라클라우가 "좌파에게는 더 이상 미래가 없다. 심도 깊은 보편적 담론을 만들어낼 수 없다면 말이다. 지난 몇십 년간 특수주의들의 확산으로부터 구성되고 그것에 저항하지 않는 것…앞에 놓인 과제는 보편성의 씨앗을 심는 것이다. 그래서 완전한 사회적 상상계를 갖게 된다"(306쪽)라고 말했을 때 그의 진술은 버틀러의 담론의 통제된 상상계에 대한 침묵의 비난을 담고 있다(아마도 과장된 지젝주의 담론에 대해서도 그럴 것이다).[29] 왜냐하면 버틀러는 지속적으로 대립이 진술되고 나자, 변증법을 동결시키고, 불가피하게 종합으로 양보하거나 변형되기 전에 그것을 상연하고 그 뒤 그 효과들을 중성화시킨다. 뭔가 애매하게 불만족스럽고 일반적인 무엇인가가 버틀러의 담론에서 출현한다면, 지젝의 경우 대안적으로 참여적 스토리와 일화 등등에 붙들린 채 그의 정치적 담론의 논리로 되돌아 갈 수 없게 된다.

그러나 여기엔 교훈이 하나 더 있다. 이 책에서 나는 버틀러의 매개에 대한 매우 신중한 강조가 지젝을 (그가 수사적 비유성의 논리에 충실한 동료 헤겔주의자인 것만은 사실이다) 그녀의 화해 어조에 대립하도록 만들고, 대신에 세계무대로 들어갈 사건 — 예수의 재림이라는 막대한 사건 — 을 요구하도록 했던 이유라고 생각한다. 그의 매우 자극적인 진술들 (홀로코스트와 굴락, 그리고 좌파파시즘Linksfascismus의 두려움을 망각한 것에 대한 그의 진술들. 그 결과 우리가 다시 한번 정치를 단지 수행할 뿐이 아니라 행동하게 해주었던 것)을 버틀러의 담론에 대한 그의 대응으로부터 떼어내기는 불가능하다. 우선 내게 지젝은 순응주의적 부모에게 '쇼킹'한 발언을 던지고 집을 떠나려고 하는 틴에이저처럼 보인다. 하지만 이후 아마도 버틀러가 사용하는 봉쇄의 전략들(구조적으로 오늘날 제3의 길 정치인들의 것과 유사하고, 혹은 라클라우가 비난하는 "급진적 중심"과 유사한 전략)이 지젝을 벽으로 몰아세웠다는 사실을 떠올렸다. 균형 잡히고 현실적인 라클라우는 차이를 분리시키려고 하지만, 버틀러와 지젝의 방법론 간 불일치는 또한 라클라우로 하여금 두 사람과 대립되는 강한 입장의 발언을 하도록 몰아가게 된다. 그는 지젝의 계급부활을 거부하고 버틀러 앞에서 학교 선생님처럼 군다.

나는 그러면 그들 중 누가 빌 클린턴이 대통령 임기 이후 자신의 사무실을 할렘으로 선택했던, 이 매우 자극적이고 또 상상력적인 민주주의적 행위에 어떻게 반응할지 궁금했다…쇼킹하지 않고 외부-중심성을 지적하지 않으면서, 그럼에도 불구하고 전혀 매개의 몸짓은 아니다.

실재의 귀환?

말다툼을 넘어서려는 노력에도 불구하고 적대주의의 흔한 형태들이 벌어지는 순간들에서 이 책은 그 정신을 보여준다. 이 책이 담고 있는 잠재적 궁지에도 불구하고 세 저자들이 모두 그람시가 우리 시대의 "수동적 혁명들"이라고 부른 것의 중요한 헤게모니적 성공과, 공산주

의 정부들과 서구의 국가들에서 제도화된 마르크스주의와 민주주의
이론의 실망스러운 형태들(그람시에게는 이탈리아 파시즘이고 우리에게는 레
이건의 혁명이다)과 대면하도록 애써야 하고 그럴 것이라는 점을 드러내
준다. 세 작가들은 민주주의에 대한, 그리고 그것을 위한 저항이 표면
위로 떠올랐던 예기치 않던 분야들을 설명해야하고 그렇게 할 것이다.
가령 성혁명과 프롤레타리아의 포섭, 그리고 제2세계와 제3세계간의
갈등과 실천, 마지막으로 정신분석이다. 이 세 저자는 우리 시대의 주
요 이론적 혁명들을 대면해야하고 그렇게 할 것이다. 철학과 사회과학
에서의 언어학적 회귀와 정신분석이 정치와 사회사상의 모든 주요한
전통들에 제기한 도전 말이다.

이 책에 담긴 가장 중요한 충동과 그 의미를 구성하는 것은 그렇게
하지 않았다면 좌파에게 문제적이었을 것이 분명한, 바로 이론과 언어
를 강조한 점이다. 왜 이론은 좌파의 책에서 이렇게 특별한 관심을 받
게 되었나? 그 대답은 이론적 성격을 띤 사건들이 후기 신좌파에게, 구
좌파가 처해있던 20세기의 유례없는 역사적 사건(1960년대, 냉전시대의
종결, 마르크스주의와 공산주의가 동유럽에게 제시한 출구의 쇠락. 그와 함께 선진
민주주의국가들에서 보수주의의 최근 놀라울만한 성장)들만큼이나 많은 도전
을 제기했다. 홀로코스트, 파시즘, 독재와 공황에 대한 좌파의 논쟁에
서 이론적 당혹감의 선례를 찾을 수 있다. 이런 문제들은 더 오래된 좌
파들이 쉽게 인식하고 자주 부딪쳐야 했던 것이다.

이 책의 함의는 따라서 좌파는 지금 일어나고 있는 더 큰 규모의
사회적 경제적 정치적 변화를, 서구에서 민주주의적 지배원칙의 유행

병 같은 침식을 포함해서 대면할 수 있기 이전에 먼저 이론을 자리 잡아야 한다는 것이다. 저자들이 주의 깊게 재연하는 섬세한 이론의 지점들은 좌파이론 그 자체를 완전히 통합하거나 좌파의 실천과의 관계를—아직은—타협하지 않은 채 구축된 좌파의 이론화에 자체적으로 참여한다. 이 책이 제기하는 진짜 질문은 현대이론과 방법론이 민주주의에 대한 좌파의 헌신에 도움이 될 수 있는가이다. 만일 그렇다면 그일을 어떻게 하는가. 혹은 그와 반대로 좌파가 이런 사건들에 응대할 능력을 막는 뭔가가 이론의 담론에 있는가?

그러면 저자들이 "언어의 문제"라고 부른 것과 마주하기를 의도했다고 주장할 목적을 선언하기로 할 때 나는 이 책 읽기를 멈추고 싶었음을 인정해야 한다. 해체와 정신분석, 정치이론에서 나 자신 오래 활동해 온 역사를 고려한다면, 언어와 언어 같은 개체들의 초과 확대된 지위는 비정한 유물론자 구좌파들이 이 시대에 이 저자들의 이론들에서 수용하기 가장 어려울 것이다.

현대 민주주의와 진보적 사회운동들은 종종 메니페스토와 선언문(독립이나 인권), 헌법과 심지어 감동스런 연설들(게티스버그 연설, 마틴 루터 킹 목사의 "내겐 꿈이 있습니다")로 시작되었다. 하지만 언어가 20세기의 정치를 지배하게 된 정도를 예측할 수는 없었을 것이다. 언어가 처음으로 체계적으로 정치에서 사용된 것은 대체로 좌파에게는 저주였다(괴벨스를 생각해보라). 정치적 무대에 언어가 주요한 플레이어로 안착했다는 사실은 더 이상 무시될 수 없다. 루즈벨트의 벽난로에서 미디어 담당자들과의 잡담에서부터, 히틀러의 식탁에서의 담화, 닉슨과 신비평의 연애에 이르기까지, 나아가 설명할 수 없는 위대한 커뮤니케이터의 테플론성[30]에 이르기까지. 『우발성, 헤게모니, 보편성』은 정치적 토론의 다가올 미래를 처음으로 상연한 것이라 볼 수 있다. 이 상연에서 언어가 정치의 기술과 수행에서 매우 주요한 역할을 담당하게 되는 모습을 볼 수 있다. 이 책에서 가장 교훈적이라고 볼 수 있는 대목은 그것이 영예롭게 생각하는 좌파다원주의의 불평불만에 가득한, 그리고 급진민주주의 정치의 양식으로서 언어의 한계점을 드러낸 것이다.

주

1 Judith Butler, Ernesto Laclau and Slavoj Žižek, *Contingency, Hegemony, Universality: Contemporary Dialogues on the Left* (London: Verso, 2000), 193쪽. 이후 이 책의 인용은 본문에 괄호로 표기함.

2 폴 보베는 로티, 테일러, 폴리, 에렌라이히 등과 같은 구좌파와 자유주의자들, 그리고 『The Nation』의 기고자들을 "좌파보수주의자"라고 불렀다. 왜냐하면 이들은 후기구 조주의의 투명한 소통과 매개되지 않은 현실에 대한 비판을 고려하지 않기 때문이다.

3 나는 "Stendhal and the Politics of the Imaginary", *Approaches to Teaching Stendhal's The Red and the Black*, Stirling Haig and Dean de la Motte 편집 (New York: PMLA, 1999)에서 자세히 이 주제를 다루었다.

4 나는 마사 누스바움이 했던 이런 비난에 동의하지 않는다. Martha Nussbaum, "The Professor of Parody," *The New Republic* 22 (February 1999).

5 그리고 지젝은 "거짓 탈동일화"를 맞닥뜨린다(103쪽).

6 내게는 '그것'은 프로이트의 이드와 1950년대 공포영화의 느낌을 자아낸다. 여전 히 몇몇 의사들은 애매한 성기를 가진 유아에게 성별을 결정하기를 꺼린다. 의심할 여지 없이 권력이 젠더에 미치는 영향력에 대한 발언은(*Bodies that Matter: On the Discursive Limits of "Sex"* [New York: Routledge, 1993], 7쪽) 젠더결정방식을 재고 하게 만들었다.

7 주어진 데이터의 경향성을 바탕으로 미지 값을 근사적으로 계산하는 과학적 방식(역 주).

8 버틀러가 "초월성과 사회성을 따로 구별하기란 개념적 차원에서조차 어렵다"고 했던 구절은 "환상을 '한 차원에서' 일어나는 것으로서 환상과 '다른 차원에서' 발생하는 것 으로서 사회적 호명들의 이해에 경고한다"(151쪽)라는 대목으로 이어진다.

9 버틀러의 일부 독자들이 이 과정을 정신분석과 일치시키지만 (정신분석도 기표의 과 도한 위신을 손상시킨다) 이 둘은 근본적으로 다르다. 버틀러의 기표는 공적인 레이 블로서, 상징적인 이름짓기이다. 정신분석은 통상적으로 유지된 상징들이 아니라 고 유의 기표가 특별하고 트라우마적이며 미지의 무게를 확산의 효과를 감당해야 하는 주체에게 부여하는 방식으로 작동한다.

10 실수하지 말라. 충동은 기표의 출현 이후이다.

11 *Dynamic Conclusions*에서 버틀러는 지젝의 실재를 데리다와 라쿠-라바스/낭시가 라 캉이론에서 비판했던 '진리'와 등가시킨다. 이 '진리'는 진리의 중요한 전송매개물을 오인한다. "진실로 이것은 지젝의 저작 이외에는 어디서도 강조되어 제시되지 않았 다. 주장, 공식, 일화와 변증법적 논증을 사용할 것을 고려하려…진리를 그것을 가능 하게 하는 수사성과 분리시킬 방법은 없다…"(278쪽). 지젝은 매개불가능한 실재를 사회적 차이가 단지 상징적이라는 허구를 교란시킬 힘을 가진 것으로 규정한다. 즉 이 차이들은 근본적으로 비-상식계(실재계)로 덮이지 않는다. 이것이 불일치의 중요 한 지점이다. 버틀러는 보기 드물게 대인논증에 의존해서 표현한다. 버틀러는 실재가 언어를 추동하는 권력과 통제의 영역이라는 이유로 실재를 거부한다. 그렇게 되면 실 재는 정확히 버틀러 이론의 핵심인 언어의 무한정한 힘에 장애물로 작동하기 때문이 다. 그래서 버틀러가 "[지젝] 담론의 대유법적 기능은 드러나지 않을 때만 효과적으로 작동하게 된다"(278쪽)고 말했을 때, 그녀의 관심사는 지젝의 발언에 담긴 책략들에 대한 계산된 속임수를 지젝 탓으로 돌리는 데서 나타난다.

12 그녀는 라클라우가 특수를 보편으로 만드는 것을 "국지적 의미로 제국을 만들기"라고 부르며 린다 세릴리와 조운 스캇이 "특수로부터 보편적 주장을 도출시킬 가능성이 없 다"고 했던 것을 반복한다.

13 미국 워싱턴 DC 주변을 따라 놓인 고속도로를 의미. 그 지역이 상징하는 미국정부와 연관이 있거나 일했던 헤겔주의자들을 가리킨다(역주).

14 Karl Marx, "Criticial Remarks on the Article: 'The King of Prussia and Social Reform'." *Karl Marx: Selected Writings*. David McLellen 편역 (Oxford: Oxford University Press, 1977), 126쪽.

15 같은 글. 이탤릭 첨가.

16 루소와 헤겔 이후 시민사회의 근본적 원칙은 집단이 (이 용어가 담고 있는 그 모든 의 미들에서) 인간에 책임을 진다는 것이다(프로이트와 라캉은 이에 덧붙여 인간성의 창 백함 이면에 놓여있는 것으로 보이는 비-인간적 낯은 인간성 내부에도 존재한다고 했 다).

17 Rosa Parks: 미국의 1960년대 말 시민권운동을 촉발시킨 몽고메리버스보이콧운동을 이끈 시민권운동가이다(역주).

18 Jean-Paul Sartre, *Existentialism and Human Emotions* (New York: Philosophical

Library 1957). "인간성의 컬트는 콩트의 자체 폐쇄적 인본주의에서 끝났다. 그것을 파시즘이라고도 말해보자. 이런 종류의 인본주의는 없어도 우리에게 아무 문제가 없다"(50쪽).

19 demos: 고대 그리스의 폴리스와 구분되는 지방구역. 또 그곳에 사는 평민을 지칭(역주).

20 같은 글, 38-39쪽.

21 Erving Goffman, *The Presentation of Self in Everyday Life* (New York: Doubleday, 1964)에서 "주어진 기호"(통제받고 고안된 수행)와 "방출된 기호"(부주의한 실수)가 있다고 했다.

22 버틀러는 정확히 그녀의 변동성 때문에 칭찬을 받아왔다. Michael Levinson, "Speaking to Power", *Lingua Franca*(September 1998), 60-68쪽을 보라. 레빈슨은 버틀러의 초기 저술에서 나타난 "끔찍한 폐소공포증"에 주목한다. 이것은 "이론가들로부터 가져온 벽돌 한 장 한 장을 쌓아서 만들었다… 버틀러는 이론을 이론에서 도출해낸다"(63쪽). 그러나 이후 뒤따르는 저서에는 큰 점수를 주는데, 여기서 그녀는 자신이 어떻게 마음을 바꿔서 입장을 재고하기 시작했는지를 그대로 밝히고 있다.

23 남성성과 여성성을 극대화시킨 분장과 복장을 하고 공연하는 문화. 버틀러의 젠더수행성개념이 잘 드러나는 사례로 꼽힌다(역주).

24 Jean-Jacques Rousseau, "La Nouvelle Héloïse." *Oeuvers Complètes.* Bernard Gagnebin and Marcel Raymond 편집 (Paris: Gallimard, 1959), vol. II, xiv, II; 235쪽.

25 헤겔이 윤곽을 그려놓았던 총체적 앎과 같은 것을 구성한다(그리고 이것은 라캉이 "Subversion of the Subject and the Dialectic of Desire", *Écrits: A Selection.* Alan Sheridan번역[New York: Norton, 1977]에서 비판했다).

26 레이건은 베를린장벽이 무너진 것을 자신의 가장 중요한 상징적 성과로 생각했다. 벽의 콘크리트 한 조각이 그의 대통령기념도서관에 소장되어있다.

27 라클라우는 버틀러에게서 논쟁의 패턴을 파악한다. 그는 버틀러가 구체적 추상(보편)에 대한 자신의 주장을 반박할 때 그것이 "추상과 구체 사이를 절합해서 개념화하는 헤겔주의적 방식에 그녀의 논의가 너무도 뿌리 깊게 놓여있어서 생긴 결과이다. 구체와 추상의 절합은 오염이 아니라 화해이다"(191쪽). 그러나 그는 이런 규정의 범

위를 오직 이 하나의 이론적 논의에만 한정한다.

28 1999년 미국 시애틀에서 열린 WTO회담 기간 중 벌어진 대규모 시위로 속칭 '시애틀 전투'로도 불린다(역주).

29 어떤 지점에서 버틀러는 보편적이 되기 위해서는 "문화적으로 번역되어야"만 하는 국지적 규범들에 토대를 둔 합의와 등가시킨다. 이것은 라클라우가 서 있는 카페트를 잡아당기는 것이나 마찬가지다. 라클라우는 총체성이 특수를 부순다고 간주했는데, 세 번째 차원은 특수가 유일하게 의존하는 수단으로서 보편성이다.

30 미국 대통령 로널드 레이건은 '위대한 대화소통자'로 알려져 있는데, 레이건처럼 인기가 있어서 어떤 비판과 스캔들에도 비판을 받거나 상처를 받지 않는다는 의미이다(역주).

시민성에 대한 변명: 수잔 몰러 오킨의 「다문화주의는 여성에게 나쁜가?」에 대한 아시아계 여성의 답변

- 신콴 청

　　수잔 몰러 오킨의 「다문화주의는 여성에게 나쁜가?」는 젠더, 문화, 학제를 가로질러 우리 시대 주요 사상가들, 호미 바바, 마사 누스바움, 조지프 라즈, 윌 킴리카, 새스키아 세션, 로버트 포스트 등의 관심을 받았고 상당한 반응을 이끌어 내었다. 오킨은 "집단권리를 주장하는 수많은 (전부는 아니어도) 문화적 소수집단은 주변문화보다 더 가부장제적이다"라고 주장했다. 오킨은 집단권리가 여성에게 해롭다는 주장에서 멈추지 않았다. 그녀의 주장에 의하면 소수집단 여성들은 "그들이 속한 문화가 소멸해버려야 더 이롭고…더 바람직한 것은 자체적으로 변화되어 여성의 평등을 재강화시켜야 된다."[1]

　　오킨의 결론은 내가 보기에 비서구 문화에 대한 진지한 연구가 결핍되어있고 민주주의의 기본적 정신이 차이에 대한 시민권적인 포용이라는 점을 망각하고 있으며 논증의 오류와 방법론의 문제를 노정한 징후적인 경향을 보여주고 있다. 차이를 두려워하면서 타문화를 소멸시키거나 변형시켜야 한다고 주장하기에 이르게 되면 민주주의의 토대를 손상시키게 된다. 많은 비평가들은 오킨이 비서구문화를 기술할 때 노정된 오류들을 지적해왔다. 나는 그보다는 여타 비평가들이 탐색하지 못한 세 가지 주제들에 집중하려고 한다. 첫째, 오킨이 정치적 이상과 문화적 시련을 지속적으로 혼동하고 있는 점, 그리고 서구와 그외 지역(세계의 다른 지역들)에 자신의 평가범주들을 일관성 없이 적용하는 점을 지적하겠다. 둘째, 오킨의 제안이 진정 '자유주의적'이라고 간주될 수 있는지 질문을 제기해서 그녀가 사용한 프레임을 사용해서 오킨을 도전해보려고 한다. 마지막으로 오킨이 국가가 아니라 문화에 집중하는 것을 지구화시대의 맥락에 위치시키고 오킨의 '문화/문명'의 초점을 에티엔느 발리바르의 '시민성'에 대한 강조로 대체하자고 제안하려고 한다. 발리바르의 개념은 지구화시대에 페미니즘을 옹호하는 데 필요한 민주주의적 토대가 될 것이다.

1. 이념과 현실, 서구와 비서구 사이에서

오킨은 자신의 주장에 도덕적 권위를 부여하기 위해서 논의 전체를 평등의 정치적 이상에 근거한다. 이 평등의 이상은 서구 자유주의의 특수한 형태에서 지원받고 있다.[2] 이 부류의 자유주의가 갖는 규범

적 힘은 권리를 선보다, 텅 빈 형식주의를 실체적 판단 보다, 분배정의
를 다양한 상품의 가치보다 더 우위에 둔다. 이런 토대에서 오킨은 젠
더 평등이 보편적 의무라고 주장하기에 이른다. "페미니즘이라는 말을
나는 여성들이 그들의 성을 이유로 불이익을 당하지 않고, 남성과 동
등하게 인간적 위엄을 갖추고 있다고 인정받고, 남성들과 마찬가지로
충만한 삶을 살 기회를 갖고 자유롭게 선택한 인생을 살 수 있다는 믿
음으로 사용한다"(10쪽). 지금까지는 그런대로 괜찮다. 만일 오킨이 젠
더 평등이 보편적으로 의무적인 도덕성[3]이고 그렇기 때문에 모든 국
가의 법적 정치적 원칙들의 일부여야 한다고 발언하는 데 그쳤더라면,
나는 오킨의 견해에 기꺼이 동의할 의사가 있다. 또 오킨이 모든 문화
들을 신중하게 연구한 뒤 어떻게 그 모든 문화들이 — 비서구문화는 물
론 서구문화까지도 — 이 정치적 원칙에는 턱없이 부족하다는 것을 제
시했다면 나는 어떤 이의도 제기할 의향이 없다. 오킨의 문제는 이런
범주들을 서구 문화와 소수문화들에 적용할 때 드러나는 비일관성이
다. 오킨이 서구의 자유주의사회들이 갖는 도덕적 우월성을 증명하려
할 때마다 그녀는 자신의 논의를 법적 정치적 규범에 한정시키려고 주
의를 기울인다. 이와 대조적으로 그녀는 비서구사회에서의 문화적 실
천만을 언급한다. 비서구사회의 법적 정치적 원칙들은 전혀 언급하지
않는다. 그녀가 서구와 비서구 문화들을 판단하기 위해서 사용하는 범
주들에서 노정된 이와 같은 불균형성은 이미 그녀의 주제에 명백히 드
러나 있다. 여기서 그녀는 다음의 질문을 던진다. "소수**문화**나 종교집
단의 주장들이 적어도 자유주의 국가들에게서 **형식적으로는** 승인받

은 (비록 실천에서는 지속적으로 위반되고 있기는 해도) 젠더평등의 **규범**과 부딪칠 때 무엇을 할 것인가?"(9쪽; 필자 강조) 오킨 논문의 나머지 부분은 계속해서 소수집단의 도덕적으로 바람직하지 못한 문화적 실천을 서구의 법적 정치적 규범들의 바람직함과 대조하는 데 주력한다. 그녀의 논문은 출발부터 비유적으로나, 위 인용문에서 볼 수 있듯이 문자 그대로, 자유주의 국가들이 지속적으로 [젠더평등의 규범을] 실천 상 위반하고 있는지 여부는 괄호로 묶어둔다. 하지만 여기서 억압된 쟁점은 논문의 한 지점에서 회귀한다. '젠더와 문화'라는 제목의 섹션에서 소수집단문화의 성차별주의적 실천들을 비난하는 데 몇 쪽가량 쓰고 난 뒤 오킨은 서구에 대해 몇 마디를 해야겠다는 의무감을 느낀다. 서구문화의 성차별주의에 대해 열 줄가량 간단히 비난을 했지만 곧 잊어버리고, 서구의 법적 규범들을 재주장하는 것으로 이어진다. 이 규범들은 비서구의 문화적 실천보다 무한히 월등하다.

　서구문화는 물론 여전히 수많은 형태의 성차별적 관행을 갖고 있다. 무엇보다 여성들에게 예쁘고 날씬하고 젊어야 한다고 강조하며, 남성에게는 지적 성취와 기술, 힘을 강조한다. 그들은 여성이 어떤 경제적 보상도 받지 않은 채 가정과 가족을 위해서 무보수로 봉사하기를 기대한다. 여기에는 여자들이 임금노동에 종사하는가의 여부는 문제되지 않는다. 바로 이런 차별의 결과, 그리고 일부 직장 내 차별의 결과 여성들은 남성보다 훨씬 더 빈곤에 시달릴 가능성이 많다. 소녀와 여성은 남성에 의해서 상당한 정도의 (**불법적**) 폭력에 노출되어있다. 성폭력은 물론이다. 하지만 더 자유주의적 문화의 여성들은 동시에 남성들과 동등한 자유와 기회들을 **법적으로** 보장받고 있다(17쪽; 필자 강조).

　서구에서 일상적으로 여성들에게 가해지는 범죄들은 서구의 법이 추상적으로 그것들을 '불법'이라고 비난한다는 사실 덕에 그저 우발적인 실패들로만 편리하게 보일 뿐이다. 서구 가부장제적 문화의 단점들에 대한 겉치레식 인정의 말미에 오킨은 서구 문화적 실행들에 노정된 성불평등에 대한 문제를, 서구의 법적 체계와 젠더평등의 형식적 원칙들에 대한 관심으로 돌리면서 회피하고 있다. 나는 평등의 형식적 개념을 원칙으로 유지해야 한다는 것을 부정하지 않는다. 하지만 나는 오킨이 비자유주의적 사회의 형식적 여성 정책에 대해서는 전혀 언급하지 않는 이유를 묻고 싶다. 특히 이 국가들 중 수많은 곳에서 의료체계, 육아휴직, 저가 보육시설, 그리고 어떤 페미니스트라도 관심을 가질 만한 여러 문제들과 관련해서 여성들에게 주어진 혜택들에 관련된 특별법이 있는데도 말이다.[4] 서구사회들의 법제에 대한 오킨의 침묵은 그녀가 반복적으로 비서구가부장제의 "야만적" 성격을, 형법체계에 대한 증거로 제공된 정보를 토대로 입증하려는 시도를 하고 있기 때문에 더 이해할 수 없다.[5] 소수문화의 여성들이 겪는 전반적인 종속을 증명하기 위한 인종지학적 증거로서 형벌사례들에 집중하면서 오킨은 여성들에게 가해지는 범죄를 "눈 감아주"거나 심지어 조장한다고 주장하는[6] 문화들의 법 체계 자체는 자신의 주장에 포함시키는 데 무지하거나 포함시킬 의도가 없는 듯이 보인다.

　비서구문화들의 법적 제도들에 대한 오킨의 침묵은 서구에서 젠더관계들이 실제 삶에서 경험되는 방식을 무시하는 태도에 반영되어 있다. 오킨은 "뉴욕에 있는 중국계이민남성이 간통을 저질렀다는 이유로 아내를 때려죽이고, 캘리포니아의 일본계 이민자여성이 남편의 간통 때문에 가족의 체면을 더럽혔다는 이유로 자녀들을 익사시키고 자신도 물에 빠져 죽으려고 했는데 형량을 줄이기 위해서 변호인이 문화적 차이를 들먹이는 것"(19쪽)에 대해서 분개한다. 그녀는 여성들이 서구에서 법적으로 더 잘 보호받고 있다(16쪽)는 데 확신을 한다. 하지만 서구문화에서 여성들을 향해 저질러지는 범죄를 고찰하거나 백인피고인과 관련된 법정 소송과정을 단 한 건도 인용하지 않는다. 호미 바바는 영국에서 여성에게 가해지는 범죄율이 높지만[7] 미국에서 매일 일어나는 여성에 대한 일상적 폭력에 비하면 비교적 낮은 편이라고 한다.[8] 왜 오킨이 서구에서의 가정폭력범죄율과 일본의 가정폭력비율을[9] 비교하지 않는지 정말 이상하다. 그녀는 일본의 남성우월주의문화 탓에 남편의 불륜 때문에 수치스럽다고 여성들을 모자동반 자살로 내몬다고 비난한다(19쪽). 이런 통계는 질문을 낳게 된다. 세계의 다른 지역보다 서구에서 일상적으로 여성을 향한 범죄가 덜 일어난다고 할 수 있는가? 그리고 법정 밖에서 서구의 불륜비율과 전통사회의 불륜비율 사이의 대조는 오킨이 세운 가정, 즉 전통사회 보다 자유주의사회에서 여성들이 더 존중받는다는 가정을 의심하게 한다.

오킨은 서구와 비서구 문화 간 진짜 차이를 소수문화에서 구체적인 문화적 실천들을 다루면서(오킨 자신은 이 주제를 거의 알지 못한다) 형식적 평등의 추상적 원칙에 한정함으로써 '진짜' 차이를 다루기를 회피한다.[10] 서구에서의 평등의 개념을 다룰 때, (세계의) 다른 나머지 지역의 문화적 실천을 제외한 채 범주적 차이가 아니라 이상과 실천 사이의 불일치를 문화적 차이로 해석해버린다. 이 혼동되고 혼란스러운 사유방식은 오킨의 담론에서는 개념있고 진보적인 서구와 후진국 비서구사회 사이의 두드러진 대조를 낳게 된다.

2. "모두를 위한 평등"과 "소수여성의 개별적 자유 존중"

모두를 위한 평등?

정치적 평등을 믿는 자유주의자인 오킨은 남성과 여성의 삶에서 주어진 기회들 간 부당한 불평등을 제거하는 일에 목소리를 높인다. 그렇지만 만일 그녀가 모두를 위한 평등원칙에 진심이었다면 모든 문화가 갖고 있는 평등권과, 모든 국가의 자기결정권을 동등하게 존중했어야 한다. 만일 평등원칙이 도덕적인 것이라고 진정 존중했다면, 그녀는 개별 문화의 소멸 혹은 대체를 주장하기보다는 모든 나라들이 '선하고 옳은 삶'에 관한 자신만의 개념을 규정할 동등한 권리와 도덕적 능력을 존중했어야 한다. 오킨의 책 편집자들은 다문화주의 운동의 도덕적 토대에 관한 서문에서 이렇게 해설한다. "다른 문화의 사람들, 해외이든 국내이든 그들도 역시 인간이다. 그들도 동등한 존중과 관심을 받을 자격이 있는, 도덕적으로 동등한 존재이기 때문에 하급의 인간으로 무시되거나 그렇게 다루어져서는 안 된다"(4쪽). 서구가 더 발전되고 진보적이라고 주장하면서(16쪽) 오킨은 비서구문화들은 서구보다 도덕적으로 열등하다고 말하고 있다. 다른 문화와 민족들에게 세상에 참여할 수 있는 완전한 멤버십과 참여의 동등성을 허용하기는커녕 오킨은 서구 밖 문화들의 구성원들을 존중과 존경할 가치가 없다고 차별하는 제도화된 패턴들을 영속화한다. 이처럼 임의적으로 가정된 서구의 도덕적 권위는 오킨이 자신에게 부여된 "백인여성의 짐"을 떠맡으면서 타문화의 소멸이나 변형을 변호하도록 강제한다.

오킨은 물론 평등의 정치 안에서 작동하고 있기 때문에 문화적 차이를 인정하고 싶지 않다고 대답할 수 있다. 그러나 문화적 차이를 무시하는 것과 타문화들이 "소멸"해야 하거나 자신과 같은 문화로 "바뀌어야" 한다고 주장하는 것은 전혀 별개이다. 다른 문화의 관습들을 존중한다고 해서 평등의 정치와 대립할 필요는 없다. 만일 오킨이 다문화주의에 대해 미리 연구를 했더라면 다문화주의자의 인정요구가 평등의 정치에서 비롯되었으며 여전히 도덕적 추진력을 일부 얻고 있다는 사실을 알았을 것이다. 이것은 다문화주의가 소수문화들의 생존을 보장하려는 과업에 부적절함에도 불구하고 사실이다. 보편적 평등의 원칙 — 모든 참가자들을 평등하게 존중하는 원칙과 사회적 존경을 받을 동등한 기회를 갖는 원칙 — 은 소수자들이 차별을 거부하고 이등시민자격을 거부하게 해준다. 찰스 테일러가 지적하듯이 동등한 권위의 개념은 민주주의 사회와 유일하게 양립한다.[11] 찰스 테일러와 같은 공동체주의자조차 다문화주의적 주장에서 보편적 평등원칙이 갖는 중요한 역할을 강조한다는 사실은[12] 소수문화의 인정의 정치학이 평등의 자유주의적 정치, 즉 정의의 주장 못지않다는 것을 보여준다.

이렇게 공유된 토대에도 불구하고 다문화주의는 자유주의와 다르다. 평등을 실체적으로 요구하는 추상적이고 형식적 정의의 주장을 넘어서기 때문이다. 나는 몇몇 다문화주의자들처럼 집단정체성의 가치를 강조하려는 것이 아니다. 나는 서로 다른 문화들에겐 존재의 평등권이 있을 뿐 아니라 그들만의 삶의 방식을 선택하고 그들만의 고유한 방식으로 그들만의 행복을 추구할 권리도 평등하게 갖고 있다고 주장한다. 다시 말해 모든 문화들은 그들의 고유성을 인정받기를 요구할 권리를 평등하게 가져야 한다. 이런 요구는 적절할 뿐 아니라 모든 민족에게 동등한 권위를 보장하기 위해서 실질적으로 필요하다. 샌더 길만은 오킨에게 대응하면서 이와 유사한 생각을 피력한다. "직관적으로 인권은 신체적 온전함, 물질적 복지와 인간적 위엄에 관련해서 우리가 갖고 있는 중요한 이해관계를 보호하기 위한 주장이다. 우리의 권리를 존중받기 위해서는 타인도 역시 그들의 권리가 그들의 중요한 이해관계를 보호하도록 주장할 수 있게 허용해야 한다."[13] 누스바움 역시 "삶의 의미를 그들의 방식대로 추구할" 권리를 "완전히 인간적인 삶"에 기본적인 것으로 간주한다.[14] 보편적 인권과 모순되기는커녕 자신의 고유성을 주장할 평등권은 바로 이 보편적 원칙의 일관성과 효용성을 영예롭게 해주는 것이다. 테일러가 표현하듯 "우리는 개별적으로 특이한 것을 인정함으로써만 — 모두가 정체성을 갖고 있다 — 보편적으로 제시된 것을 마땅히 인정한다."[15] 인정의 정치는 추상적 평등을 넘어서 문화적 고유성에 대한 상호적 인정을 요구함으로써 실체적 정의를 모색한다.

개인의 자유 존중?

구체적인 용어로 추상적 자유주의 평등의 이상을 실현하는 것에
더해서 인정의 정치는 개인적 결정에 대한 자유주의적 존중과도 양립
가능하다. 문화적 차이의 존중이 "개인 자유의 기본적인 자유주의적
가치와 일치하지 않는다"(11쪽)는 오킨의 주장과 달리 나는 소수문화의
고유한 생활 방식을 존중하기를 거부하는 오킨의 입장이 개인에 대한
자유주의의 존중에 모순된다고 주장한다. 오킨은 개별 문화의 구성원
들을 그들의 방식으로 존중한다는 생각이 실제로 서구에서 개인을 존
중하는 가치에서 발전되었다는 사실을 모르고 있는 것 같다. 이 서구
적 개인주의에 따르면 "모든 사람들은 그만의 고유한 정체성을 인정받
아야 한다."[16] 각 개인은 인간됨의 고유한 방식이 있고, 자신만의 '척도'
를 갖고 있다. "이런 존재의 방식은 외적으로 도출될 수 없고 내적으로
발생해야 한다."[17] 자기규정, 자기충족, 그리고 자기실현에서 개인의
권리는 자기결정권의 개념을 낳게 된다. 테일러는 "헤르더는 독창성
의 개념을 두 가지 차원에 적용한다. 타인들 사이에서 개인뿐 아니라
다른 민족들 간 문화를 가진 민족에게 적용한다. 개인들과 마찬가지로
한 민족은 그 자체로, 즉 자신의 문화에 충실해야 한다"고 지적한다.[18]

소수의 권리와 자유 간 양립불가능성은 19세기와 두 세계대전 사
이 자유주의자들 간 소수인종권리에 대한 광범한 지원에서 확연히 드
러난다.[19] 오킨은 소수문화의 소멸이나 변형을 제안한다는 점에서 자

유주의적이지 않다. 소수문화의 젠더관계는 자유주의적 서구의 것과
는 완전히 다른 방식으로 구성되어있다. 오킨의 주장에는 불관용뿐 아
니라 잔인함이 담겨있다. 사람들을 그들의 문화에서 떼어놓는 것은 비
세력화와 비천함의 극단적 상황에 그들을 내버려두는 것이다. 전통으
로부터 뿌리가 뽑힌다는 것은 "불가능 — 사유불가능 — 발언될 수 없
는" 상태로 던져진다는 것[20]을 의미한다. 이해 — 즉 세상에 의미 있는
방식으로 참여할 수 있는 능력 — 는 문화적 전통의 지평이 없이는 일
어날 수 없다. 이 점은 가다머와 그 외 해석학자들이 반복해서 강조하
는 것이다.[21] 윌 킬리카와 같은 정치이론가들 역시 개인이 자기 존중감
을 발전시키고 개인선택을 할 수 있는 능력을 위한 선결조건으로서 문
화적 멤버십을 강조한다.[22] 문화는 다른 말로 하면 한 개인의 삶의 필
수적이고 피할 수 없는 맥락이다. 아무도 문화적 진공상태에서 활동하
지 않는다. 페미니스트들은 젠더평등을 촉구하면서 전 세계 여성들의
서로 다른 문화적 배경들을 존중해야 한다. 압둘라이 안나힘이 정당하
게 진술하듯이 "인권 기준에 따르는 것은 관련된 문화의 내적인 다이
내믹을 통하지 않으면 원칙적이고 지속가능한 방식으로 성취될 수 없
다."[23]

오킨은 제3세계 여성들의 개체성을 존중하는가?

아이러니하게도 오킨은 비서구문화의 소멸이나 변형이라는 기획
을 해당 문화의 여성구성원의 개별적 자유를 보호한다는 명목하에 옹
호하고 있지만 소수여성의 개체성이나 개별적 결정을 전혀 존중하지

않는다. 오킨의 담론에는 오직 두 가지의 단일 범주, 즉 "체제 편입된 나이든" 여성과 "편입되지 않은 젊은" 여성만 존재한다. 오킨은 이 범주들을 제3세계 여성들이 자신의 백인 페미니스트 비호를[24] 저항하지 못하려는 의도로 구축한다. 그들을 나이든 "편입된" 목소리로 미리 딱지를 붙여둔 것이다.

자신이 자유주의자라고 주장했음에도 오킨은 문화적 차별에 더해서 나이차별을 행사하는 데 전혀 거리낌이 없다. 차별문제는 차치하고라도 나이와 편입 사이의 필수적 관계를 주저 없이 설정해 놓는 점에 있어 오킨이 신중하고 정확한 사유를 할 능력이 있는지 여부를, 순수하게 사실만을 검토해봐도 의심할 수밖에 없을 것이다. 오킨의 추론은 수년 동안 엄정한 학문과 진지한 연구를 해온 인정받은 여성학자들이 그들의 비교적 오래된 나이를 감안하면 "편입"의 범주에 속한다고 암시한다.

오킨은 어쨌거나 제3세계 여성들 — 심지어 인정받은 학자들과 매우 교육받은 여성들이라고 해도 — 그들만의 사고를 할 수 있다는 사실을 받아들일 수 없다. 복지의 구성요소에 대한 오킨의 서구적 페미니즘의 시각을 공유하지 않는 사람들은 "문화적으로 생성된 허위의식과 뜻있는 외부인들을 통해 해방이 필요한 희생자들"로 손쉽게 무시된다.[25] 로버트 포스트는 오킨이 "일반적 불평등을 강화시키는 데 편입된" "나이든 여성들"을 반복해서 언급하고 있는 것을 보면, 소수인종여성들이 "그들이 스스로를 불이익당한다고 보지 않고 자신의 삶은 '자유롭게 선택'한 것이고 그들의 시각에선 충만한 삶을 영위하고 있으며,

개별적인 사회적 역할을 통해서 자신의 위엄을 표현하면서 남성과 동등하게 '위엄'을 갖춘 존재라고 보는"[26] 데도 불구하고 오킨이 이런 입장을 고수할 것임을 암시한다고 지적한다. 오킨의 비서구여성들에 대한 시선은 다시 말하면 "위로부터, 바깥 어디선가 결연히 온다. 그녀의 자유주의 페미니즘은 가부장제적 시각에 노정된 보호주의의 정형화된 태도들을 공유하고 있다."[27] 아지자 Y. 알 히브리는 이것을 "가부장제적 페미니즘"이라고 부른다. 나는 여기서 한걸음 더 나아간다. 오킨은 그저 가부장제적인 것이 아니라, 그녀의 가부장제는 식민주의와 결부된 특별한 형태이다. 오킨은 그녀가 포섭을 나이든 여성들과 연결시키는 것과 관련된 비판자들에게 대답할 때 어떤 화해와 타협의 시도를 하지 않는다. 오킨을 설득해서 그녀의 "백인여성의 짐"을 내려놓으라고 하는 것은 불가능하다.

3. '시민성' 대 '문명': 지구화시대의 페미니즘을 위한 새로운 민주주의적 토대를 위해서

사무엘 헌팅턴, 수잔 몰러 오킨, 그리고 '문명의 충돌'

홍미롭게도 오킨은 계속해서 '민족적' 차이가 아니라 '문화적' 차이를 언급하고 있다. 그녀의 차별적 담론은 민족이 아니라 문화에 향해 있고 국가 간, 국가 내부적 차원 모두 공유하는 종족적 기원을 갖는다. 오킨은 국가적 경계들이 아니라 그것을 가로지르거나 내부에서 단속하는 것을 주장한다. 다음의 발언은 그녀의 사유에 담긴 전형적인 문화중심성을 나타낸다. "세계의 수많은 전통과 문화들은 과거에 정복당했거나 식민화된 민족국가들을 포함해서 — 확실히 아프리카, 중동, 라틴아메리카와 아시아의 민족들 대부분을 포괄한다 — 유독 특별히 가부장제적이다"(14쪽). 오킨이 그녀의 '인종지학적' 주장의 증거로 사용하는 범죄사례들의 목록에서 공격목표는 국가적 범주보다는 인종문화적 범주로 집단 분류된다.

　　문화주의적 변호가 성공적으로 사용되어온 네 가지 전형적인 사례들은 1) 몽족 남성들의 유괴와 강간: 그들은 자신의 범죄행위를 문화적 관행인 "잡아서 결혼하기"를 따른 것이라고 주장한다. 2) 아시아와 중동 국가들에서 온 이민자들의 아내살해: 살해된 여성들은 간통을 저질렀거나 남편들에게 노예처럼 봉사했다. 3) 일본이나 중국 엄마들의 자녀살해: 이 여성들은 자살을 시도하지만 실패했고 남편의 불륜이 수치스러워서 모자자살이라는 문화적으로 허용된 관행을 따르지 않을 수 없다.[28] 4) 프랑스의 클리토리스거세: 미국에서는 아직 발생하지 않았지만 1996년에 와서야 범죄화되었기 때문에 일부 금지되었다(18쪽).

오킨이 서구 — 즉 프랑스와 미국 —[29]를 논의할 때만 국가적 구별을 사용한다는 점에 주목하자. 세계의 나머지 민족들은 오킨에게는 문화적 범주들로 애매하게 나누어지는, 차이가 없는 대중덩어리처럼 보인다. 위 인용문에서 그녀는 "일본 **혹은** 중국인 엄마들"(강조는 필자)에 대해 언급한다. 이어지는 페이지에서 자신의 주장을 위한 "근거"를 제시할 때 애매한 접속사 '혹은'이 사용되어서 두 국가를 분리하지 못하는, 혹은 분리하는 데 주저하는 무능력을 감추려고 사용하는 것은 분명하다. 일본인과 중국인 여성들에 대한 오킨의 포괄적인 주장은 오직 "캘리포니아에서 일본인 이민자여성"(19쪽)에 대한 한 사례에만 기초해서 제시된다.[30]

'문화적 차이'는 비서구적 국가들에 관한 지식이 전무한 저자가 손쉽게 택할 수 있는 출구이다. 국가 대신 문화에 집중하는 오킨의 태도는 새로운 지구화 시대에 우호적인 대중을 발견한다. 지구화 시대의 관심은 국가 간 갈등에서부터 사무엘 헌팅턴이 "문명의 충돌"과 "후기 공산주의 세계에서 인종적 관계의 정치"라고 부른 것으로 전환되었다. 헌팅턴에 따르면 20세기에 일어난 것은 — 특히 냉전시대 이후에 — 더 이상 국가 간 갈등이 아니다. 지구화는 상업적인 조건뿐 아니라 갈등의 조건에서도 민족들을 한데 모으고 문화들 간의 갈등을 결정화하는 힘이 될 수 있다.[31] 오킨의 주장은 헌팅턴의 주제에 대한 인종 혐오적 페미니즘의 연장처럼 보인다.

헌팅턴의 이론은 두 차례의 세계대전 이후 서구의 쇠퇴와 탈식민화 과정에 대한 그의 관심에서 시작된다. 서구의 쇠퇴에 대한 그의 집중된 관심은 한편에선 아시아 문명의 경제적, 군사적, 정치적 세력의 상승과 다른 한편으로는 이슬람국가들의 인구폭발에 관한 불안감으로 인해 복합적으로 형성되었다. 무엇보다 헌팅턴은 어떻게 "비서구문명들이 일반적으로 그들 자신의 문화의 가치를 재확인하고 있는지"[32] 의혹을 갖고 있었다. 헌팅턴은 책의 결론에서 "서구의 생존은 미국인들이 그들의 서구적 정체성을 재추인하고 서구인들이…결합해서 비서구사회의 도전들에 대항해서 서구문명을 재생하고 유지하는 데 달려있다"[33]고 제안한다. 놀랍지 않게도 헌팅턴은 다문화주의를(가령 미국의 경우) 강력하게 부정한다. 물론 그는 서구가 보편적 가치를 강요하려는 어떤 시도에도 저항한다. 그런 시도들이 비서구를 적대화해서 "종족전쟁"을 촉발하게 될 것이 두려웠던 것이다.

오킨이 헌팅턴에게서 보편주의의 주장(즉 자신의 페미니즘 기획을 보편화하기)을 취했지만 두 사람 모두 서구의 가치를 옹호하지 않을 수 없는 듯 보인다. 헌팅턴은 비서구의 도전에 맞서는 서구사회들 간 강한 동맹을 피력함으로써 이 목표를 추구했다. 오킨의 서구 "옹호"는 타문명의 소멸 또는 변형을 제안한다는 점에서 더 공격적이다. 이런 인종혐오주의에 대해 대응을 했던 보니 호니그는 "어디 다른 곳에서 그들의 이국적인 '낙후된'(그렇게 가정된) 문화를 가져온 외국인들"[34]을 향한 페미니즘의 반동에 대해 경고한다. 호니그를 불편하게 만든 이런 종류의 인종 혐오는 오킨의 책 뒷표지에서도 발견할 수 있다.

다혼주의, 강요된 결혼, 여성성기 제거, 강간피해여성 처벌과 의료복지 및 교육에 대한 남녀의 차이, 불평등한 소유권, 집회와 정치적 참여권 뿐 아니라 불평등하게 폭력에 노출된 상태. 이런 실천들과 조건들은 세상의 일부에서는 표준화되어있다. 다문화주의의 요구 — 특히 일부 소수집단의 권리 — 가 그들의 문화를 지속시키고 자유주의민주주의에 까지 **확산**될까?(강조는 필자)

헌팅턴의 서구적 가치 옹호와 오킨의 서구페미니즘에 대한 호전적 주장은 다시 말해 야만주의가 자유주의적 서구에 '확산'될 것이라는 공포를 담고 있다.

헌팅턴은 문명의 갈등을 "두 세계: 우리와 그들"[35]로 환원시킨다. 마찬가지로 오킨의 페미니스트 십자군전쟁은 서구 외의 지역에 대항해서 서구가 이끄는, 제3세계에 대한 제1세계의 전쟁이다.[36] 젠더불평등을 목표로 삼은 오킨의 전쟁은 다시 말해 "아프리카, 중동 라틴아메리카와 아시아의 민족들"에게 개별적으로(14쪽) 제기되지 않았다. 그보다는 이 민족들은 오킨의 저작에서 서구의 공통된 적으로서 한데 묶여있다. 오킨의 시선에서 이 다수의 문화들은 하나의 문화, 즉 비서구, 제3세계문화가 된다. 바바가 설명하듯 "[오킨은] 소수의 이주문화들을 '단일한 덩어리' — 비록 젠더차이는 존재하지만 — 같은 것으로 만들어내었다. 이 문화들은 몽족 남성들의 유괴와 강간, 아시아와 중동국가에서 온 이민자들에 의한 아내살해, 남편의 불륜에 의해 수치를 느낀 일본인, 중국인 여성들의 모자자살이다."[37]

'문화차이'와 신인종차별주의

에티엔느 발리바르는 지구화시대에 "인종차별주의는 후퇴하지 않고 앞으로 나아가고 있다"고 지적한다. 우리 시대의 새로운 인종차별주의를 지배하는 주제는 "생물학적 유전이 아니라 극복할 수 없는 문화차이들"이다. 이것은 "라이프스타일과 전통의 통약불가능성: 간단히 말해서 P. A. 태귀프가 정확히 차별적인 인종차별주의라고 부른 것이다."[38]

이 '신인종차별주의'는 헌팅턴과 오킨이 다문화주의를 대면했을 때 경험하는 두려움과 적대감을 이해하는 데 매우 적절하다. 발리바르는 신인종차별주의의 특수한 역사적 맥락은 탈식민화라고 설명한다. "새로운 인종차별주의는 '탈식민화' 시대의 인종차별주의이다. 구식민지와 옛 메트로폴리스 간 인구이동의 역전과 단일한 정치적 공간 내부의 인간분리시대에 속한다."[39] 탈식민화는 헌팅턴과 오킨의 마음속에는 확실히 들어있다. 헌팅턴에게 서구쇠퇴의 주요한 원인은 과거 식민지의 정치적 문화적 독립선언이다. 오킨에게 야만적 가부장제는 제3세계와 결부되어있다. 특히 "과거에 정복되었거나 식민지였던 민족국가들"(14쪽)이다. 제3세계의 낙후된 문화는 "장애물을 구성한" 것으로 보이거나 그 자체로 "(학파나 국제적 커뮤니케이션의 규범에 따라) [고상한 서구] 문화의 습득에는 장애물이 된다."[40] 그 결과 비서구문화의 소멸 혹은 변형을 오킨이 주장하게 된다.

타자의 주이상스 환상하기

신인종차별주의를 불붙이는 주요 요소 — 오킨의 담론에서 현저하게 나타나는 종류의 인종차별주의 — 는 대타자의 비밀스러운 향유(주이상스)에 대한 환상과 증오심인 것처럼 보인다. 이 용어에 담긴 성적 함축은 인종차별주의를 논의하는 데 결코 부적절한 것이 아니다. 인종차별은 성적 차별로 환원될 수는 없다. 그럼에도 불구하고 성적 다이내믹은 종종 인종혐오와 결부된다. 이를 보여주는 좋은 사례는 바

로 '원시적' 민족에게 가능한 억압되지 않은 풍요로움에 대한 서구의
환상이다. 오킨이 참을 수 없는 것은 대타자의 과잉되고 불경한 향유
이다.[41] 그녀의 글에는 타자의 주이상스에 대한 비난으로 가득하다. 가
령 비서구 남성의 향유에 대한 그녀의 폭풍 같은 분노를 보라 ― "베일
씌우기에서부터 다혼제, 여성의 섹슈얼리티를 통제하려는 노력들에
서부터 어린아이에 대한 모성권리의 부정, 그리고 (역설적으로 모순적인)
여성이 담당하는 주요한 역할로서 모성애주의 강화, 클리토리스제거
와 아동결혼, 강간범과의 강요된 결혼과 포획에 의한 결론에 이르기까
지."[42] 이 격한 감정의 토로는 오킨이 아시아와 중동국가들에서 온 이
민남성들을 향해 쏟아붓는 분노에서 절정에 이른다. 이들은 문화차이
를 이유로 아내살인에 대한 "기소각하나 형량조정"을 얻어내었다(18
쪽). 의미 있는 점은 오킨이 제3세계 남성의 비밀스런 향유만 아니라
제3세계 여성의 불경한 주이상스에도 똑같이 화를 낸다는 점이다. 가
령 아시아 여성들의 남성을 향한 노예 같은 복종과 미국법정에서 "문
화적으로 허용되는 실천들로" 핑계를 대는 유아살해 범죄자인 불륜남
편을 둔 아시아 아내들의 "특권"이다(18-19쪽). 자크-알랭 밀러는 인종
차별주의에 담긴 주이상스의 다이내믹에 관한 통찰력 있는 진단을 제
시한다.

> 인종차별주의는 대타자 주이상스에 관해 상상하는 것에 기초를 둔
> 다. 그것은 특별한 방식, 주이상스를 경험하는 대타자만의 방식에 대한
> 증오심이다…[대타자는] 우리와는 다른 방식으로 그의 주이상스를 취

한다. 그래서 대타자의 근접성은 인종차별주의를 악화시킨다. 가까워 지자마자 주이상스의 통약불가능한 양식을 대면하게 된다 … [대타자 는] 항상 그에게 어울리지 않는 주이상스의 일부를 부여받는다. 따라서 진정한 불관용은 대타자의 주이상스에 관한 것이다.[43]

밀러의 분석은 오킨이 주창하는 인종 혐오적 페미니즘을 조명해 준다. 대타자의 주이상스야말로 인종혐오적 페미니스트를 괴롭히는 것이다. 대량 이주의 시대 이전에 인종혐오 페미니스트의 주이상스를 훔친 대타자는 (백인)남성이었다. 그러나 지구화와 함께 인종혐오의 페 미니스트 주변에서 그의 비밀스런 주이상스로 그녀를 위협하는 대타 자는[44] 더 이상 백인남성만이 아니다. 백인남성은 어쨌거나 그녀의 백 인가치를 공유하고 있다. 대신 대타자의 위치는 이제 갈수록 차이 나는 문화적 관습과 어둡고 미스터리한 피부색을 가진 사람들이 차지하게 된다. 오킨이 대타자의 비밀스런 향유에 집착하는 것은 대타자의 "사 적 영역"과 "사적인 법"을 침투하는 가차 없는 관음증에서 보인다(13쪽). 대타자의 '집'에 숨어있는 비밀스런 주이상스의 베일을 벗겨내기[45]에 오킨은 집착하게 되고(13쪽) 이것은 나치와 스탈린의 체제에서의 실행 을 떠올리게 한다. 이들은 공사 구별에 대한 존중이 똑같이 결여된 체 제였다.[46] 오킨은 전체주의적 지도자들의 편집중을 공유하고 있는 듯 보인다. 가령 자신의 판단에 저항하는 제3세계 여성들이 남성 가부장 제 지도자들과 공모하는 것이 틀림없다고 가정한다. "여성에 대한 엄 격한 통제는 사적 영역에서 실제 혹은 상징계적 아버지들의 권위에 의 해서 강요된다. 종종 이들은 그 문화의 나이든 여성들을 통해서, 그들의 **공모**에 의해서 실행된다"(22쪽. 강조는 필자).

시민성을 위한 항변

대타자의 불경한 주이상스를 억누르기 위해서 오킨은 서구의 이미지대로 제3세계를 "문명화"하자고 제안한다. 세계를 서구화하자는 캠페인은 불필요한 것으로 드러난다. 그녀의 호전적 캠페인이 없어도 (세계의) 비서구 지역은 이미 서구와 같아지고 있기 때문이다. 불행히도 서구문화의 전 지구적 수출은 오킨의 이론적 주장과는 반대로 개발도상국의 여성들의 삶을 반드시 낫게 하지는 않는다. 페미니스트 법정치학자 질라 에이젠스타인의 탄탄한 연구는 제3세계여성이 서구 자유주의시장의 지구화적 자본에 의해 착취당하는 엄혹한 현실을 폭로한다. "지구화자본의 확산에 따라 여성들은 그들의 집 그리고/혹은 특수하게 제3세계의 시장에서 더 열심히 일한다. 그들은 제3세계의 제3세계가, 제1세계의 제3세계가 된다. 그들은 값싼 노동력 중 가장 값싸다. 리복과 나이키는 인도네시아에서 여성들을 시간당 16센트를, 중국에서 여성들을 시간당 10-14센트를 주고 고용한다."[47] 지구화 수출품인 서구 페미니즘은 그 선한 의도에도 불구하고 악의적인 부산물을 만든다. 오킨의 담론은 에이젠스타인이 "서구의 자유"를 낭만화하는 미디어에 의해 만들어진 환상으로 지적한 것에 속한다. 그런 담론은 진보적이고 건전하며 세련된 앵글로 색슨 서구 여성들의 환영적 이미지를 구성한다. 이들은 자유주의 시장의 자유를 상징한다. 반면 현실에서 지구화는 개발도상국 여성들의 착취와 종속이라는 끔찍한 형태들을 생산한다.[48] 제3세계의 여성들이 처한 딱한 현실과 대조적으로 아름답고, "자유로우며 독립적인" 서구 여성들이라는 이데올로기는 오킨과 그의 동료들에 의해서 자유주의 서구와 비서구 가부장제 사이의 대조로 재현되었다. 그 결과 개발도상국의 사회적 불만과 긴장을 높이는 데 기여하게 된다.

오킨은 지구적 페미니즘이 지구화 경제에 의해 전유되어 왔다는 문제를 간단히 회피해버린다. 에이젠슈타인은 "여성들, 특히 빈곤여성들이 정부의 프로그램이 자유주의시장경제하에서 붕괴되어서 일체의 공적 원조를 잃어가고 있는 동안 서구 페미니스트들은 스스로 시장에 의해 사유화되고 있으며 자기계발 전략으로 환원되고 있는지" 날카롭게 파헤친다.[49] 오늘날 중국에서 여성을 위한 의료혜택이 점점 줄어들고 있다는 사실이 이를 잘 보여준다. 에이젠슈타인은 기업화된 페미니즘의 비호하에 미국정부가 벌이는 유사한 규모 줄이기와 사유화에 주목한다. "시장은 페미니즘의 성공을 우대정책의 삭감에 대한 정당화로 홍보한다. 21세기의 인종화되고 섹스와 젠더의 경계선들을 재절합하는 것은 전 지구적 시장에 의해 손상되고 있다. '동'과 '서'의 환영적 경계들도 페미니즘의 '수출' 형태에서 재기입되고 있다."[50] 에이젠슈타인은 서구 페미니즘의 식민주의적 함의를 지적한다. "국내적으로 시장화되고 식민주의적 지구화 정치의 일부로 제공된" 이데올로기이다.[51] 이런 진단은 그렇게도 많은 제3세계와 인종적 소수집단 사상가들이 오킨의 논문을 끔찍하게 생각하는 이유를 효과적으로 설명해준다.[52]

여기서 우리는 오킨의 기획이 어디에서 잘못되었는지를 물어야 한다. 그녀의 '문명화 기획'은 '식민화기획'으로 어떻게 바뀌는가? 오킨이 "야만적이고" 가부장적인 비서구사회들에 "여성의 인권"[53]을 위해서 개입하려는 시도는 지구화시대에 제3세계에 대한 몇몇 호전적인 "인간주의적 개입"과 연결된다. 이런 시도는 인간문명이 야만으로 타락하는 것을 막으려는 의도이자 겉치레이다. 이 인본주의적 개입들이 최상의 의도로 수행된다고 해도 애매한 모호성을 띠고 우리를 불편하게 하는 이유는 무엇인가? 발리바르의 폭력, 문명, 시민성에 관한 최근의 저술은 문제의 근원에 대한 대단한 통찰력을 제공한다.

발리바르는 '야만성'과, '문명적 과정'에서의 야만성에 대한 부정 간의 변증법에서 남겨진 '잔인성'을 찾아낸다. 이 '잔인성' — 정신분석이 초자아와 연결시키는 것 — 은 이질적이며 '야만성'이나 '문명', '폭력'이나 '반폭력' 중 하나로 환원불가능하다. 물론 그 잔인성은 양자와 모두 직접적이고 즉각적인 관계를 맺고 있다.[54] 문명은 다시 말하면 아주 모호한 방식으로 '잔인성'과 얽혀있다. 이 문명과정에서 어두운 초자아를 조심해야 한다. 마찬가지로 "야만성의 공격에 맞서 인간문명을 구하는" 인본주의적 이상을 수행할 때 "폭력에 대항해서 취해진 어떤 조치들도…그 반동에 맞서야만 할 것이다. 폭력의 제거 기획에 전혀 환원될 수 없다"는 것을 염두에 두어야 한다.[55]

이 반동의 물결 — 어두운 잔여물 — 은 오킨과 그녀의 동료 인본주의적 '십자군들'이 —문명의 온전함을 열렬히 믿는 자들 — 정확히 간과하고 있는 것이다. 오킨은 "(서구)문명과 그 특수한 경찰단속, 정책과 예의바름"에 대한 자신의 집착이 노정하는 불경한 주이상스에 눈을 감고 있다.[56] 발리바르가 지적하듯이 이런 맹목적인 집착은 극단적 폭력을 낳게 되기도 한다.[57] 오킨이 타문화들의 소멸이나 변형을 주장할 때 그것은 그녀의 관념과 이상, (서구)문명의 이상화에 수반된 폭력의 한 예이다.

오킨과 그녀의 문명화기획의 실패를 감안하면, 우리는 지구화와 국지화의 시대에서 페미니즘의 전망을 실현하는 민주적 토대를 어떻게 찾을 수 있을까? 가능한 답은 발리바르의 개념인 '시민성'에 있다. 발리바르는 폭력을 폭력으로 대항하는 대신에, 그래서 "반동"[58]에 붙잡힐 위험에 처하게 되는 대신 우리가 "국가를 시민화"하고 국가의 모든 "시민화 장치"를 시민화해야 한다고 제안한다. 이것은 "교육자를 교육하고" 문명화과정을 시민화하며, 종속과 주체화과정에서 문명화된 주체를 시민화하는 것을 포함시킨다.[59] 다시 말해서 시민성은 슬라보예 지젝의 "희생의 희생"과 마찬가지다.[60] 두 개념은 문명의 어두운 부분에 도사리고 있는 불경한 초자아를 우리가 감당할 수 있도록 만드는 게 목적이다.

단속과 정책, 예의바름에 '문명'이 어원적이고 개념적으로 연결된 것과는 별개로 발리바르의 시민성은 갈등과 적대감을 억압하지는 않는다. "그와 정반대로 [시민성은] 정치적 갈등을 위한 조건이 될 수 있고 그래야 한다. 역사적 효과를 발전시키고 창조할 가능성이 있는 적대적 세력들의 무대이다."[61] 더욱이 "단 하나의 단일한 시민성의 정치 같은 것은 존재하지 않는다."[62] 시민성은 어떤 고정된 패턴을 갖지 않으며 그 개념적 모순들은 민주주의의 기획을 지속적인 민주주의적 질문에 열려있도록 만들게 해준다.

이제 지구화시대에 페미니즘의 기획으로 나는 제안한다. 한편으로는 젠더평등의 보편적 명령에 참여하고 다른 한편으로는 개별여성과 그들이 속한 문화의 근본적으로 고유한 상황에 비판적 대화의 지속적 과정으로 참여해야 한다. 발리바르가 설명하듯 민주주의는 부서지기 쉽고, 위태롭다. 시민성을 위해서 지속적으로 재창조되어야 한다. 그렇지 않으면 우리는 경계 내에서 그리고 경계를 가로질러 전쟁상태에 쉽게 놓이게 될 수 있다.

주

1 Susan Moller Okin, "Is Multiculturalism Bad for Women?", *Is Multiculturalism Bad for Women?* Joshua Cohen, Matthew Howard and Martha C. Nussbaum 편집(Princeton: Princeton University Press, 1999), 14-15쪽. 이탤릭체 첨가. 추후 인용은 본문에 괄호 안에 표기함. 오킨은 스탠퍼드 대학교 사회윤리학과 정치학 교수이다.

2 오킨은 로크와 연결되는 부류의 고전적 자유주의로부터 확실히 떠났다. 로크의 자유주의는 "자유의 제약을 긍정적 행위로 해석한다…인간이 강제하지 않으면 할 법한 것을 행위하지 않도록 만든다"(J. P. Sterba, "Political Philosophy" *The Cambridge Dictionary of Philosophy*. Robert Audi 편집 [Cambridge: Cambridge University Press, 1995], 628쪽).

3 서양철학에서 추상적 체계로서의 도덕성과 실천으로서의 윤리 간 대조에 주목하라. 이 구별은 잘 알려진바 아리스토텔레스와 헤겔의 윤리 개념을 따른다. 이 개념에 따르면 윤리는 삶을 살아가는 실제적 방식이며 인간사와 사회정치적 세상과 직접 관계하는 것으로서, 도덕성과는 대립한다. 도덕성은 규약과 형식적 원칙의 추상적 체계이다.

4 유급육아휴가는 여성의 평등한 경력보장뿐 아니라 모자의 건강을 보호하는 데 중요하다. 그런데 이 유급육아휴가는 미국, 오스트렐리아, 뉴질랜드에 존재하지 않는다. 흥미롭게도 오킨이 비난하는 사회들에는 대체로 서구보다 더 진보적이며 여성이 전문가이자 엄마로서 동시에 자기실현을 할 기회를 제공하는 데 — 법적 원칙과 실천 양자에서 — 헌신을 한다. 가령 브라질의 경우 유급육아휴직이 3개월이다. 중국에서는 여성을 위한 정기적 건강보호를 제공하는데, 자궁암검사를 하도록 1일 휴가를 매년 지급한다. 임신한 여성들은 정기적으로 건강검진을 받을 수 있고 음식과 양육에 대한 조언을 얻는다. 적어도 1980년대에 까지 임신 여성들은 일일 노동시간이 줄고 가능하면 덜 힘든 일을 하도록 배려받았다. Arthur W. Chung, "Maternal and Child Health in China 1949-1976". *Advances in International Material and Child Health Care*, D. B. Jelliffe and E. F. Patrice Jelliffe (Oxford: Oxford UP, 1981)을 보라. 그리고 Victor W. Sidel, *Serve the People: Observations on Medicine in the People's Republic of China* (Boston: Beacon Press, 1974)도 참조. 여성들을 위한 이

런 특혜는 중국이 서구화'되어가'면서 점점 사라지고 있다. 여성인권운동의 역사에서 다음의 중요한 사건은 오킨이 서구사회가 다른 사회들보다 여성의 권익을 법적으로 더 잘 보호하고 있다고 가정하는 것이 얼마나 순진한 이야기인지를 명백하게 드러내준다. 2000년 6월 3일 미국은 육아휴직을 12주에서 14주로 늘리도록 보장하는 국제협약에 반대표를 던졌다. 전 세계에서 온 여성단체들이 이 협약을 지지하고 압박했었다. 오스트렐리아와 대부분 서유럽의 국가들, 그리고 일본 — 정치경제적 구조에서 서구에 가장 영향을 받은 비서구 국가 — 도 미국에 동참했다. 이 협약은 원래 남아메리카와 동유럽 국가들이 주로 인준했었다. 이 나라들의 문화에 대해 오킨은 소멸이나 변화를 요구했다. "Women Press for More Maternity Leave," *New York Times*, 2000년 6월 7일, 후판 A14+.

5 오킨은 소수문화들에 대해 자신이 알고 있는 정보를 자주 누락한다. 책의 각주를 보면 그녀가 사용한 자료의 대부분은 〈뉴욕 타임즈〉나 소수문화에 대해 다른 사람들이 쓴 글이다. 오킨이 비서구 사회들에 대해 직접 문헌연구를 했다는 증거는 없다.

6 오킨의 전문분야인 사회윤리와 정치학, 그리고 대학에서 갖고 있는 지위를 고려하면 이런 식의 '부주의함'이 이상해 보인다.

7 호미 바바는 자신의 영국 경험을 이렇게 표현한다. "영국의 시민적 자유집단인 리버티는 '서구'의 평등주의로 세력화된 자국의 장면에 대한 오킨의 설명에 이의를 제기할 것이다. 유엔인권위원회에 대한 대안적 보고서인 *Human Rights and Wrongs*에 따르면 영국 내 여성들에게 가해지는 범죄는 보고된 것 중 1/3은 가정폭력이고 가족 내에서 발생한다. 1993년 런던에서 10명 중 1명꼴로 여성들이 파트너로부터 폭행을 당한다. 성인여성과 아이들은 거리에서나 직장에서보다 압도적으로 가정폭력의 희생자가 될 가능성이 크다"(Bhabha, "Liberalism's Sacred Cow," Cohen et al. [편집], 80쪽).

8 미국의학협회는 4백만 명 이상의 여성들이 1995년에 파트너로부터 폭력을 당했다고 추정했다(M. Easley, "Domestic Violence," *Annals of Emergency Medicine* 27:6 [1996], 762-763쪽). M. K. 펠드만은 가정폭력이 미국 여성들이 당하는 단일 사건으로는 가장 큰 상해의 원인이라고 한다. 자동차사고, 강도, 강간을 모두 합한 것보다도 많다(Feldman, "Family Violence Intervention" *Minnesota Medicine* 75 [1992], 20-23쪽). 더 불편한 사실은 미국에서 살해당한 여성들의 반 이상이 남성파트너로부터 당했다는 것이다(B. Parker and J. McFarlane, "Identifying and Helping

Battered Pregnant Women"; Linda Poirier, "The Importance of Screening for Domestic Violence in All Women," *The Nurse Practitioner* 22:5 [1997], 106쪽에서 인용됨).

9 일본 가나가와현의 여성부에서 1995년에 성평등사회에 관한 여론조사를 했다. 선별된 2,658명의 주민들이 익명의 우편조사에 참가했다. 이 조사에 따르면 기혼여성 10퍼센트가 남편으로부터 폭력을 당했다(Kanagawa-ken, "Report of the Questionnaire Survey on Society for Gender Equaity"; Mieko Yoshihama, "Domestic Violence in Japan: Reserach, Program Developments, and Emerging Movements," *Battered Women and Tehir Families: Intervention Strategies and Treatment Programs*, Albert R. Roberts 편집[New York: Springer Publishing Co., 1998], 405-447쪽에 인용됨. 1993년에 동경의 오타 와드에서 요시하마가 했던 조사 역시 유사한 결과를 보여준다.

10 "비서구 문화"에 대한 오킨의 부정확한 일반화의 일부는 Bonie Honig, Azizah Y. al-Hibri, Sander L. Gilman, Abdullahi An-Na'im, Bhikhu Parekh, Saskia Sassen, Martha C. Nussbaum 등으로부터 비판받았다. 이들의 대응은 *Is Multiculturalism Bad for Women?*에 수록되어있다.

11 Charles Taylor, "Politics of Recognition," *Multiculturalism*, Amy Gutman 편집 (Princeton: Princeton University Press, 1994), 27쪽.

12 테일러의 공동체주의는 다문화주의와는 다르다. 그는 해석학적인 "지평의 결합"을 선호하고, 다문화주의자의 설익은 차이의 가치부여를 비판한다. 그렇지만 "인정의 철학"—평등한 권위와 소수문화와 공동체의 고유한 정체성 모두를 인정하라는 요구—은 공동체주의와 다문화주의의 토대이다.

13 Sander L. Gilman, "'Barbaric' Rituals?" Cohen et al,(편집), 62쪽. 이탤릭 첨가.

14 Martha C. Nussbaum, "A Plea for Difficulty". Cohen et al,(편집), 108쪽.

15 Taylor, 39쪽.

16 같은 글, 38쪽.

17 같은 글, 30쪽.

18 같은 글, 31쪽.

19 Will Kymlicka, *Multicultural Citizenship* (Oxford: Clarendon Press, 1995), 4장.

20 이 표현은 자크 데리다에서 채택했다.

21 가령 Hans Georg-Gadamer, *Truth and Method*, 2차 수정본. Joel Weinsheimer and Donald G. Marshall 편역 (New York: Continuum, 1993).

22 Kymlicka, *Liberalism, Community and Culture* (New York: Oxford University Press, 1989), 165쪽.

23 Abdullahi An-Na'im, "Promises We Should All Keep in Common Cause." Cohen et al,(편집), 62쪽.

24 일부 제3세계 여성의 반박은 오킨의 책에 〈답변들〉로 수록되어있다.

25 Bhikhu Parekh, "A Varied Moral World," Cohen et al,(편집), 73쪽.

26 Robert Post, "Between Norms and Choices," Cohen et al,(편집), 66쪽.

27 Bhabha, 82쪽.

28 내 초고에는 중국여성과 문화에 대한 이처럼 무지하고 말도 안 되는 인종혐오적 비난에 대한 대응이 담겨있다. 하지만 여기서는 지면이 부족해서 다음 기회를 약속하겠다.

29 오킨의 프랑스 비판이 서구 문명의 일부인 프랑스문화를 표적으로 삼지 않는다는 점에 주목하라. 그보다는 프랑스 정부가 다혼제와 음핵절제 등 이슬람의 가부장제적 관행을 눈감아주는 점에 대해 비판을 한다. 가령 이 문제에 관해서 그녀의 논문 9-11쪽의 긴 대목을 참고할 것.

30 오킨은 소수인종 범법자들이 제시하는 "문화적 변호"의 네 가지 사례 중에서 어느 것도 증거를 제시하지 않는다.

31 Samuel Huntington, *The Clash of Civilizations and the Remaking of World Order* (New York: Simon and Schuster, 1996). 헌팅턴이 이슬람국가들과 서구 사이의 갈등에 특별히 관심을 보이는 데는 놀랍지 않다. 오킨은 이 "균열선"에 특히 집중한다.

32 Huntington, 20쪽. 상세한 내용은 헌팅턴의 책 2부를 보라.

33 같은 글, 20-21쪽. 이탤릭 강조 첨가. 또 301-321쪽 참조.

34 Bonnie Honig, "My Culture Made Me Do It," Cohen et al,(편집), 36쪽.

35 Huntington, 32쪽.

36 오킨의 지지자인 Katha Pollitt는 "제3세계주의와의 연결성"과 "제3세계주의가 백인 자유주의 죄의식에 호소"한다는 이유로 다문화주의를 두드러지게 비난한다.

37 Bhabha, 79쪽.

38 Etienne Balibar, "Is There a 'Neo-Racism'?" Balibar and Immanuel Wallerstein, *Race, Nation and Class: Ambiguous Identities.* Chris Turner 번역 (London: Verso, 1991), 21쪽.

39 같은 글.

40 같은 글, 25쪽.

41 'ob-scene'에서 하이픈을 넣은 것은 라캉이 주이상스와 연결시켰던 'off-stage'의 의미를 환기시킨다.

42 Honig, 35쪽.

43 Jacques-Alain Miller, "Extimité" *Prose Studies* 11:3(1988), 125-126쪽.

44 밀러는 대타자의 과잉향유에 대한 환상들이 그/그녀의 가까운 거리때문에 강화되는 경향이 있다는 점을 지적한다. "대타자의 근접성은 인종차별주의를 악화시킨다. 근접하게 되면 주이상스의 양립불가능한 양태들과 마주치게 된다"(같은 글).

45 오킨이 이슬람의 베일을 반복해서 비판했던 점을 주목하자.

46 서구의 자유주의자 오킨이 전체주의적 실행을 승인하는 것을 보는 건 놀랍지 않다. 클린턴과 루인스키 재판은 서구의 자유주의사회에서 전체주의적 정치가들과 자기정당화로 가득한 관료주의자들 사이의 경계가 취약하다는 점을 드러내는 많은 사례들 중 하나일 뿐이다. 보수주의페미니즘과 클린턴 재판의 정치학에 관한 탁월한 분석은 Juliet Flower MacCannell, "Politics in the Age of Sex: Clinton, Leadership, Love." *Cultural Critique* 45 (2000), 241-271쪽.

47 Zillah Eisenstein, "Women's Public and the Search for New Democracies" *Feminist Review* 57 (Fall 1997), 146-147쪽.

48 같은 글.

49 같은 글, 148쪽.

50 같은 글.

51 같은 글.

52 예를 들어 오킨의 책에 수록된 답변들을 보라.

53 오킨은 "여성인권"을 자신의 논문 "Feminism, Women's Human Rights, and Cultural Difference"의 주요 핵심 관심사로 강조하고 있다. *Hypatia* 13:2 (Spring 1998), 32-52쪽.

54 Balibar, "Violence, Ideality, Cruelty" *New Formations* 35 (1998), 12쪽.

55 같은 글.

56 Balibar, "Citizenship and Civility in the Era of Global Violence," 2000년 4월 11월 컬럼비아대학 강연.

57 이 대목에서 폭력에는 극적인 "문명의 충돌"과 "세계질서의 재구성"도 포함되며, 여기에 국한되지는 않는다는 점을 첨부하고 싶다.

58 Balibar, "Violence" 7쪽. 이것이 정확히 오킨의 문제이다. 그녀는 자신이 "야만적 가부장제문화에 대적한다는 환상을 갖고 있다. 가부장제문화를 소멸시키거나 변화시켜야 한다는 주장을 격렬하게 내세우지만 결국 식민주의의 주이상스에 붙들리고 만다.

59 상세한 내용은 Balibar의 논문 "Subjection and Subjectivation" *Supposing the Subject.* Joan Copjec 편집 (London: Verso, 1994), 1-15쪽.

60 오킨의 경우 "백인여성의 짐"을 희생하게 된다.

61 Balibar, "Spectres of Violence" 1998sus 7월 14일 코넬대학교 비평과이론학교에서 했던 강연.

62 같은 글.

안티고네의 방귀: 사이몬 크리칠리의 「희극과 유한성」¹에 관한 몇 가지 논의

– 마크 드 케젤

웃음의 사유 그 핵심에서 뭔가 무의식적 자부심을 보게 될 것이다. 그곳이 출발점이다. "나를 봐! 나는 넘어지고 있지 않아"…희극과 웃을 수 있는 능력은 웃음 내부에 위치해 있지, 그 대상에 있는 것이 전혀 아니다. 발에 걸려 넘어지는 사람은 자신이 넘어진다는 사실에 절대 웃지 않을 것이다. 그가 철학자가 아니라면 말이다. 철학자는 신속히 자기 분리를 할 수 있는 능력을 습득했고 따라서 자신의 에고가 나타내는 현상에 불편부당한 관객이 되어 조력할 수 있다. 하지만 이런 경우는 극히 드물다.

– 샤를 보들레르, 「웃음의 본질에 대하여」²

사이먼 크리칠리에게 현대 사상에서 가장 중요한 과제는 인간의 유한성을 인식하는 것이다. 임마뉴엘 칸트 이래 사유는 모든 형이상학적 주장을 포기했고 내재적 한계를 인식하기 시작했다(최종적으로 '사물 그 자체'에 인간의 앎이 도달하기 어렵다). 더 나아가 현대성은 유한성을 인식할 방법을 발명해야 한다. 하지만 쉽지는 않다. 유한을 사유하기란 중성화되기, 유한을 지양하기와 같은 것일 수 있다고 위협한다. 헤겔의 지양개념이 가르쳐준 바이다. 이 변증법적 '이성의 간계'를 피하기 위해서 강력한 후기칸트주의적 전통이 유한성에 대한 추인을 미학의 영역에 한정시킨다. 오직 예술만이 — 특히 숭고한 예술만 — 사유의 한계들을 중성화하지 않은 채 제시할 수 있다. 여기서 비극은 칸트 이후 수많은 사상가들의 저술에서 현재까지 패러다임을 제공한다: 쉴러, 셀링, 슐레겔, 쇼펜하우어, 니체, 프로이트, 하이데거, 라크-라바르테, 낭시, 그리고 라캉 역시 이 전통에 속한다. 특히 라캉의 저 유명한 안티고네의 윤리에 관한 세미나가 그렇다.

　「희극과 유한성」이란 논문에서 사이먼 크리칠리는 유한성의 현대적 인식에서 우리가 "비극의 우선성"이라고 부르는 것을 정교한 비평으로 구성한다. 크리칠리의 논점은 비극은 너무 강하고 용감한 주체, 즉 영웅을 가정하고 있고, 오직 그의 영웅심 때문에 유한성을 추인할 수 있는 듯 보인다는 것이다. 크리칠리는 이런 종류의 영웅주의는 실제를 "탈형태화"하기 때문에 유한성에 관한 더 소박하고 덜 이상화된 인식이라고 주장한다(220쪽). 그가 제시하는 대안은 희극이다. 우리는 전혀 영웅이 아니기 때문에 희극은 유한성의 경험에 더 적절하다. "비극적 영웅패러다임"에 대항해서 크리칠리는 "희극의 반영웅적 패러다임"을 제안한다. 이 패러다임은 "유한성이 더 약해지고 취약해진 개념"

이다(221-222쪽). 영웅주의보다는 유머가 "우리에게 인간조건의 소박함과 한계를 떠올려준다. 비극적 추인이 아니라 희극적 인정, 영웅적 진정성이 아니라 웃어넘길 수 있는 비진정성을 요구하는 제약성이다" (224쪽). 유한성은 "유한성이 추인할 것이 아니라 인정해야 할 것이라는 사실을 받아들이게 하는 웃음"을 요구한다(224쪽). 나아가 좀 더 구체적으로 '광적인' 웃음("산상에서 시작된" 니체의 웃음)이 아니라 프랭키 하워드와 타미 쿠퍼[3]와 같은 '냉소적인' 웃음이 요구된다. "불가능성, 비진정성, 무능함과 불가능성의 명백한 의미에서 비롯된"(225쪽) 웃음이다.[4]

안티고네를 생각해보자. 크레온의 명령을 어김으로써 안티고네는 인간사회와 인간존재의 유한성과 함께 정치적 법의 유한성을 폭로한다. 하지만 안티고네는 영웅으로서 죽음의 영역에서조차 순수하고, 주권을 갖고 의지를 굽히지 않는 접근 불가능한 숭고한 인간으로 남아 있다. 따라서 크리칠리는 영웅주의가 그것이 추인하려고 하는 유한성과 모순된다고 지적한다. 이 영웅주의를 깨버리면, 안티고네는 인간의 유한성을 좀 더 소박하게 인정하는 존재로 등장하게 될 것이다. 안티고네를 덜 순수하게 만들라. 그러면 안티고네는 우리의 한계에 더 적합한 이미지를 제공할 것이다. 안티고네가 "죽음에 이르는 과정에서 숨을 내쉬게" 하라(230쪽)고 크리칠리는 그의 논문에서 무심코 말한다. 다시 말해, 안티고네가 방귀를 뀌게[5] 하라. 그러면 우리는 안티고네의 생리적 실수에 대고 웃음을 터뜨릴 것이다. 그때 그녀의 엄혹한 영웅주의는 무너질 것이다!

물론이다. 하지만 안티고네 역시 지극히 평범한 방귀를 뀌는 항문 소유자라는 사실을 안다고 해서 우리의 유한성을 더 인식하게 될까? 이 '바람소리'를 듣는다고 해서 우리가 인간의 조건을 더 잘 이해하게 될까? 나는 잘 모르겠다. 그래서 이제 그 이유를 설명하려고 한다. 웃음과 유머, 희극의 힘을 과소평가하지 않은 채 나는 잠시 라캉과 같은 이들처럼 비극의 우선성을 주장하는 이론가들의 변호를 자처하려고 한다. 아니면 적어도 라캉이 윤리세미나에 비극의 우선성을 논쟁한 방식에 집중하고 왜 라캉이 가장 문제적인 내용을 발언하는 데 두려워하지 않으면서도 안티고네가 "죽음에 이르는 과정에서 숨을 쉬게" 하지 않았는지를 고찰하려고 한다. 나는 크리칠리가 라캉의 추론과정에서 중요한 초점을 놓쳤다는 인상을 강하게 받는다. 그래서 그의 비평은 헤겔주의로 빠져버린다. 내 주장은 크리칠리가 희극을 비극보다 우위에 놓음으로써 슐레겔보다는 헤겔과, 또 슐레겔 이후 아이러니의 전통을 공유한다는 것이다. 그가 '승인'의 대안으로서 제안하는 '인정'은 내가 보기에 너무도 헤겔주의적인 수사로서 유한성을 인정하는 적절한 방법이 될 수 없다.

안티고네로 다시 돌아가 보자. 라캉의 윤리세미나에서 안티고네의 비극이 작동하는 방식을 떠올려보자. 라캉은 정신분석윤리의 함의를 설명하려고 한다. 유한은 여기서 중요한 논점이다. 윤리는 인간의 선을 향한 탐색과 관련된다. 라캉에 의하면 프로이트의 정신분석이 제공하는 새로운 통찰력은 본질적으로 우리가 갈망하는 선을 얻을 수 없다는 것이다. 우리의 갈망, 욕망, 선을 향한 짙은 욕정은 구조적으로 한

계가 있다. 이 한계는 우연이 아니라 바로 존재의 근본이다. 우리는 욕
망이다. 이 말은 욕망이 절대로 만족될 수 없기 때문에 우리가 살아있
다는 것을 의미한다. 비록 우리가 — 구조적으로 — 이 진실을 알고 싶
지 않다고 해도 그렇다. 만일 리비도적 존재로서 우리가 반드시 '억압'
하려는 것이 있다면 그것은 분명 만족될 수 없는 욕망이라는 사실이다.

　누군가 정신분석가를 방문하게 만드는 요구는 실제로는 항상 선
을 향한 요구이다("의사 선생님 저는 잘 지내지 못합니다. 제 기분이 좀 더 나아
지게 해주세요"). 전형적으로 정신분석 윤리는 분석가가 내담자의 요청
에 선을 줄 수 없다는 것을 알게 되는 순간에 시작한다. 분석가가 할 수
있는 유일한 일은 내담자가 자신의 요구에서 작동하고 있는 욕망을 무
의식적으로(그리고 '해체적으로') 발견하도록 도와주는 것이다. 왜냐하면
모든 요구에서 내담자는 자신의 욕망을 억압하고 있다. 바로 그 사람
자체인 그 욕망이다. 이것을 라캉식으로 표현하면 내담자는 스스로를
나, 자신이 스스로 생각하는 에고로 취하고, 그럼으로써 자신의 '주체'
를, 즉 자신이 대타자의 욕망의 주체(대타자 욕망의 지원으로서의 주체)라
는 것을 부인하게 된다.

　실제 라캉에 의하면 우리는 우리 자신의 욕망조차도 아니며, 오직
대타자의 욕망일 뿐이다. 순수한 충동의 수준에서 과거 유아 시절 우
리는 '쾌락'(독일어로 lust이며 프로이트이론에서 생명에 필수불가결한 것)을 얻
을 능력이 없이 오직 다른 인간존재에 무조건적으로 의지함으로써만
얻을 수 있다. 무기력한 유아는 순수한 존재의 차원에서 결여를 언어
차원의 결여로 교환해야 했다(라캉주의 정신분석의 기본 통찰력이다). 유아

는 '부정적' 불가능의 결여를 '실증적'으로 작동하는 결여로 교환했다. 즉 기표들의 상징적 질서차원에서 결여이다. 그 이후 어린 리비도적 존재는 스스로를 ― 자신의 정체성을 ― 전적으로 타자가 말하는 언어 속에서 찾아내야만 한다. 오직 자신을 타자가 말하는 대상으로서만 위치시키고, 스스로 현존하는데는 결코 성공하지 못한다. 이 순수한 (존재론적) 결여였던 존재는 이제 대타자의 (상징적) 결여가 된다. 이 대타자는 결여 때문에 오직 욕망이다. 이후로 이 작은 리비도적 유아는 스스로를 대타자의 욕망의 주체로서 발견해야 한다.

이 모든 것들은 욕망과 법이 결코 대립하지 않는다는 점을 분명하게 해준다. 욕망은 일종의 법이다. 우리는 언제나 욕망해야 하기 때문이다. 게다가 그 욕망을 실현시키거나 만족시킬 수 없다. 나아가 우리는 대타자가 부여한 법을 듣고 싶은 욕망이 있다. 우리는 상징계의 대타자 내부에서 스스로를 실현해야 하기 때문이다. 비록 윤리적 법의 억압적 힘을 느낀다고 해도 우리는 오직 그 명령을 들으려는 욕망만 가질 뿐이다. 이 (불완전한) 대타자의 법이 바로 우리를 욕망하게 한다. 그러나 이것은 이 그림의 오직 한 부분일 뿐이다. 대타자는 우리를 욕망하게 하지만, 우리 역시 대타자와 그의 법이 욕망하게 만든다. 우리는 구조적으로 대타자가 결여를 보여주는 곳에서 우리를 위치시키게 된다. 이 위치에서 우리는 대타자를 욕망하게 만든다. 우리 자신의 욕망은 아무리 진정성이 없다고 해도 대타자를 불완전하게 만들고 따라서 욕망하게 한다.

앞서 언급한 그 위치는 정확히 라캉이 윤리세미나에서 안티고네를 통해서 예시하려고 했던 곳이다. 안티고네는 대타자의 욕망의 주체이다. 그녀가 욕망하기 위해서는 대타자와 대타자의 법이 필요하다(같은 의미에서 그녀를 살게 해줄 수 있다). 그러나 희곡에서 안티고네는 대타자와 그 법이 기껏해야 욕망하는 대타자라는 사실, 따라서 근본적으로 불완전하다는 것을 추인하는 존재로서 등장한다. 그녀의 비극적 행위에서 안티고네는 법의 질서(상징질서)가 회복불가능하게 불완전한 장소 바로 그곳에 위치한다. 이곳에서 법은 그 자체의 구조적 유한성과 대면하고 우리가 믿기에 법이 약속해줄 선을 줄 수 없다는 사실을 인식해야 한다.

　라캉에 의하면 이것이야말로 소포클레스의 비극에서 중요한 문제이다. 테베의 왕좌를 법적으로 취할 수 있는 두 명의 계승자들 ― 오이디푸스의 두 아들은 권력싸움을 벌여서 서로 죽인다 ― 의 죽음 이후 권력은 크레온에게 넘어간다. 그는 법의 새로운 '주체'가 되었다. 그 뒤 테베의 폴리스에서 선을 책임지는 것은 크레온이 되었고 이 역할을 담당하는 과정에서 폴로니서스를 처벌한다. 폴리스에 대항해서 전쟁 위협을 가했기 때문이다. 크레온은 폴로니서스의 시체를 매장하지 말라고 명령했다. 이 명령을 안티고네는 의식적으로 위반한다. 라캉의 해석은 이 장면을 두 개의 다른 법 사이의 갈등으로 보지 않는다. 헤겔처럼 국가의 법과 가족의 법 사이의 갈등이라고 할 수 없다. 라캉은 이 장면이 법 그 자체의 유한성을 보여준다고 했다. 우리가 정상적으로는 볼 수 없는 것을 보게 해주고, 억압된 법의 결여를 제시해줌으로써 이 장면은 법의 욕망과 근본적으로 유한한 지위를 폭로해준다.

크레온은 법의 유한성을 부인하거나 부정하는 존재이다. 그는 법에는 한계가 없고 모든 것에, 심지어 죽은 자들에게도 군림한다고 생각한다. 그러므로 그는 폴리니서스의 죽은 몸을 벌주기를 주저하지 않는다. 그는 라캉이 "이차 죽음"이라고 부른 것으로 벌을 준다. 안티고네는 이차 죽음의 위치에 스스로를 위치시키는 존재이다. 그렇지만 연극에서 안티고네의 첫 대사는 이미 자신의 죽음을 가정하고 있었고 자신의 '범죄자' 오빠를 매장하겠다는 욕망 앞에서 굴복하지 않으리라는 것을 드러낸다. 그녀는 치명적인 위치의 궁지에서도 욕망할 수 있다는 점을 분명히 해준다. 그럼으로써 욕망이 법의 범위를 위반할 수 있음을 보여준다. "내가 존재하는 욕망을 실현시켜야 하는 법의 범위에서 죽음의 운명에 처한다고 해도 나는 여전히 욕망할 수 있다. 그리고 동일한 행위로 나는 그 법이, 내 욕망을 가능하게 해준 법이 근본적으로 유한하다는 점을 폭로한다." 이 법도 사실은 욕망이다. 즉 우주를 관장하기를 원하는, 그렇지만 오로지 그것을 원하고 욕망할 수 있는 욕망의 사례이다. 크레온은 약속한 선을 실현시킬 수 있는 무한한 권력인 양 법을 간주하고, 자신을 그 법의 유일한 주체로 간주한다. 그러나 연극이 비극적 재난으로 끝났을 때 크레온이 강제로 봐야 했던 것은 무엇인가. 그 자신이 생각과는 달리 자신이 법의 주체가 아니라는 사실이다. 그리고 법의 진정한 '지지대'는 욕망이고, 이런 경우 욕망의 가장 적합한 '주체'는 자신이 아니라 안티고네였다는 것이다. 안티고네를 통해 처음부터 끝까지 법은 불완전하고 유한한 욕망이라는 것이 분명해졌다.

크레온은 법이 약속한 선을 법이 실현시킬 수 있다고 믿었다. 안티고네는 크레온이 (그리고 우리 모두가) 갈망하고 있는 선의 진정한 위치를 드러내준다. 즉 일단 도달하고 나면 욕망을 현실화하기보다는 욕망의 주체를 죽이는 것이다. 법은 그것이 약속한 선을 제공하지 못하고 오직 그 선을 향한 욕망을 줄 수 있을 뿐이다. 윤리적 이유에서 우리는 윤리의 근본적 유한성을 추인해야 한다. 윤리적 법은 최상의 선의 자리에 욕망(선을 향한, 혹은 그것이 무엇이든)을 주려고 해야 한다.

라캉에 의하면 이것은 마치 윤리적 법과 명령의 대상은 선이 아니라 욕망인 것처럼 보인다. 라캉의 안티고네 분석은 그렇다면 욕망을 향한 도덕적 변호인가? 이 비극적 주인공이 우리에게 보여주는 것은, 크리칠리를 인용한다면 "프로이트의 코페르니쿠스적 혁명과 같은 정언명령인 네 욕망에 굴복하지 말라"(202쪽)를 보여주는 것인가? 안티고네는 라캉이 보여주는 새로운 정신분석 윤리의 모델인가?

어쨌든 라캉의 윤리세미나를 다루는 논문들은 거의 모두 전제하고 있는 바이다. 그들은 '욕망의 윤리'를 고전적 윤리학에 대한 대안으로 해석하고 안티고네의 행위에서 새로운 도덕적 자세를 대표하는 모범적 패러다임을 본다. 정확히 이 대목에서, 적어도 내 견해로는 이 해석들은 모두 틀렸다. 그들이 놓치고 있는 것은 라캉이 고전적 윤리학을 비판하는 게 아니라 탈중심화한다는 점이며, 이는 매우 다른 시각이다. 정신분석은 현존 윤리학을 비판하지 않는다(엄격하게 이것은 플라톤적 의미에서의 윤리학인데, 이면의 진정한 본질을 해방시키기 위해서 거짓 '미메시스'를 찾아내는 것이다). 정신분석은 현존윤리학에서 주체의 자리를 탈중심화 할 뿐이다. 우리가 언제나 살고 있던 윤리적 질서에 무의식적으로 우리를 묶어두는 욕망을 밝혀내기 위해서이다.

정신분석가가 가장 회피하려고 하는 것은 내담자에게 어떤 규범을 제공하고 조언을 해주거나 길잡이가 되려고 하는 일이다. 분석가에 따르면 내담자의 문제는 새롭고 더 나은 규범이나 규칙을 찾고 있는 게 아니라 그녀가 줄곧 묶여있던 규범이나 규칙 속에서 '자신'을 상실했다는 것 — 따라서 그녀 자신이 욕망 — 이다. 기분이 좋지 않은 그녀는 더 이상 자신이 하고 있는 것들을 통해서 자신을 인식할 수 없게 된다(가령 그녀가 의도치 않게 생산해내는 그 모든 징후들). 정신분석 치유의 목적은 내담자가 자신이 매달려 있는 '낯설고' 소외된 삶에서 자신을 찾아내는 것이다. 달리 말하면 그녀는 '대타자의 욕망의 주체'로서 자신을 찾아야 한다. 즉 그녀가 상징질서에 붙들려 있으면서 동시에 소외되어있는 욕망의 주체라는 것이다. 그렇지만 그녀 자신을 발견할 수 있는 그 질서 내부의 한 지점은 정확히 그녀가 요구해도 답을 들을 수 없는 곳이다. 이 지점은 질서 그 자체가 구조적 비일관성, 회복할 수 없는 결핍과 근본적 유한성을 갖고 있다는 증거가 되는 곳이다. 이곳은 안티고네가 동명의 소포클레스 비극에서 위치하고 있는 곳이다. 그 불가능성의 비극적 지점에서 우리는 "순수한 욕망"의 주체로서 우리 자신을 발견하게 된다.

그럼 윤리적 이유에서 우리가 안티고네처럼 행동하고 그녀가 제시한 모범사례를 따라야 한다는 의미인가? 물론 아니다. 이것이 단순히 자살하라는 명령이 아니라면 무엇을 위한 것인가? 안티고네는 우리가 무엇을 해야 한다는 것을 보여주지 않는다. 무슨 행동을 하든지 순수한 욕망으로서의 지점이 어디인지를 보여준다. 안티고네는 우리가 무슨 말을 하고 어떤 행동을 하든 '억압되고' 무의식적인 욕망이라는 것을 보도록 해준다. 그러므로 안티고네는 우리가 따라야 할 전범이 절대 아니다. 또는 독일식으로 말하면 그녀는 사례Vorbild가 아니라 이미지 Bild이다. 그녀는 우리가 따라야 할 이상이 아니라 이상을 따라야 하는 내 경험을 탈중심화 혹은 해체시키는 이미지이다. 라캉에 의하면 이 비극을 관람하는 관객이 경험하는 것은 정신분석 치료에서 내담자가 경험하는 것에 비유될 수 있다. 양쪽 다 이상적 (자아)이미지를 '가로질러서' 존재의 핵심에 그 이미지의 한계와 결여를 마주하게 된다.

희극이 아니라 비극을 라캉이 전면에 내세운 것에 대한 크리칠리의 비판은 라캉이 안티고네를 사례나 도덕적 모델로 해석한다는, 그의 발화되지 않은, 암묵적 가정 때문에만 가능했다. 크리칠리는 안티고네가 제시하고 있는 유한성의 추인이 너무 영웅적이라는 사실을 반박했다. 이것은 오직 영웅만이 이런 행위를 실현시킬 수 있다는 인상을 만들어낸다. 크리칠리에 따르면 우리의 근본적 유한성을 추인하기 위해서 따라야 할 사례가 필요하다면 그것은 바로 희극이다. 희극에서 우리는 더 겸손한, 그래서 더 인간적인 인물들과 동일화하게 된다. 내 주장은 여기서 라캉은 유한성의 추인에서 우리가 따라야 할만한 모델을 제시하려는 것이 아니라 그런 추인은 바로 모델을 제시한다는 논리 그 자체를 탈중심화 혹은 해체를 요구한다는 점이다. 안티고네가 보여주는 것은 어떤 종류의 모델도 벗어나는 욕망, 원칙적으로 정언명제 혹은 어떤 종류의 보편적 법으로도 기능할 수 없는, 하지만 윤리적으로 추인되어야만 할 근본적으로 고유한 욕망을 보여준다. 내담자가 치료에서 요구하는 것은 사실 어떤 법 (어떤 보편적 질서)도 그녀에게 제공할 수 없는 그녀 자신의 고유한 욕망이다. 정신분석은 이 불가능성으로부터 떠난다. 그리고 불가능한 고유한 욕망에 기회를 줄 수 있는 소통의 과정을 제공하려고 한다.

고유한 욕망은 비극 뿐 아니라 희극에서도 (혹은 몇몇 다른 종류의 예술에서도) 나타날 수 있다. 이런 점에서 크리칠리가 희극에 관심을 집중한 것은 옳다. 사실 유한성을 추인하기 위해서 반드시 비극적 사건들의 엄정하고 심도 있는 분위기만 필요한 것은 아니다. 하지만 크리칠리가 희극에 대해 갖는 관심은 정당한 이유에서 비롯한 것인가를 물어야 한다. 그는 희극이 비극과 대조적으로 강하고 주권적 주체에 호소하지 않는다고 주장한다. 희극은 뭔가 우리와 좀 더 가깝고 유사한, 소박한 인간주체를 가정한다. 딱하게도 크리칠리는 지나치게 서둘러서 라캉의 희극에 대한 길고, 종종 반복되는 성찰로 옮겨가더니 희극에 관해서 라캉이 정확히 반대 결론에 도달했다는 사실은 다루지 않는다. 강한 주체를 가정하는(나아가 생산하는) 것은 비극이 아니라 희극이다.

크리칠리 자신이 안티고네의 비극을 희극으로 변형시키자는 제안을 살펴보자. 우리는 안티고네가 생매장될 무덤으로 걸어갈 때 안티고네가 갑자기 "개스가 나오는", 즉 방귀를 뀌는 것을 상상하기만 하면 된다. 이 가장 비극적인 순간에 관객이 여주인공의 방귀소리를 듣는다면 그건 어떤 경험일 것인가? 확실한 것은 관객들은 웃음을 터뜨릴 것이다. 하지만 이 웃음이 슐레겔이나 슐레겔 이후의 전통 전반이 염두에 두었던 아이러니의 형태로 해석될 수 있는가? 이 웃음이 인간의 유한성을 추인하고 영웅적 주체의 불가능성을 인정할 것인가? 프로이트와 라캉의 유머와 웃음의 분석 이후 이 주장은 유지되기가 어려워 보인다. 정신분석이론에 의하면 농담, 유머와 웃음은 억압의 형태로서 리비도적 주체가 트라우마적으로 무의식을 발현하지 못하도록 보호해주는 장치이다.

농담이 처음에는 억압을 깨는 것처럼 보이는 것은 사실이다. 정상적으로는 무의식적으로 남아있는 어떤 것을 갑자기 마주하게 만든다. 예기치 않게 엄격히 검열되어야만 하는 어떤 것이 등장해서 우리의 관심을 붙든다. 잠시 동안 우리의 '억압'은 그 유한성을 조우하고 무의식에 대한 통제를 잃게 된다. 혹은 라캉주의적 용어로 표현하면, 순간 우리는 무의식적인 리비도적 경제의 주체(지원이자 담지자)가 되기를 멈추게 된다. 트라우마적 무의식은 '심리적 장치'에 대한 권력을 쥐고 주체를 날려버리기를 위협한다. 그러나 웃음의 기능은 위협적인 트라우마를 즉각적으로 중성화시킨다. 간단히 웃음으로 해결해버리고 주체를 그 (상상계적) 권력으로 회복시킨다. 게다가 억압에 대한 건전한 영향력을 발휘한다. 억압의 장치가 살짝 숨을 고르게 해주기 때문이다. 잠시 동안 기표의 '기계'는 작동을 멈추고 트라우마적(비상징화될 수 있는) 실재에 의한 범람을 위협하지만, 웃음은 이 기계가 계속 움직이면서 우리가 사는 집의 주인 ―주체― 으로 재정립시켜준다.

확실히 정신분석은 유머에 흥미를 갖고 있고 치료 중 내담자가 기꺼이 농담을 하도록 해준다. 하지만 분석 중 내가 농담을 하거나 코믹한 말실수를 할 때 그것에 대해 웃을 뿐 아니라, 웃음으로써 농담을 없애는 대신 농담에 머물면서 내 담론에서 발생한 틈새를 고찰하게 된다. 틈새를 분석하고 틈새에서 나 자신을 찾아가며, 틈새의 주체를 탐색하고 내가 그 틈새를 통해서 지원받는다는 것을 인정하는 것이다. 이 틈새는 바로 나, 즉 주체이다. 그렇다면 나는 내 존재, 내가 누구인가를 지지하는 것(담지자이자 주체)은 내가 그렇다고 생각하는 나가 아니라 그런 사유, 즉 내 의식적인 자아 이미지를 구조적으로 벗어나는 것의 유한성임을 깨닫는다.

분명 희극은 무의식의 주체로서의 나라는 간극을 드러내준다. 하지만 이 드러내기는 그 효과에 의해 곧 무화된다. 간단히 웃어 넘겨지기 때문이다. 안티고네가 죽으러 가는 길에 '개스가 나오게' 한다면 이 간극, 안티고네가 드러낼 결여와 유한성은 즉시 관객의 웃음소리에 묻히게 될 것이다. 실상 이런 경우 그녀에게서 다가갈 수 없는 영웅 대신 우리와 마찬가지로 소박한 평범한 인간을 발견해야 할 텐데 이런 인식은 라캉의 표현에 따르면 오인meconnaissance이 될 것이다. 우리는 안티고네에게서 우리가 그럴 거라고 스스로 생각하는 (상상계적) 에고를 인식하게 되고 그럼으로써 주체로서 자신을 억압하거나 부인하게 된다.

헤겔의 용어로 유머, 희극 그리고 웃음은 무의식을 비극적으로 대면할 때 드러나는 근본적 '부정성'을 '지양하는 역할을 한다. 크리칠리의 "희극 우선성"은 이런 의미에서 헤겔주의적이며 주체를 해체시키기

보다는 회복시킨다. 그것은 변증법적인 의미에서 주체를 회복시킨다. 이 부정성과의 웃음을 통해서 우리는 부정성에 대해서 주인이 되고 그것을 '인정하게' 되고 그로써 앎의 대상이 된다. 우리는 그것을 내재화시키고 그렇게 이 부정성의 의식적 담지자, 의식적 '주체'가 된다. 앎과 의식이 제한적이고 유한하다는 사실은 물론 인정하게 된다. 하지만 이런 인정이 우리의 앎을 방해하거나 탈중심화 혹은 해체하지도 않는다. 그보다는 앎을 강화시키고 무한하게 만든다. 여기서 부정성은 더 이상 우리의 근본적 유한성이 아니라 그것의 힘이자, 자체적 지양의 가능성을 대변한다. 그렇게 헤겔이 표현대로 "부정의 힘"이 된다.

나는 지금 희극에 대해 부정적인가? 전혀 아니다. 하지만 나는 욕망과 비극처럼 규칙이나 법의 대상이 될 수 없다고 주장한다. 그러므로 내 생각에 비극과 희극을 서로 대립적으로 두는 것은 의미 없다. 둘 다 우리 존재의 핵심을 재현하지만 우리가 다가갈 수 없는 근본적 고유성을 가리킨다. 이 고유성에는 가장 윤리적인 의도를 가지고서도 가까이 갈 수 없다. 내 웃음의 고유한 힘을 유지하기 위해서는 그것이 보편적 규칙이 되지 않도록 해야 한다. 내가 모든 규칙들을 조롱해야 하고 어느 것도 심각하게 다루지 말아야 한다는 규칙마저도 그렇다. 이 고유성은 엄격하게 미학적으로만 다가갈 수 있고 바로 이 미학적 접근법—미학주의—은 새로운 미학적 윤리 따위로 변형될 수 없다.

주

1 이 논문은 2000년 5월 27일 벨기에의 겐트에서 사이몬 크리칠리에 관한 세미나에서 의견개진의 일환으로 발표된 것이다. 크리칠리의 "Comedy and Finitude: Displacing the Tragic-Heoric Paradigm in Philosophy and Psychoanalysis", *Ethics, Politics, Subjectivity* (London: Verso, 1999), 217-238쪽에 대한 나의 대응이다. 추후 인용은 본문에 괄호로 표기한다.

2 Charles Baudelaire, "On the Essence of Laughter, and In General, on the Comic in th Plastic Arts," *The Mirror of Art: Critical Studies by Charles Baudelaire.* Jonathan Mayne 편역 (London: Phaidon Press, 1955), 139-141쪽.

3 Frankie Howerd: 영국 출신 코미디언. Tommy Cooper: 영국 웨일즈 출신 코미디언 (역주).

4 논의해야 할 문제 중 하나는 크리칠리가 만든 개념적 구별의 의미가 정확히 무엇인가이다. '추인'과 '인정'을 구별하는 것은 무엇인가?(각기 비극과 희극과 엄격하게 연결되는 차이이다).

5 '숨'을 내쉰다에는 속설로 방귀를 뀐다는 의미도 있다(역주).

2부

_____

진리와 일자

진리와 앎: 하이데거, 라캉, 바디우

- 커스틴 힐드가드

우리는 진실한 세상을 파괴했다. 이제 어떤 세상이 남아있나? 아마도
외양만의 세상?…그러나 아니다! 우리가 진실한 세상을 파괴했을 때
외양도 파괴해버렸다.

- 프리드리히 니체[1]

라캉은 진리를 앎에 구멍을 뚫는 것으로 정의함으로써 진리와 앎
을 떼어내었다. 진리와 앎의 분리가 하이데거에서 시작되었음은 의심
의 여지가 없다. 그래서 나는 하이데거와 라캉, 바디우의 진리개념 사
이의 유사성을 검토하려고 한다.

20세기에 진리개념의 지위는 위험해진 것 그 이상이었다. 진리는

거의 죽어가고 있었다. 오늘날 누구든 '소위' 진리라고 아이러니하게 말한다. 하지만 알랭 바디우에 의하면 진리는 철학의 조건이 되는 상수의 이름이고, 철학의 조건이 되는 절차는 "진리의 절차" — 예술, 과학, 사랑, 정치 — 이다. 바디우의 입장은 20세기에 압도적으로 영향력을 미친 조류를 거스른다. 이 조류는 모든 정치적 문제들을 언어의 문제로 환원시키는 경향이었다. 존재의 문제는 따라서 언어의 문제와 동의어가 되었다. 공공연한 플라톤주의자였던 바디우는 이 영향력 있는 전통의 대변자들을 "소피스트"라고 부른다. 소피스트 전통의 공통분모는 사유를 언어게임이나 담론의 결과로 환원시키는 것이며 진리의 개념을 권력의 원칙과 체제로 대체하려고 시도한다. 바디우는 이 게임들을 주체, 존재 그리고 진리의 개념 없이는 철학이란 건 존재하지 않는다고 주장하면서 멈추자고 했다.

현대철학의 또 하나의 곤궁은 일자, 즉 단 하나의 절차에만 묶여있거나 '봉합'되어있다는 것이다. 철학은 오직 진리의 네 가지 독립적인 절차들을 배경으로 존재한다. 플라톤을 철학의 주창자로 만든 것은 그가 이 네 가지 조건을 절합했기 때문인데, 만일 사유가 철학이라는 이름값에 걸맞으려면 이 조건 중 어느 것도 결여하지 않아야 한다. 인식론은 철학을 과학에 환원시킨다. 마르크스주의는 철학을 정치에 환원시킨다. 그리고 해체는 (데리다와 로티가 대표하는) 철학을 문학이나 예술로 환원시킨다. 끝으로 정신분석은 사랑을 현대적으로 개념화한다. 이 절차들이 성적 위치들의 분리라는 진리를 나타낸다. 라캉의 저작과 그의 '성관계란 없다'는 중심 명제는 플라톤의 『향연』에 대한 현대적 대답을 통해 봉합을 형성해야 할 진리의 절차이다.

앞에 인용된 니체의 구절은 역사주의적 경향의 선동가로 니체를 해석하는 전통적 시각에 대한 동의를 함축하고 있다.[2] 그러나 한편으로는 보편이나 '일자'로서의 진리를 두고 다른 한편에는 상대적이며 역사적으로 가변적인 '다수'(철학의 중심 개념으로서는 포기되었던)를 둔 표준적인 대립은 진리가 '올바름'이거나 '대응'의 문제라는 일반적인 가정에 놓여있다. 전통적으로 진리는 판단력에, 그리고 명제에 위치한다. 진리는 술어의 진리이다. 술어 또는 명제적 진리는 결정력 있는 주장과 그 주장의 내용 간 일치의 문제이다. 이것은 진리가 본질적으로 표상의 올바름이라는 문제에 연결되어있음을 의미한다. 바디우가 "정직성"이라고 부른 것으로 올바름, 그리고 나아가 정당성까지도 의미한다.[3] 역사주의자들은 진리가 대응과 보편성의 문제라고 가정한 뒤, 역사적으로 가변적인 담론 실천들을 검토하기 위해서 그 진리개념을 던져버린다. 니체의 인용문은 이런 역사주의적 조작을 문제 삼는다. 궁극적으로 역사주의자들은 고작 외양들의 세계에만 남아있다.

진리에 관해서만은 아무도 모른다

하이데거의 철학적 작업은 형이상학 내에서 진리의 세계와 외양의 세계 간 구성적 대립을 해소하려는 쉼 없는 노력으로 읽어낼 수 있다. 니체의 경우 진실한 세상의 폐기가 외양적 세계의 파괴를 초래하게 되고 그 결과 대립물의 해소를 낳는다면 하이데거만이 진리가 철학 전체를 이끄는 실타래인 '고정 개념'이 되고, 이 개념을 따라서 하이데거의 저술에서 주요한 변화와 지속성의 지도그리기를 할 수 있다.[4]

『존재와 시간』에서 명제적 진리로서, 그리고 진술과 물질 사이의 대응 문제로서 진리는 모든 서술의 진리에 토대를 부여하는 전-서술적 진리개념에 놓여있다. 이 전-서술부의 진리는 인간의 존재, 혹은 현존재(Dasein)[5]의 양식과 관련된다. 인간의 존재는 세상 속 '그곳'에 있는 것 —현존재의 '현(da)' — 이며 세상에 열려 있다(in-der-Welt-sein, 즉 세계 안에 있음, 그리고 개시성Erschlossenheit[6]). 세상이 현존재로 열리는 방식이 진리이다. 진리는 여기서 더 이상 인식의 문제가 아니라 어떻게 존재의 인간적 방식이 이해와 해석이고, 열림이며, 숨기지 않음(처음에는 주체가 되고 이런 이해를 얻는 것과는 대조, 구별된다)이 되는가의 문제이다. 진리는 물질과 같음을 의미하고, 그 자체를 드러내는 것이다. 따라서 진리는 용어상 존재들과 존재의 차이를 결정하는 것이다. 진리는 존재에 본원적으로 연결되어 존재한다.[7] 진리의 장소가 명제에 있다는 현대적 개념과는 반대로 하이데거식 진리는 존재와 근원적 관련을 맺고 있다. 하이데거는 여기서 진리와 앎 사이의 매듭을 풀어준다.[8]

하이데거는 그의 저술 전체를 통해 진리의 '계시적' 개념을 고수한다. 그러나 그 유명한 '전회' 이후에 — 즉 『존재와 시간』과 그의 현상학으로부터의 전회 — 진리의 갈등적 개념을 향해 방향을 바꾼다. 이제 진리는 더 이상 현존재의 '열림'과 '세상 속에 있음'의 문제가 아니다. 이제 '진리의 본질'은 계시와 감춤 사이의 갈등이 된다. 진리는 고대 그리스어의 알-레테이아*a-letheia*에서 번역되었다. 이 표현은 감출 수 없음, 계시, 망각 없음을 의미하지만, 이미 언급했듯이 대응은 아니다. 이것은 하이데거가 플라톤을 해석할 때 밝혀진 바이다. 이 지점에서 정신분석에 미친 그의 영향력은 분명하다. 왜냐하면 징후는 무의식의 결과로 정의될 수 있기 때문이다. 징후로서의 징후는 실패한 억압으로서, 주체의 진리를 드러내면서도 감추는 타협이다.

대응으로서 진리의 개념은 조화, 올바름, 두 개체 사이의 동일성을 함축한다. '사건'으로 개념화된 진리는 그와 반대로 교란, 갈등, 혹은 적어도 역동성을 의미한다. 사건은 바디우가 "상황"이라고 부른 것과는 다르다. 상황은 어떤 구조화된 다중이며, 사태의 현황이라고 할 수 있다. 바디우에 의하면, 어떤 사건도 그 상황에 통합될 수도 개념화될 수도 없는 어떤 것 — "잉여 기표" 혹은 "잉여 이름" — 을 가진 상황을 대리할 수 없다면 진리의 문제는 없고 오직 "진리다움" 혹은 "정직성"만의 문제이다.

무의식과 그 효과로서의 징후라는 정신분석적 개념은 "잉여 이름" 혹은 "과잉 이름"으로서 사건을 보여주는 전범적인 사례로 진리의 절차로서 프로이트이론이라는 차원과 주체의 차원에 작동할 수 있다. 이름으로서 무의식은 프로이트 시대의 과학적 "상황"에는 속하지 않았다. 무의식은 확실히 미지의 개념이 아니다. 프로이트의 개념이 일컬으려고 했던 것은 그때까지는 앎에서 배제되어왔다.[9] 그 주어진 상황, 프로이트 시대의 심리학과 신경학이라는 과학에 무의식은 어울리지 않았고 결코 통합될 수 없었다. 무의식의 개념은 그보다는 과학적 담론의 차원과 주체의 차원에서 앎의 구멍을 일컫는 것이었다.

진리의 절차들 혹은 "일반적 절차들"[10]을 앎의 축적과 구별하는 것은 진리가 사건이라는 점, 진리의 순간이라는 사실이다. 한순간의 계기와 시간의 관계는 기하학에서 점이 공간에 대해 갖는 관계와 같다. 즉 확장이 없고, 미래와 과거의 변화 지점이다. 계기의 '이전'과 '이후'가 있을 뿐, 비가역적이어서 돌아갈 지점은 없다. 상황에 주어진 규칙과 현황을 교란시키는 일이 전혀 일어나지 않는 한, 앎, 인식과 올바른 진술들이 작동하게 되는데, 그런 상황은 결코 엄격한 의미에서 진리의 문제가 아니며, 반복해서 말하지만 정직성의 문제일 뿐이다. 진리에 관한 한 아무도 알 수 없다. 진리는 잘 알려진 것을 교란한다. 진리는 상황의 주어진 구조나 구축된 어휘에 통합되거나 동화될 수 없다. 그것은 근본적으로 원인과 예측 가능한 미래의 결과들의 일관적 연쇄라는 개념과 관련한 명제의 정직성과 대조적으로 예측불가능하다.

플라톤의 동굴 속 진리

하이데거는 알레테이아로서의 진리와 올소테스*orthotes*(정통 혹은 정자법 등에서 사용되는 '옳음')의 진리 사이를 구별짓는 것을 플라톤의 동굴의 우화에서 찾는다. 하이데거의 기본적 주장은 이 우화에서 비형이상학적인 혹은 전-소크라테스적 진리의 개념에서부터 적합한 형이상학적 개념으로의 변화가 일어난다는 것이다. 즉 대응과 올바름으로서의 진리개념에서 숨김없음의 진리로의 변화이다.

이 알레고리의 구성요소들은 존재들의 다른 경험에 관한 이미지들이다.[11] 여기서 이 우화를 간략히 요약해보자. 사람들이 동굴 안에 묶여있다. 그들 위에는 불이 타오르고 있는데 맞은편 벽에 그림자를 드리우고 있다. 불은 태양의 이미지이며 묶여있는 사람들은 벽의 그림자를 현실로 인식하고 있다. 이것이 인간과 인간 주변의 개체들이 처한 조건의 이미지이다. 사람들은 묶여있는 죄수이지만 그들은 이 상황에 편안함을 느끼고 확신에 차 있다. 동굴 밖에 있는 존재들은 존재들의 존재의 이미지들이고, 존재한다고 말할 수 있는 그 모든 것의 존재이며 존재가 자체적으로 보이는, 즉 존재의 외양이다. 외양으로 드러난다는 의미의 그리스어는 이데아이다. 동굴 밖에 있는 것은 이데아들로, 이데아가 없이는 사람들은 이런저런 개체들 — 하나의 집, 하나의 숫자, 하나의 신 — 을 특수한 개체 — 집, 숫자, 신 — 로 볼 수 없고 인식할 수 없다. 그리고 흔히 현실이라고 이해되는 것, 즉 동굴 벽의 그림자들은 이데아의 그림자일 뿐이다. 이데아들은 어떤 것이 인식가능하거나 셈할 수 있는 가능성의 조건이다. 다시 말하면 이데아는 주체가 '가질 수' 있는 이미지가 아니다. 동굴 밖의 태양은 이데아를 식별가능하게 만들어주는, 이데아들의 이데아, 또는 선의 이데아의 이미지이다. 선의 이데아는 이 세상을 인식가능하고 친숙하게 만든다. 가시적이거나 인식 가능한 것은 존재가 주체의 망막에 비춰지는 것을 의미하지 않는다. 그보다 이데아는 그것이 뭔가를 뭔가로 볼 수 있게 해준다. 플라톤의 현실주의는 이데아가 현실이라는 사실에 있다.

이 알레고리에서 중요한 점은 하이데거에 의하면 동굴 안과 밖의 조건은 아니다. 그보다는 한 상황에서 다른 상황으로의 변화이다. 먼저 동굴에 있는 불에, 그리고 햇살에, 마지막으로 동굴의 어둠으로 회귀하는 데 익숙하기, 이런 변화들, 거주의 과정들은 플라톤이 파이데이아*paideia*, 즉 형태라고 지정한 것이다. 이런 변이과정과 형태는 인류의 존재 바로 그것, 즉 존재의 변화와 관련된다. 동굴의 우화는 형태의 과정을 예시한다. 하이데거의 해석에서 진리의 개념에서 생긴 변화는 파이데이아의 과정을 가능하게 한다.[12] 파이데이아는 교양, 형성, 교육을 의미하는데, 한 개념에 대한 관점, 즉 독일어로 형태를 선행하고 이끄는 이미지Bild를 의미하는 vorbild이다(라캉의 의미에서는 상상계적 이상). 그래서 형태화와 교육은 인간이 앎이 축적될 수 있는 텅 빈 그릇이라는 것을 가정하지 않으며, 대신 인간의 존재가 변형되어가는 과정을 지칭한다. 파이데이아 '이전'과 '이후'의 과정이다.

형태화는 인간을 이미 명백해 보이는 모든 것들이 이제 새로운 빛의 조명을 받아 등장한다는 의미에서 인간의 변전을 나타낸다. 변장하지 않은, 자명한 것이 변한다. 파이데이아가 지배하는 진리, 현실로 주어진 것을 대립하려는 의무에 따른다는 조건이라면 동굴 밖으로의 여행과, 특히 다시 동굴로 돌아오기가 제시해야 하는 것이다. 진리는 '빛을 보다'에서처럼 한 차례 영원히 보이는 어떤 것이 아니다. 그것은 엄폐상황으로부터 끊임없이 씨름해서 얻어내야 하는 결과이다.

이와 평행한 것을 바디우의 충실성을 요구하는 사건의 개념에서 찾아볼 수 있다. 사건을 되돌아올 수 없는 지점으로 지칭하는 것은 하나의 단서를 요구한다. 즉 누군가 계속 살려두기 위해 필요한 것이다. 라캉의 '프로이트로의 회귀'는 프로이트적인 무의식을 사건으로서, 동굴 밖으로 나오는 통로로 삼고 그것으로 향하는 충실성의 예이다. 자신의 세미나, 즉 분석적 경험의 전달은 동굴로의 복귀를 구성한다. 프로이트적인 대의명분(원인)은 살짝 멋 부리기 일환이지만, 그럼에도 불구하고 정신분석의 수많은 학파들 중 하나를 일컫는 중요한 이름이 된다.

파이데이아와 분석담론

라캉이 '행위'와 '상연' 사이를 구별한 것은 파이데이아가 의미하는 바를 명확하게 해준다. 상연은 기표의 망으로 절합될 수도 통합될 수도 없는 것을 흉내 내기로 구성한다. 이것은 들어보지 못한 것이다. 그러나 행위는 어떤 것의 '수행'과는 전혀 관계가 없다. 누구나 발을 헛디디고 망각하며 전치할 수 있지만 그런 실수는 정신분석적 의미에서 행위가 된다. 만일 그 행위들이 1) 질문을 제기하고 ("그게 무슨 의미지요?") 2) 실수가 기표 사이의 억압된 연결을 위한 메타포라는 사실을 드러내는 분석을 가져온다면. 오직 행위에 대해서, 그리고 정신분석적 의미에서, 과거시제로 징후에 대해서 말하는 것은 적절하다. 그것은 행위였고 징후였다. '정신분석적 행위'는 새로운 시작을 함축한다. 행위는 사건이고 기대하지 않고 예측할 수 없는 사건의 발생이다. 어떤 행동도 그 자체로 하나가 아니며 어떤 행동도 구체적인 뭔가가 아니다. 분석을 시작하거나 끝내는 것은 진실된 행위가 될 수 있거나 치료의 유목민적 경로에서 하나의 구역일 뿐이다. 대타자에 의해서 이해받은 존재를 회피하고 그것의 해석을 요구하는 것 사이에서 타협이 된다면 그런 행위는 상연이고 징후이다. 도착적 행위는 신경증적 상연과는 구별되기 어렵다. 중요한 차이는 도착적 행위가 해석되거나 이해되기를 요청하지 않는다는 점이다. 어떤 질문도 부인하고 따라서 어떤 결여도 부인하기 때문이다.

행위는 욕망이 더 이상 근본적 환상에 의해 제한받지 않을 때 진정한 행위이다. 이것은 매트릭스, 즉 진부함이 깨진다는 것을 의미한다. 진정한 행위는 반복이 아니다. 분석적 개입 혹은 발화의 해석은 오직 그것이 반복되지 않을 때만 진정한 행위이다. 해석은 고유한 행위이다. 그것은 분석의 매뉴얼이나 방법으로 일반화될 수 없는 고유한 경험이고 그 고유성은 정신분석적 사유 혹은 정신분석적 사유를 구성하는 것의 전송에 문제를 일으킨다. 분석담론은 고유하고 비일반화가 가능한 순간에만 존재한다. 이 순간은 내담자와 분석가 간의 결속감이 돌아올 수 없는 지점까지 도달할 때 동굴 밖으로 나갔다가 돌아오는 통로이다. 이것이 플라톤의 파이데이아이다. 분석가의 행위가 항상 분석적일 수는 없다. 그의 개입은 대학담론 — 이 담론은 설명적이며 이것, 저것 혹은 다른 것에 의미를 부여한다 — 혹은 히스테리아의 담론 — 이 담론은 질문을 던지고 요구한다 — 에 의해서 형성될 수도 있다.

정신분석이 분석적일 때 주체의 진리가 등장한다. 그 주체는 자신의 토대, 뿌리까지 — 이렇게 표현한다면 — 흔들리게 된다. 진정한 행위는 동굴 속 사람들에게 채워진 족쇄를 풀어주고 그들이 놓인 안전 감옥으로부터 끌어내준다. 진정한 행동은 근본적 환상의 힘에 저항하며 그렇게 현실의 지배적 그림자와 맞선다. 행위는 법에 도전하고 위반한다.

플라톤에게 인간은 빛을 볼 수 있고 진리를 보기 위해서 존재들을 위한 올바른 눈을 계발해야 하기 때문에 존재들과 '관계'를 맺기 시작한다. 동굴의 우화에서 하나의 상황에서 다른 상황으로의 변이과정은 눈의 식별에 놓인다. 진리는 이제 존재와 정확히 보기의 문제이며, 전-소크라테스적인 진리 개념, 즉 노출이나 계시로서의 진리, 세상을 열어서 드러내고 인간에게 주어진 친숙한 주변 환경의 열림으로서의 진리와 대조적인 존재와 일치된 시선의 문제이다. 전-소크라테스적 시대에 인간의 존재는 이 들추어내기, 주변과 친숙해지는 것이었다. 플라톤 이래 주변 환경들은 그저 주변적이라기보다는 우리가 관계를 맺고 있는 어떤 것이다. 진리는 주변 환경의 한 성질이거나 속성이기 이전에 존재 그 자체이다. 이제 진리는 응시의 정통성의 문제가 된다.

그러나 플라톤의 텍스트에는 들추어내기, 변장하지 않기, 감추지 않기로서의 진리와 정확함, 정당함, 또는 정통성으로서의 진리 사이에 긴장과 갈등이 있고, 이 긴장이 순수철학에 못지않은 것, 즉 하이데거의 용어로는 형이상학을 시작한다. 이 갈등은 진리의 고대적 개념으로부터의 단절과 현대의 진리개념의 기원 양자의 시작점이다. 존재들의 존재는 이데아로 전이된다. 이로써 존재론적 차이 — 존재들(사물, 개체, 자질, 관계, 가치와 이상들)과 존재들의 존재의 문제 간 차이 — 는 존재의 문제를 이데아로 대답하는 속임수를 통해서 망각된다. 이데아는 우리가 존재한다고 말할 수 있는 또 다른 '사물'이다. 형이상학으로서의 사유는 플라톤에서 존재론과 목적론 모두가 된다. 니체의 "진실한 세상"이 창조되었다. 진리가 응시의 정통성의 문제가 된다면 인간은 출발점, 배경, 순환의 중심이 되고, 그래서 형이상학의 출발이 또한 하이데거에 의하면 '인본주의'의 시작이 된다. 형이상학은 인간을 최상의 존재로 반드시 만들기보다는 사물의 중간에 위치시킨다. 이것이 순수 인본주의가 하는 일이다(전도된 쉼표가 없는 채로). 이런 의미에서 하이데거의 『존재와 시간』에서 진리의 개념은 '인본주의적'으로 남게 된다. 즉 진리는 현존재의 존재와 관계한다. [13]

존재 문제의 망각, 존재론적 차이의 문제를 망각하는 것은 플라톤에서부터 시작한다. 플라톤은 이 문제에 답을 제공했다. 형이상학은 일련의 중심 대체물이 되었다. 이데아, 신, 권력의지 등이 그것이다. 그러나 항상 남아있는 것은 본질이 일자이고 영원하며 시간 외부에 있고 불변하고 절대적이라는 개념이다. 동일자의 영원회귀는 존재가 존재의 변화불가능성으로 사유된다는 의미이다.

하이데거는 진리의 존재에서 일어나는 변화를 "역사적 현존"이라고 부른다. 확실성의 문제로서 진리를 정의하는 것, 그리고 플라톤의 텍스트에서 갈등이나 모호성이 우리 시대의 갈등이나 모호성이라는 사실로 제시된다. 과거는 우리 앞에 세워진 거울이다. 숨길 수 없음, 지속성을 방해하는 어떤 것으로서 진리의 고전적 개념이 현대적 사유에 돌아와서 우리 시대의 갈등을 만들어냈다. 진리는 서술적이기보다는 수행적이다. 반복하자면 그로 인한 결과들을 라캉의 진리개념에서 찾아볼 수 있는데, 이 진리개념은 앎에 구멍을 뚫는 것이고 앎을 저항하는 것이다. 무의식도 마찬가지다.

형이상학에서 대타자는 토대로서, 철학적 의미로 주체로서 존재한다. 존재의 문제는 환원불가능하지 않다. 그것은 이데아, 신, 역사, 주체, 담론 혹은 언어로 환원가능하다. 대타자는 결여가 아니다. 형이상학이 존재의 문제를 이런 대답들 중 하나, 즉 이데아. 신, 역사 등등 대타자의 결여를 덮는 것으로 닫아버리고 덮어두고 망각하고 부정하거나 부인해왔다. 철학을 형이상학이라고 부름으로써 하이데거는 이 덮어서 가린 것을 들추어내고 존재의 문제를 다시 깨우기를 원했기 때문이다.

신경증, 도착, 그리고 정신병의 '유사-임상적' 범주들이 하이데거의 『존재와 시간』의 실존론, 즉 세계 속 존재를 위한 가능성의 형식적 조건들에 등가적이라고 한다면 누군가 주장하듯이 어떤 의미에서 이런 범주들이 대타자의 결여의 문제를 제시할 수 있는지 물을 수 있고 그것은 정당한 질문이다. 우리는 정신분석의 억압, 부인, 배제 개념들이 첫째, 존재 문제의 망각이라는 주제에 관한 세 가지 변형이며, 둘째, 부인과 배제와 대립하는 것으로서 신경증적 억압이 질문으로서의 존재 문제를 인식할 가능성, 달리 말하면 결여로서 지식의 결여를 인식할 가능성을 만들어낸다고 주장할 수 있다. 신경증적 억압은 존재 문제의 비-망각, 혹은 재각성의 가능성을 만들어낸다. 여기에 자동주의는 작동하지 않는다. 결여의 부인은 현자의 예로 나타나는데 어떤 결여, 구멍도 ─ 적어도 원칙적으로 그리고 적당한 시간이 되면 ─ 앎의 축적에 의해서 닫힐 수 있고 그렇게 상황의 안정성을 유지할 수 있다고 믿는 백과사전적 태도이다.

하이데거 — 가장 숭고한 강박증자

신경증자는 앎 때문에 고통받는다. 그는 의심하고 질문한다. 그래서 그는 분석적 경험을 통해 진리를 얻으려고 애쓴다. 하지만 반드시 진리를 얻는 것은 아니다. 신경증에 관해서 히스테리아와 강박증자가 앎과 맺는 관계의 차이를 구별하는 게 필요하다. 이 차이는 앎이 타자에게 (상상계의 차원에서) 부여될 수 있거나 없는지 여부에 달렸다. 드니즈 라쇼드는 이렇게 말한다. "강박증적 구조는 진정한 앎의 질병으로 간주될 수 있다. 히스테리아는 최고의, 혹은 실패하는 앎을 대타자에 귀속시킨다. 강박증자는 앎에 관해 취하는 태도와 관련된 어려움에 전적으로 책임을 짐으로써, 이 문제에 관해서 대타자의 짐을 덜어준다. 그는 믿게 되면 될수록 의심하게 된다."[14]

히스테리아와 달리 강박증자는 특수한 개별 타자를 대타자의 지위에 두지 않는다. 그래서 타자의 부담을 덜어준다. 그래서 그는 지속적인 의심상태에 놓인다. 어느 누구라도 도와주려고 하면서 권위적 답변을 제시하고 앎의 결여를 채우려 할 때, 강박증자는 "그래요, 좋아요. 그런데 그 답변은 고작 질문을 하게 만들죠…"라고 말함으로써 질문을 이중화할 준비가 되어있다. 하이데거가 『존재와 시간』에서 했던

일이 바로 이것이다. 이 책의 마지막 문단에서 그는 존재와 시간에 관한 세 가지 질문을 제기한다.[15]

하이데거는 존재들의 존재에 던진 자신의 질문에 대답하지 않았다. "그 질문은 질문으로 남기" 때문이다. 그것은 학습된 백과사전에 의해서 원칙적으로 대답할 수 있는, 존재적 의미에서의 결여가 아니다. 뭔가 질문으로서 인식되어야만 할 무엇으로서 존재론적인 결여이다. 형이상학은 이런 질문 자체의 부인이자 거부이다. 이 질문은 하이데거가 "사유"라고 부르는 것의 선결조건이다. 사건이 사유에서 일어나기 위해서는 앎에 대한 신경증적 관계는 반드시 가정되어야 한다. 그것은 새로운 요소들이 표면으로 드러날지, 어떤 일이 일어날지, 주어진 상황에 어울릴 수 없는 어떤 것으로서 인식할 수 없는 어떤 것이 등장할지에 관한 질문에 집중할 것을 요구한다.

「인본주의에 대한 편지」에서 하이데거는 사유하려면 기다릴 수 있어야 한다고 주장한다.[16] 불확실성이나 의심은 사유를 위한 선결조건이다. 달리 말하면, 하이데거는 모든 진정한 철학자들이 그렇듯 신경증자이다. 그러나 히스테리아가 절대적 앎을 믿는 반면, 강박증자는 대타자를 믿지 않은 채 의심하고 질문을 던진다. 라캉과, 그리고 후에 지젝[17]의 입장에서 헤겔은 가장 숭고한 히스테리아였는데, 그처럼 하이데거는 그의 저술 전체에서 대답할 수 없는 수사적인 질문을 던졌다는 점에서 가장 숭고한 강박증자이다.[18] '존재의 의미'에 대한 질문은 대답을 기대하지 않는다. 그보다는 이 질문에 대해 답을 하려는 노력은 오직 질문의 근본적이고 당황스러운 오해를 제시할 뿐이다. 하지만

형이상학의 성격을 규정하는 존재 문제의 망각을 또 다른 형태로 보여 준다.[19]

하이데거는 쉼 없이 존재의 텅 빔에 대한 문제 주변을 배회한다. 「사유라고 불리는 것은 무엇인가」에서 사유로 된 것은 철회하거나 보류된 것이며, 보류한다는 것은 발생, 즉 사건이라고 불리는 것이다.

> 철회는 사건이다. 사실상 철회하는 것은 그를 때리고 만지는 현존하는 어떤 것보다 더 본질적으로 인간에게 관련되고 또 인간을 요구할 것이다. 실재성의 존재는 현실의 실재성으로 구성된 것으로서 간주하고 싶은 것이다. 그러나 현실적인 것으로서 존재에서 인간은 자신에게 관련되고 자신을 건드린 것 — 철회를 통해 회피하게 된 미스터리한 방식으로 건드린다 — 에 의해 정확히 방해받게 될 것이다. 철회의 사건은 우리의 모든 현재들에 가장 많이 현존하는 것이 될 수 있고 또 그렇게 무한하게 현실적 모든 것의 현실성을 초과한다.[20]

거부는 모든 징후들처럼 실패한 표현으로서, 실패한 철회의 역할을 할 때 징후이다. 진리는 보류되는 동시에 우리를 건드리고 매혹한다. 알레테이아, 즉 베일을 벗고 숨겨지지 않고 망각되지 않은 것으로서의 진리가 일어난다. 무의식이란 단어의 결성어 'un'처럼 결성어 'a'는 한편으로는 계시 혹은 베일 벗기를, 다른 한편에는 철회를 두고 그 사이를 진자운동하는 것을 의미한다. 사유는 세상에 대한 축적된 앎과는 구별되어 그 자체로 이런 철회를 사유하는 것과 관련되며, 형이상학, 즉 철학의 역사는 사유라는 주제에 관해 그리고 이 철회를 이름 짓는 것에 대한 변이들로 구성된다. 이런 이유 중 하나로 철학에서의 진보를 말하는 것은 말이 되지 않는다. 철학은 오직 개체, 대상이 아니라 존재인 이것을 생각하는 노력일 뿐이다.

바디우는 하이데거 딱지를 부쳤다고 알려진 역사주의로의 환원으로부터 자신을 공공연히 떼어낸다. 바디우에게 존재는 철학의 문제가 아니라 그보다는 수학의 문제이다. 이 본원적 지점의 충실한 제시가 『존재와 사건』의 수학적 주장들을 주의 깊게 제시하는 것을 요구하는데, 여기서 그 기획이 라캉이 수학을 "실재의 과학"이라고 불렀던 것과 일치한다고 말할 수 있다. 하이데거에 의하면 수학은 그리스어 mathesis, 즉 '배운다'는 의미의 말과 mathemata '배워질 수 있는 것'이라는 의미의 말에서부터 비롯되었다. 이 수학적인 것은 존재가 드러나는 방식에 대한 일반적 문제이다. 반면 수학은 수학적인 것의 특수한 형태일 뿐이다. 전통적으로 수학적인 것은 숫자의 문제와 동일시되지만, 그것이 수학의 본질이 숫자라는 사실 때문인지, 혹은 그와 반대로 숫자의 본질이 수학적이라는 사실 때문인지는 미결정적이다. 하이데거에 의하면, 후자이다. 수학적인 것은 우리가 이미 아는 것을 배우는 것과 관련된다. 우리가 식물을 볼 때 식물이 무엇인지 알기 때문에 그 식물을 보는 것일 뿐이다. 비록 애매하고 미결정되고 일반적인 방식이긴 하다. 우리가 식물, 숫자, 사물 등 일반적인 것의 특수한 형태들에 대해 알게 된다면, 우리가 이미 알고 있는 것, 식물에 대한 '식물다움', 숫자에 대한 '숫자다움', 사물에 대한 '사물다움'을 배우게 된다. 수학적인 것에 관한 한 우리는 어떤 새로운 것을 배우는 게 아니라 이미 알고 있는 것을 알게 되는 것이다. 이것이 숫자가 수학적인 것의 모델인 이유이다. 자연수 3은 장미 세 송이, 사과 세 개, 또는 물건 세 개 등을 학습함으로써 무엇을 의미하는지 배우는 것이 아니다. 우리는 오직 자연수 3에 대해 알고 있기 때문에 물건 세 개를 셀 수 있는 것이다. 숫자 3은 세 번째가 아니라 첫 숫자이다. 우리는 두 가지 물건, 가령 포크와 칼을 갖고 있을 때 '한 짝' 혹은 '둘 다'라고 말한다. 여기에 숟갈을 더하면 이제 셈을 시작하게 된다. 세 번째 것은 자연수의 계열에서 그 자리를 처음으로 부여받게 된다. 하나의 질서, 숫자의 계열은 세 번째 항이 고려될 때 비로소 구축된다. 그러면 앞선 '짝'은 첫 번째와 두 번째가 된다. 적어도 세 번째 요소들은 자연수와 같은 질서를 구축하도록 요구한다. 유사하게 상징계 질서는 최소한 세 가지 요소를 요구한다.[21]

시간과 존재

진리는 후기 하이데거에서 '존재의 역사성'의 문제가 되고 '사건'의 중심 개념과 연관된다. 역사적으로 가변적인 담론적 실천의 문제를 위해서 진리의 포기를 지원하는 데 하이데거를 인용할 수 있을까? 그가 20세기에 가장 위대하진 않았다 해도 위대한 역사주의자 중 하나인 푸코에게 미친 영향은 과소평가할 수 없다. 그러나 이 긍정적이고 부정적 대답은 유보조건을 요구한다. 하이데거는 후기 저서에서 진리도 존재에 대한 질문도 역사적으로 환원가능하지 않다고 했기 때문에 역사주의자가 아니다. 하이데거를 역사주의적 입장으로 환원하게 되면 그의(그리고 니체의) 보편으로서 진리와 역사적으로 가변적인 상황으로 서 진리 사이의 전통적 갈등을 해소하는 지점을 놓치게 된다.

『존재와 시간』은 존재를 시간에 환원하려던 시도였다. 시간은 존재의 지평이었다. 이 책은 그럼에도 불구하고 전통적인 '체계적' 기획이었다. 즉 역사기술적 기획, 철학사의 접근법과 구별되는 세계 속 존재의 가능성을 위한 형식적 조건을 제시하는 것이었다. 이런 체계적, 현상학적 접근법은 『존재와 시간』 이후에 포기되었다. 이제 반복해서 언급되어왔듯이 하이데거는 '시간과 존재'라는 역전된 제목의 책을 써야 했었다. 하지만 쓰지 않았다. 대신 그는 동일한 제목으로 논문 한 편을 썼다. 이 논문 전체에서 그는 존재와 시간이 각기 환원불가능하다고 제시했다. 좀 더 정확히 말하면 그는 사건이 존재와 시간에 대한 포괄적 용어가 아니라고 주장했다. 존재와 시간은 사건으로 환원될 수 없다.[22] 『존재와 시간』은 책의 마지막과 70번째 문단에서 제기된 문제를 고려해보면 역사주의적 노력이었다고 볼 수 있다. 하지만 하이데거는 고전적 형이상학의 존재와 외양 간 대립에 대해 어떤 태도를 취했던 역사주의자가 아니다. 역사주의자는 모든 것이 우발적이고 역사적으로 가변적인 담론실천에 환원될 수 있다고 주장할 것이다. 그러나 존재는 시간이 아니다. 시간과 역사성에 절대 환원될 수 없는 '뭔가'가 있다. 이 '뭔가'는 선이나 가능성의 낡은 조건, 또는 시간을 위한 토대의 형태가 아니며 무도 아니다. 이 '무'가 아닌 '뭔가'는 그것이 계시적이면서 동시에 철회된다는 조건에서 사유가 관계하는 것이다. 중요한 것은 이 고요함, 주어진 질서에 어울리지 않는 무엇이든 '자 지켜보지'의 태도로 대하는 자세이다. 이 태도는 주제넘지 않으며, 지나간 시간을 반추하는 태도는 결코 아닌, 수동적 태도의 일종이다. 이미 앞서 언급했듯이 하이데거에게 과거는 자신 앞에 세워둔 거울 같은 것이다. 과거는 뭔가 우리가 말을 거는 것이고 또 대화를 함께 하는 것이다. 그것은 결코 과거로부터 의미를 도출해내는 것, '그건 어땠어?'라고 질문하는 문제가 아니다. 또한 '유명론적' 방식으로 과거에 의미를 부여하는 문제도 아니다. 하이데거가 플라톤의 동굴의 우화을 해석한 것이 한 예이다. 하이데거가 니체를 탁월하게 해석하는 것 또한 하나의 예이다. 이것이 왜 하이데거가 본질에 관해서 탁월할 정도로 동요되지 않으면서 발언하는 이유이며, 진리의 본질에 대해서 만만치않게 발언하는 이유이다. 전통적으로 본질은 개체의 변하지 않는 핵심을 의미하지만, 어원상 그 또한 동사에서 비롯된다. 즉 과정, 역동성을 육화한 말이다. '본질의 현성'[Das Wesen west]은 단순히 암호같은 것이 아니다. 발생과 철회, 존재와 시간 사이를 진동한다.

하이데거를 역사주의적 입장으로 환원하는 데 반대한다는 것은 하이데거의 존재에 대한 질문과 라캉의 실재와 소대상에 대한 질문 사이에 쉽게 구축된 평행관계이다. 역사성은 이 본질, 이 사유된 것으로부터 철회되고 구멍을 만들고 의미에 저항하는 실재를 사유하는, 서로 다른 방식들이다. 유사한 방식으로 소대상은 재현할 수 없다. 하지만 오직 이 부재의 자리를 대신해서 부분대상의 형태로 재현가능하다. 실재는 상징계 '밖'이나 '이전'이 아니라 철회한 것의 형태로 상징계에 도입되고 그렇게 상징계에 의존한다. 쫓겨나가면서도 동일한 장소로 계속 돌아오는 형태를 띤다.

주

1 Friedrich Nietzsche, *Twilight of the Idols. The Complete Works of Friedrich Nietzsche*. Anthony M. Ludovici 번역 Dr. Oscar Levy 편집 (New York: Russell & Russell, Inc., 1964) vol. XVI, 25쪽(번역은 필자수정본).

2 바디우에겐 그것은 예술, 좀 더 정확히 말하면 시인데, 니체에게(그리고 하이데거에게도) "반-플라톤적 철회를 통해서" 되돌아온 것이다(*Manifesto for Philosophy*, Norman Madarasz 편역 [Albany: SUNY Press, 1989], 43쪽). 하지만 이건 다른 논의이다. 여기서는 역사주의 문제에 좀 더 천착한다.

3 같은 글, 37쪽.

4 나는 이것을 *Heidegger og teknikkens tidsalder* (Heidegger and the Age of Technics), (Aarhus, 1990)에서 했다.

5 Dasein: 현존재. 하이데거의『존재와 시간』에서 중요하게 논의되는 개념(역주).

6 하이데거 철학에서 현존재에게 주어지는 존재이해 혹은 그런 현존재를 의미하며 열려서 밝혀져 있다는 뜻이다(역주).

7 Martin Heidegger, *Being and Time*. John McIntyre and Ian T. Ramsey편집. John Macquarrie and Edward Robinson 번역 (London: SCM Press, 1962), 256쪽.

8 §44 "Dasein, Disclosedness, and Truth," *Being and Time*을 보라.

9 Badiou, "Forclos du savoir," *L'être et L'événement* (Paris: Seuil, 1988), 363쪽.

10 Badiou, *Manifesto for Philosophy*, 35쪽.

11 통상적 관례에 따라 Sein을 'Being'으로 번역할 것이다. 라틴어에서 esse이다. 라틴어 ens는 경험적 현실 추상적 관념, 수학적 공식들로 이해되는 das Seiende이다. 신은 존재들이다.

12 Heidegger, *Platons Lehre von der Wahrheit* (Frankfurt: Vittorio Klstermann, 1977), 19쪽.

13 "진리에 본질적인 존재의 종류가 현존재의 성격을 갖기 때문에 모든 진리는 현존재의 존재와 관련된다"(Heidegger, *Being and Time*, 270쪽).

14 Denize Lachaud, *L'enfer du devoir: Le discours de l'obsessionel* (Paris, Editions Denoël, 1995), 160쪽 [필자 번역].

15 "어떻게 시간성의 시간화양식이 해석될 수 있을까? 원시적 시간에서부터 존재의 의미

에 이르는 방법이 있는가? 시간 그 자체가 존재의 지평으로 드러내는가?"(Heidegger, *Being and Time*, 488쪽).

16 Heidegger, "Letter on Humanism," *Heidegger's Basic Writings: From "Being and Time" to "The Task of Thinking"*(1964). David Farrel-Krell 편집 (New York: Harper & Row, 1977).

17 Slavoi Žižek, *For They Know Not What They Do: Enjoyment as a Political Factor* (London: Verso, 1991)에서 특히 설명이 된다.

18 「형이상학이란 무엇인가?」에서 존재들과 존재의 문제는 여전히 열린 문제로 남아있다. 사유라고 불리는 것은 무엇인가? "질문하기는 사유의 경건함이다(Denn das Fragen ist die Frömmigkeit des Denkens)"라고 하이데거는 "The Question Concerning Technology", *The Question Concerning Technology and Other Essays* (New York: Harper & Row, 1977), 35쪽에서 쓰고 있다.

19 만일 이것으로 충분하지 않다면, "The Nature of Language"에서 하이데거는 질문의 질문에 의심을 던진다. "우리는 그 문제에 충분한 사유를 제공할 때 무엇을 발견하게 되는가? 이것, 그 사유의 진솔한 태도는 질문을 던지는 것이 아니다. 그보다는 질문으로 만들어진 것을 증여하고 약속하는 것에 귀 기울이기이다"(*On the Way to Language*, Peter D. Hertz번역[New York: Harper & Row Publisher, 1971], 71쪽).

20 Heidegger, *What is Called Thinking?* (New York: Harper & Row, 1968), 9쪽.

21 Jacques Lacan, "Le séminaire sur 'la lettre volée'" *Écrits* (Paris: Éditions du Seuil, 1966), 47쪽을 보라. 그리고 Marc Darmon, *Essais sur la topologie lacanienne* (Editions de L'Association Freudienne), 111쪽을 보라. 여기서 가장 간단한 예가 제시된다. "앞면인가 뒷면인가".

22 「시간과 존재」에서 그가 제기한 주장은 "전유는 존재와 시간이 포섭되는 광범한 일반적 개념은 아니다"(*On Time and Being*, Joan Stambaugh 번역[New York: Harper & Row, 1972], 21쪽).

무한성의 이웃: 바디우의『들뢰즈: 존재의 아우성』

- 샘 질레스피

질 들뢰즈에 관한 논쟁적인 논문에서 알랭 바디우는 독자들을 직접 대면하는 데 시간 낭비하지 않는다. 들뢰즈가 다수성의 이론가라는 점, 그의 철학이 독자를 통일성과 부정의 한계로부터 해방시킨다는 점, 새로움은 과거를 영구적으로 다시 접음으로써만 출현한다는 것. 이런 가정들은 처음부터 도전받게 된다. 하지만 바디우는 들뢰즈의 중립적 비평가가 아니다. 바로 이 점이『들뢰즈: 존재의 아우성』을 들뢰즈 연구 분야의 정전을 확장시키는 탁월한 성취로 만들어준다. 들뢰즈는 바디우에게 다양한 전선에서 어려운 도전을 제시했던 철학자이다. 분명한 것은 들뢰즈와 바디우 두 철학자는 그들의 사유를 신기함, 다중성, 사건 등을 개념화하는 작업으로 방향설정을 했다는 사실이다. 철학적 범주로서 새로움은 다중의 존재론과 손을 맞잡고 있다고 할 수 있다. 현재 논의에서 중요한 것은 이런 범주들이 사유되는 방식이다. 바디우에게 들뢰즈의 체계는 필연적으로 재구성된 일자의 형이상학에 일반적인 수사학에 의지해야만 한다. 이런 해석은 수많은 형태로 이미 들뢰즈의 철학에서 제시되었고, 바디우가 '정확하게' 들뢰즈를 읽었는가의 문제는 핵심이 아니다. 이 논의에서 중요한 것은 철학이 새로움과 조우하게 되는 조건에 관련된다. 들뢰즈는 처음부터 창조성의 능력을 가정한다. 창조성은 혼란스러운 (유기적이진 않아도) 다중의 내재성 안에 존재하면서 세상의 사물들 사이에 구부러진 길들과 분리들을 만들어낸다. 이제 철학이 새로운 개념을 세움으로써 창조성에 생래적인 힘들을 설명한다면, 신기함은 세상을 기술하는 것과 다름없다.[1] 이와 대조적으로 바디우에겐 신기함이란 오직 공허의 절대적 중립성에서 도출된 소멸된 사건의 희소성에서만 등장한다. 이런 점에서 바디우의 존재론과 철학은 세속적인 신조들과 결연하게 대적한다. 두 철학가 중 어느 쪽의 접근법이 이로운지 혹은 실패인지 설명할 충분한 시간은 없지만 나는 이 지면에서 둘 사이의 대화가 지속될 수 있을 조건을 제시해보려고 한다.

바디우에게 사건은 주어진 상황에서 반향하는 효과를 갖는다. 사건은 결코 직접적으로 제시되지 않으며 사건의 효과는 국지적이고 항상 호전적 주체의 행위로 지원받는다. 그런 행위는 과거의 실천과 앎의 형태를 감소시키고 전복시키는 결과를 가져오는 간섭의 형태를 취한다. 바디우에게 열린 질문은 사건이 상황에 속하는가의 문제이다. 즉 사건이 존재 혹은 비존재의 범주인가의 문제이다. 경우가 어떻든 결과는 주어진 상황에 내적인 앎의 재분배에서 개입의 형태로 경험된다. 바디우는 『존재와 사건』에서 이렇게 쓴다. "개입은 본질적으로 해석학적 가설들을 통해서 열린 장에 있다. 이 가설은 사건의 '그곳에 있음'과 관련된다. 사건의 제시된 대상은 장소이며(그래서 공허의 가장자리에 있는 다중이다), 이 장소가 속하는 상황의 공간에서 '그곳에 있음'을 이름 짓고, 그 이름짓기의 결과들을 동원한다."[2] 이 점을 고려하면 어떤 개입이 특수한 상황에서 만들게 될 '결과'에 특별한 관심을 갖고 나는 바디우의 글에서 현대철학의 무미건조한 상황 속에서 막대한 논쟁을 불러일으켰던 사건의 흔적들을 발견하지 못하게 할 것은 아무것도 없다고 생각한다. 그의 저서들이 우리가 명백한 사실들로 편하게 받아들일 만한 철학적 가정들을 전복시키게 되진 않을까? 그의 저서들은 스스로 사건을 만들고 있지 않은가? 가령 『존재와 사건』은 『존재와 시간』이 존재의 "망각된" 문제에 관한 최후의 발언이라고 했던 하이데거의 가정을 방해한다. 그리고 수학, 그것도 오직 수학만이 존재로서의 존재를 사유에 제시할 수 있다고 선언함으로써 방해한다. '문화주의적' 레비나스주의 경향의 현대 윤리학은 반드시 주체가 의무적이고 윤리적 행위로 불려오도록 (문화적, 인종적, 성적) 차이들을 인정하고 존중하는 것에 기초해야만 한다. 바디우의 책 『윤리학』, 『사도 바울』, 『형이상학 요약』을 보면 그의 대응은 — 모든 형식의 인종적 증오를 대항할 수 있고 대항해야 할 관념적 이상이 될 수 없는 — 문화적 타자성과 차이들이 일체의 해방적 정치를 방해한다는 것이다. 그 대신 해방의 정치는 서술부가 없는 평등이나 동일성으로 구축되어야 한다. 차이가 백

인남성 이성애적 유럽중심주의의 헤게모니에 근본적으로 대항한다
고 주장하는 대신, 바디우는 어떻게 동일성을 인식하는가라는 더 어려
운 문제가 아직 미처 사유되지 못했다고 주장한다. "철학적으로는 만
일 타자가 문제되지 않는다면, 동일성 측에 어려움이 노정되기 때문이
다. 그 결과 동일성은 존재하는 게 아니라(즉 차이들의 무한한 다중성이다)
앞으로 존재하게 되는 것…[그것의] 진리이다. 오직 진리만이 그 자체로
차이에는 무관심하다."[3] 같은 방법으로 푸코주의자가 사랑을 심리학
으로 범벅된, 이성애적이고 부르주아적 구성물이라서 육체의 쾌락을
경험하는 현실적 가능성을 좌절시키는 것으로 치부할 수 있었다면, 바
디우는 라캉을 통해서 플라톤의 사랑개념으로 회귀하자고 제안한다.
플라톤의 사랑은 두 개의 고유한 (성적인) 경험의 위치에 기초한 특수한
철학적인 진리개념이다.[4]

마지막으로, 질 들뢰즈가 있다. 들뢰즈는 차이, 반복, 타자되기의
철학자이다. 만일 누구든 철학자에게 들뢰즈가 누구냐고 묻는다면 아
마 "질 들뢰즈는 『앙티 오이디푸스』와 『천 개의 고원』의 공저자로서 오
이디푸스 콤플렉스를 통한 자아의 식민화를 논박했던 철학자였다. 탈
주와 탈영토화, 분열증적 유목민 흐름의 형태로 리비도적 잉여의 자유
로운 흐름을 허락해준다…"라고 대답할 가능성이 크다. 대체로 이런
설명은 옳다고 볼 수 있다. 들뢰즈를 선별적으로 읽는다면, 다시 말해
서 들뢰즈의 저서에서 가장 제한적인 의미의 기록들만을 보게 된다면
그렇다. 들뢰즈의 저서에 대한 일반적 독해는 그의 체계에서 역동적으
로 보이는 것(흐름, 생성 등등)에 집중하기 위해서 국지적이거나 분자적

차원의 분석으로 구성된다. 총체성의 (가령 베르그송주의적 가상, 내재성의 판, 스피노자주의적 실체의 형태로 나타나는) 문제는 안전하게 배경으로 밀어둔다. 이런 독해방식에서 중요한 것은 무엇이 나누어지고 분산될 수 있느냐이다.

그러나 우리가 만일 사이버/퀴어/문화주의적 들뢰즈주의를 한쪽에 밀어두고 들뢰즈를 엄격하게 철학적으로 읽게 된다면 상황이 그리 많이 달라지지 않는다는 것을 알게 된다. 가령 들뢰즈는 데카르트보다 스피노자를 선호한다. 데카르트의 실체는 선별된 수학적 용어에서만 상호 구별될 수 있기 때문이다. 사유와 확장의 속성들 간 실체적 차이들로부터 추상화시켜야만 둘 사이의 일차적 차이들이 두 실체(res cogitans, res extensia)의 가장 고양된 등기부에서 결정된다. 들뢰즈를 통해서 읽은 스피노자에 따르면 이 차이는 실재하는 차이를 부인하는 것 그 이상은 아니다. 그 논리는 다음과 같다. 무엇인가가 존재하기 위해서는 내적이든 외적이든 원인이 있어야 한다. 가령 숫자적 구별은 외적이다. 만일 20명의 남성이 세상에 존재해야 한다면 그 원인이나 이유는 이들 외부에 있다. 스피노자는 이렇게 쓴다. "인간의 진정한 의미는 숫자 20과는 무관하다."[5] 이 논리를 실체에 적용하고 — 실체는 오직 내부에서 그리고 그 자체로만 규정될 수 있다 —, 또 그렇게 해서 두 개 이상의 실체들을 가정하는 것은 그 구별을 설명하기 위해 외적 원인을 부과하는 것이다. 그러나 들뢰즈에게는 실체에 외적 인과성을 부여하는 것은 일종의 미결정적 공허에서 작동시키는 것이다.[6] '공허'는 그 구별의 공허성이다. 스피노자에게 실체의 속성들은 모든 것에 공통적인 토대를 따르는 실제적인 방식에서 다르다. 들뢰즈는 다양한 속성들의 형태로 단일한 실체에 내재적 차이들을 만들어내는 것으로 차이들이 실재적이 되도록 허용했다. 이것은 궁극적으로 실체들 사이의 수량적 구별을 거부하게 한다. 실체의 속성들의 질적 구별을 허용하기 위해서이다. 들뢰즈에 의하면 "모든 숫자적 구별에서 떼어낸 실재적 구별은 절대가 되고 존재 내부의 차이들을 표현하는 것이 가능해진다. 그렇게 해서 여타 구별도 구조재조정된다."[7]

같은 맥락에서 들뢰즈의 헤겔과 니체 사이의 패러다임 상 대립을 고려해야 한다. 헤겔 체계의 생성은 원인성의 추상적 토대 위에서 움직이는 가정(positing)과 반성의 내면화되고 부정적인 운동에 뿌리를 두고 있다. 이와 대조적으로 니체주의적 생성은 육체의 행동능력을 추인하고 차이들을 생성 그 자체에 내재적인 생성력으로서 추인하기 위해 확대된다. 니체는 두 가지 변증법적 대립물 간 차이의 권력이 힘 그 자체라는 점을 확인했다. 반면 헤겔주의적인 지양의 과정은 힘의 약세를 초래한다. 들뢰즈가 주목했듯이 변증법은 확실히 차이를 성찰하지만 "그 이미지를 전도시킨다. 차이의 추인을 위해 차이 나는 것의 부정을 대체한다. 자아의 긍정을 위해서 타자의 부정을 대체하고, 긍정의 긍정을 위해서 그 유명한 부정의 부정을 대체한다."[8] 그리고 차이 나는 것의 부정에 대한 이런 역전은 "만일 그렇게 하는 것의 '이해관계'를 가진 힘에 의해서 활성화되지 않는다면 무의미해질 것이다."[9] 들뢰즈는 구체적이거나 육화된 다중체를 위해서 추상적으로 부정적인 통일성을 무시했던 니체와 스피노자와 같은 사상가들을 확실히 선호한다.

들뢰즈가 차이의 대표적 철학가라는 것은 의심의 여지가 없어 보인다. 지양보다는 생성을, 결여로서의 욕망보다는 생산적인 욕망을, 추상적 초월보다는 내재적 힘을 더 높이 사고 있다.

들뢰즈를 다루는 논문에서 바디우는 출발부터 이런 가정들을 전복시킨다. 들뢰즈의 체계에 외부인으로서 — 바디우는 들뢰즈의 체계가 자신의 체계에는 낯설다고 쉽게 인정한다 — 바디우는 "들뢰즈의 근본적 문제는 대중을 해방하는 것이 아니라 일자의 재생된 개념에 사유를 복종시키는 것이다"[10]라고 일찌감치 선언했다. 논쟁의 출발점에서부터 『들뢰즈: 존재의 아우성』은 다름 아닌 이 주제에 할애되었다. 바디우의 저서에서 증명된 형이상학적 일자는 존재신학의 초석으로서의 일자(즉 개별화되고 중심화된 통일성 혹은 명료성의 집중된 지점)와는 거의 공통점이 없다. 오히려 일자의 형이상학은 들뢰즈의 체계에서 최상의 다중태를 제공하려고 존재한다. 이 다중태는 존재론적 내재성의 견지에서 이해될 수 있다. 들뢰즈 이론에는 단지 하나의 다중이 있다. 어느 것도 다중태의 외부에 존재할 수 없다(다른 말로 말하면 공허란 없다). 공허의 존재를 제안하면 들뢰즈가 짐짓 반대하는 듯이 보이는 부정의 추상화에 의지하게 된다.

내재성은 들뢰즈에겐 낯선 개념이 아니다. 보통 반헤겔주의(혹은 반라캉주의적) 육체적 권력의 긍정으로 간주된다. 이것은 어느 존재에게나 내재되어 있는 행동하거나 혹은 영향을 받는 능력이다. 그러나 바디우에게 이 개념은 존재의 총체성개념과 분리될 수 없다. 존재는 그것의 세속적 현시에서 특이한 단일존재에 내재되어 있다. 바디우는 들뢰즈 자신이 내재성과 일의성[11]을 등가적으로 간주한다고 지적한다.[12] 들뢰즈의 철학에 대한 바디우의 설명이 누군가에게는 인식될 수 없겠지만, 그는 궁극적으로는 들뢰즈적인 질문을 묻기 위해서 자신의 모델을 제시한다. 그 질문은 바로 다중태로 표현된 존재는 무엇인가? 이다. 달리 표현하면 어떤 근거로 다중은 다양한가? 바디우가 제공한 대답은 들뢰즈에게 존재는 내부적으로, 그리고 본질적으로 다중태로 통합되어있다는 것이다. 존재가 분산적 형태로 나타나고 있지만, 존재 그 자체는 가상화로서 속성들의 중성화를 통해서 특이한 단일체가 된다. 가상성은 존재들을 그 특수성으로부터 떼어내는 것과 분리불가능하다.[13] 들뢰즈는 이 존재의 특이성을 "천 개의 목소리를 담은 다중 전체에 대한 단일하고 동일한 목소리, 모든 물방울을 담는 단일하고 동일한 대양, 그리고 모든 존재들의 존재의 단일한 아우성"이라고 묘사한다.[14]

바디우에게 들뢰즈의 대립물(가상/실재, 우연/영원회귀, 내재성의 판/고유성)은 존재의 일의성, 그리고 일자의 형이상학을 가정한다.[15] 사실상 존재를 이렇게 일의적으로 가정함으로써 들뢰즈의 철학은 분명 역동적이 된다. 존재를 존재들로 움직이게 하는 것은 그것이 나누어지고 층위로 갈리고 분산되어 더 많은 특이 사례들로 재분배된다고 가정한다. 역으로 탈주의 선, 탈영토화와 들뢰즈적 변장을 한 욕망마저 개별화로부터 멀리 움직여 가서 특이성들 안에서 표현되고, 또 특이성의 지속적으로 변화하고 진화하는 전체, 즉 가상적 전체성으로 되돌아가는 운동에 다름 아니다. 그래서 존재가 나누어지고 다양해지고 현현들로 다층적인 가치를 갖게 되는 한편, 오직 본질적으로 통합된 성격에 의해서만 그렇게 된다. 바디우는 확실히 이런 자질을 들뢰즈의 철학에서 인식한다. 그가 "존재들에서 존재로 그리고 다시 존재에서 존재들로 하강과 상승의 이중운동을 이해할 때 우리는 사실상 존재 그 자체의 운동을 사유할 수 있었다. 이것은 오직 이 두 운동 사이의 간극이거나 혹은 차이이다"(40쪽). 그러나 이 움직임 사이의 차이는, 그것이 만일 일자와 다중 사이의 차이가 아니라면, 그래서 일자의 가정으로부터 도출되지 않는다면, 어떻게 생기는가?

그의 입장을 설명하기 위해서 바디우는 책의 네 장을 할애해서 들뢰즈의 본원적 이중태 — 가상과 실재, 시간과 진리, 영원회귀와 우연, 외부와 접힘 — 를 분석한다. 존재의 일의성이 적절하게 유지되는 방식을 시도하기 위해서이다.

1. 가상과 실제

들뢰즈에게 가상과 실재는 함께 확장되는 관계이다. 가상과 실재에는 현실과 외양 사이의 구별 같은 플라톤적인 대립물이 존재하지 않기 때문이다. 가상은 다양한 실재화로, 항상 그 이미지의 감산된 '부분'으로서 표현된다. 이것의 결과는 적어도 바디우에게는 존재가 가상과 실재의 두 가지 목소리로 분리되어 존재의 일의성을 추인하기 위한 선결조건이 된다. 일자로서의 존재는 두 가지 점을 고려해서 말할 수 있다. 한번은 실재성이고 다른 한 번은 가상성으로 그 몰입을 표현하게 된다. 이것은 들뢰즈의 철학에서 상승/하강 운동과 평행한다. 실재는 그 존재를 "일자의 변형된 양태"로 추인한다. 그리고 이 양태는 "실재가 실재화시키는 가상성"으로 개념화된다(50쪽). 이런 점에서 가상성은 실재를 위한 토대이며 동시에 모든 가상성이 다양한 양태들에 내재한 총체성인 한해서 그 자체의 토대가 된다. 서로 대립하기는커녕 실재는 단일형태의 가상에 불과한 반면, 가상은 존재를 일컫는 주요한 이름에 다름 아니다.

앞서의 요점을 예시하기 위해서 폴 토마스 앤더슨의 영화 〈매그놀리아〉를 살펴보자. 이 영화는 남캘리포니아를 배경으로 24명의 짐짓 서로 무관한 개인들의 삶 중 하루를 그리고 있다. 정신 나간 가정주부와 그녀의 죽어가는 남편, 외로운 경찰관, 젊은 마약중독자, 나이든 게임쇼 호스트, 젊은 게임쇼 참가자와 그의 폭군적인 아버지, 과거 아동용 게임쇼 참가자였지만 현재 재정문제로 시달리는 밀실 게이 등이다. 이들은 들뢰즈의 의미에서 서로 무관한 개별적인 단독자로 보인다. 모두 영화라는 한편의 공유된 공간에서 각자의 삶의 방향을 모색하고 있다. 그러나 영화가 시작되고 얼마 안 있어 산만해 보이는 서사는 이들 사이에 근본적 관계성을 가정하고 있음이 드러난다. 즉 과거시점에서 이들 중 대다수가 서로에게 영향을 미치는 행위를 하게 된다. 가령 클로디아는 젊은 마약중독자인데, 수년 전 게임쇼 호스트인 아버지로부터 성폭력을 당했다. 이 가정의 갈등으로부터 우리는 게임쇼의 참가자들이 수 세대에 걸쳐 맞닥뜨려야 했던 곤경에 연결된 하나의 접선을 그릴 수 있다. 이 분산된 선들은 이렇게 주인공들의 단독성으로부터 출발해서 다양한 상호관계성으로 이어진다. 여기서 우리는 차별과 차이를 구별한 들뢰즈의 방식을 확인할 수 있다. 차별화는 개념의 가상적 내용을 결정하는 것이다. 즉 이 영화에서 주인공들이 마주하는 문제들을 제기한 가족력의 차원에서 관계들을 의미한다. 차이는 이와 달리 영화에서 다양한 주인공들 사이의 의사소통 단절을 구성하는 혼란스러운 경로들의 형태로 나타난, 종별 혹은 개별적 부분의 형태를 띤 가상의 실재화이다. 달리 말해서 '가상적' 과거의 차원에서 차별화된 관계들은 그들의 '실재적' 산만한 현재에서 주인공들의 차이, 즉 다른 관계를 결정한다. 더 나아가 서사가 드러내는 가족력이 가상의 문제를 상정한다면 영화적 현재로의 실재화는 문제로서 가상의 이미지를 실재화하는 정도만큼도 문제에 대한 해결을 제시하지 못한다. 인물들이 끊임없이 그들의 현재에 그림자를 드리우는 역사의 출몰에 놓여 있는 한 실재화는 가상을 문제로 만든다. 사실상 이 영화를 아주 진부하게 읽는 해석은 주인공들이 과거를 '피해가는' 유일한 방법이 억압된 것과의 대면이라고 말하는 것일지 모른다. 톰 크루즈가 맡은 인물은 오래 소원했던 아버지와 화해를 해야 하고, 클로디아의 아버지는 딸에게 저지른 근친상간 죄의 진실을 마주해야 한다.

그러나 이런 수준의 분석에 머무르는 것은 들뢰즈의 가상을 경험적 과거로 융합시켜버리는 위험을 무릅써야 한다. 가상은 단순히 어떤 특정한 과거가 아니라 시간의 전체이며 현재와 공존하는 과거이다. 영화가 시작할 때 세 가지 단편 소설이 연결되어 죽음에서 절정을 이루는 사건들의 독특한 우연성을 보여준다. 가령 자살을 했던 젊은 남성은 만일 추락 순간에 엄마가 총알로 아버지를 죽이려고 하지 않았더라면 밑을 받치고 있는 차양 덕분에 살 수도 있었다. 이 총알은 애초의 표적을 지나쳐서 공중에 떠있던 소년을 맞춘다. 이 단순한 이야기의 의도는 물론 〈매그놀리아〉의 서사 기저에 존재하는 주제를 구성하는 것이었다. 어떤 우연도 없고, 전적으로 우연적으로 보일 수 있을 혼란스러운 종작없음도, 각 주인공들의 개별적 과거에서만이 아니라 최고도의 수렴적 차원이거나 최종결의 차원에서 인과적인 정당화를 갖게 된다. 그리고 이것은 전체로서 시간을 가로지른다. 이제 이 '진실된' 가상성과 〈매그놀리아〉의 서사를 통일화하는 것은 영화의 마지막에 일어난다. 3분 동안 죽은 개구리들 위로 쏟아져 내리는 초현실적인 비가 서사를 방해한다. 그렇지 않다면 직선적으로 진행되었을 서사에서 일어난 기묘한 돌출은 들뢰즈적 가상성, 즉 "존재의 아우성"을 직접적 형식으로 — "세상을 둘러싼 강력한 비유기적 생명" — 제시한 것이 아닌가?[16] 영화의 등장인물들은 수렴 혹은 공유된 존재의 지점을 단일한 사건(로버트 알트만의 영화 〈내쉬빌〉의 결말에서처럼)에서가 아니라 이 단일한 이야기들이 살덩어리로 동시에 발생하는 데서 찾게 된다. 만일 주인공들 사이에 그려진 문자적 관계들이 빗속에서 구별되지 않는 개구리 덩어리들로만 표현된 관계의 좀 더 원초적 유형을 가정하는 것으로 보이지 않는다면 왜 이런 서사적 돌출이 영화의 공간에 침범하는가? 따라서 앤더슨의 전략은 본질적으로 들뢰즈적이다. "모든 관계와 고정된 분배는 그 내부에서 정렬된 용어들에 무관하다는 점에서 사유를 해소시켜

서 들뢰즈가 '과잉의 존재'라고 부르는 것의 중립성으로 복귀하도록 한
다"(34쪽)는 점을 보여주기 때문이다.

2. 시간과 진리

들뢰즈 이론에서 진리는 가상을 통해서 절합되기 때문에 필연적
으로 권력이 주어진다. 이 권력은 상승과 하강의 이중운동을 통해서
표지된다. 일자/진리를 향해서 하강하고 다중/허위를 향한 재상승, 즉
시뮬라크림[17]을 향해 다시 상승한다. 진리의 고전적 범주에 대한 대체
물로서 들뢰즈는 결연히 "허위의 세력들"을 추인한다. 이것은 시간의
질서에 속한다. 그러나 바디우는 들뢰즈를 읽으면서 허위의 시간적 권
력들이 진리의 영원성과 다른 무엇일 수는 없다고 주장한다.[18] 그는 들
뢰즈가 시간에서 진리로, 진리에서 가상성으로, 가상성에서 영원으로
서 과거의 절대적 토대로 향하는 운동을 구축한 3중의 회로를 근거로
삼는다. 시간은 진리로 움직인다. 시간이 효과적으로 진리를 '대체하
기 때문이다. 그리고 진리는 가상성으로 움직인다. 시간의 진리는 단
지 경험적 유한성을 넘어서 움직이는 가상성이기 때문이다. 가상의 절
대적 과거는 영원과 분리될 수가 없다. 이 마지막 지점은 들뢰즈와 바
디우의 이론에서 가장 따르기 어려운 것이다. 본질적으로 들뢰즈가 베
르그송에게 빌려온 가상의 원뿔의 총체성은 시간의 근거이며, 동시에
그 자체로 비시간적이다. 그것은 선형적 방식으로 움직이지 않는다.

그것은 고유하다.

그러나 왜 이 총체성은 시간을 비시간적으로 구성하는가? 여기서 바디우는 관계로서의 시간 전체로부터 "모든 시간적 차원이 제거된 개념의 사유"로서 시간으로 은밀한 도약을 하는 것처럼 보인다(62쪽). 가령 영화의 한 장면을 취해서 우리가 그것을 총체성으로 개념화해야 영화를 움직이는 것, 즉 활동사진으로 정의할 수 있다. 이 영화를 개별 프레임으로 나누는 것은 일련의 연결되지 않고 움직이지 않는 "지속의 부분[들]"의 계열만을 남긴다. 들뢰즈는 이 부분들을 추상적 시간의 구성요소들이라고 규정한다. 하나의 프레임은 움직이지 않는다. 따라서 "그 자체로 다른 대상과 관계를…가질 수 없다. 순수한 현재는 다른 것과 소통할 수 없기 때문이다"(63쪽). 오직 시간 또는 시간의 형태가 있는 한 하나의 현재는 다른 현재로, 그리고 과거로 진행한다. 이 시간의 형식은 시간을 창조하기만 하는 것이 아니라 계기적 현재가 시간의 전체 속에서 서로 관계를 만들게 한다. 관계가 전체이다. 따라서 바디우는 이 전체가 관계이기 때문에 비시간적이라고 말한다.

바디우의 논의에서 이 지점은 취약해 보인다. 그렇지 않다면 뜨거운 논쟁을 일으켰으리라. 확실히 현재의 현실화를 동반하고 또 전체로 불릴 수 있는 시간의 텅 빈 형식이 있다. 하지만 왜 그것은 비시간적이라고 불리는가? 들뢰즈가 시간을 규정하기 위해서 사용해온 이중 대립구조(실제/가상, 크로노스/아이온, 에로스/타나토스)에는 첫 번째 범주, 그리고 각각의 반복된 현재는 첫 범주의 유사 원인, 혹은 통로로 사용되는 두 번째 반복을 동반한다. 첫 번째 반복은 시간의 축소 혹은 결박된

분할의 형식을 취하는 반면 두 번째 반복은 열린 전체로 등장한다. 영화적으로 영사화된 프레임에 이어 다음 프레임(다음 현재)이 오려면 간격, 또는 '깜박임'이 있어야 한다. 시간의 직접적 재현을 허락하는 현대 영화에서 간격 또는 편집은 일정한 자율성을 얻게 된다. 가령 몽타주의 사용과, 고다르와 스트라웁/위에[19]의 영화에서 나온 점프 컷, 레네의 영화[20]에 등장하는 계기적 이미지들의 시간적 불연속성 같은 것이다. 두 개의 분리된 쇼트는 함께 열린 의미의 효과를 갖는 관계를 형성한다. 오직 그 관계 자체가 개별적 항목에 외부적인 한에서 그렇다. 들뢰즈에게 이 관계로서의 전체는 일자의 거부와 마찬가지다. "전체는 일자-존재가 되기를 그만두었기에 변형을 거친다. 사물들의 본질적인 '그리고'가 이미지의 본질적인 둘 사이가 되기 위한 것이다."[21] 바디우는 이 공허의 분리와 연속성의 비일관성를 다중태의 토대로 삼는다. 이 연속성에서 "신은 비일관적이다." 관계로의 전체는 일자가 아닌 다른 것은 될 수 없다.

바디우의 결론은 자신과 들뢰즈 사이의 가장 큰 차이를 강조한다. 첫째, 바디우에게 진리는 본질적으로 비관계적이거나 상황으로부터 감산된다. 진리는 어쨌거나 상황의 일부이다. 둘째, 진리는 시간 외부에 있다. 진리는 "시간 안에서 시간을 초과한다."[22] 물론 진리는 시간적으로 소급적인 작동에 의존해서 결정된다(그래서 이 상황에서 "진리가 있을 것이다"). 바디우의 진리 교리는 다중을 유지하면서 전체를 제거하고 진리가 그 특수한 상황에 내재적이라는 사실을 확고하게 받아들이면서 관계를 거부한다.

3. 영원회귀와 우연[23]

들뢰즈의 반복개념은 차이의 반복에 뿌리를 두고 있다. 반복된 것
은 결코 동일하지 않다. 같은 기준에서 다시 돌아오는 것은 전과 동일
하지 않다. 순전히 우발적으로 고유한 단 한 번의 주사위 던지기에서
확장된다. 단 한 번의 주사위 던지기로 "우연의 총체성이 확증"된다(74
쪽). 수차례 주사위를 던지면 우연은 무효가 된다. 가령 동전을 계속 던
지게 되면 뒷면이 나오는 만큼 앞면이 나올 가능성이 높아진다. 따라
서 한 번의 던지기에서 "돌아오는 것"은 순수한 우연 그 자체이다. 주사
위를 오직 단 한 번 던졌기 때문이다. 이를 통해 우리는 무엇을 이해하
게 되는가? 바디우의 대답은 분명하다. 우연은 일자의 우연이다. 이 명
제를 확장하면 "존재의 근본적 우발성"에 다름 아니다. 존재의 총체성
이 어떤 논리적 토대를 갖지 않거나 원인 외부에 있다는 사실은 존재가
순전히 우발적이라는 것을 의미한다. 존재는 "다른 장소로부터 법을
부여받지" 않는다.[24] 가능성을 보증하는 다중적 가상성의 근거나 토대
는 다중적 가능성이 아니다. 서로 다른 가상성은 비록 단일한 틀에서
비롯되었어도 형식적으로 구별되어있다.

가능성을 위한 토대는 궁극적으로 단 한 번의 고유한 던지기의 일
자로서, 추인된 존재의 일자이다. 이에 따라 가능성과 필연성 사이의
원환관계가 구축된다. 오직 단 한 번의 주사위 던지기만이 가능하다는
사실은 단 하나의 세상, 즉 우리가 사는 세상만이 가능하다는 결과를
낳는다. 영원회귀[25]를 르상티망[26]의 포기로 이해하는 니체주의자들은

이 논리를 완벽하게 따른다. 르상티망은 언제나 누군가의 운명을 향한 저주에 이르게 된다. 그러니 나약한 자들이 그들 자신이 겪는 고통이 자신이 미래에 얻게 될 행복과 억압자들의 저주라는 형태로 보상받게 되는 또 다른 세상(내세)을 가정할 필요가 있다는 것은 놀랍지 않다. 우리는 아마도 긍정이 현재 그대로의 세상에 '네'라고 말하는 것과 같은 것인지, 다시 말해서 필연성에 '네'라고 말하는 것임을 더 잘 이해할 수 있다. 들뢰즈는 "니체가 필연성(운명)이라고 부르는 것은 따라서 결코 우연의 폐지가 아니고 우연 그 자체이다. 필연은 우연이 긍정되는 것만큼이나 우연으로 긍정된다"[27]고 했다. 오직 원한의 길을 통해서만 다른 결과들이 가능할 수 있는 또 다른 세계들을 가정함으로써 우연을 회피하게 된다. 이것은 주사위 던지기의 반복이라는 르상티망[28]이 될 것이다.

4. 외부와 접힘

후기 들뢰즈 이론에는 푸코와 라이프니츠에서 비롯한 두 가지 기본 개념이 등장한다. 이 개념들을 통해서 들뢰즈는 존재의 존재론적 일의성보다는 존재와 사유 사이의 관계에 더 관심을 보인다. 이 개념들의 작업은 관계의 이론을 발전시키는 것으로도 볼 수 있다. 게다가 주체의 특수한 개념이 이 궤적에서 중요한 역할을 담당하게 될 것이다. 즉 외부의 사유가 지속되는 고유한 관점으로서의 주체이다(62쪽).

접힘과 외부의 개념에 담긴 푸코적 함의를 식별하기란 어렵지 않다. 외부는 주관적 내면성을 구성하는 데 사용되는 힘의 활동이다. 이때 주체는 관계들의 효과(외부의 접힘)에 다름 아니다.

접힘은 다양한 방식으로 이해될 수 있다. 사건, 감싸기, 둘로 나눔 또는 이차원적 표면으로부터 깊이의 구성 등이다. 바디우와 들뢰즈에게 중요한 것은 내부의 구성을 통해서 외부가 작동하는 것으로서 접힘이다. 이 접힘은 둘 사이의 한계를 세우는 것이다. 여기서 유지되어야 할 사항은 접힘의 행위주체란 다름 아닌 그 자체로 작동하는 존재라는 사실이며, "외부의 자동—효과"이다. 이것은 전형적으로 푸코주의적인 영구운동 기계이다. 권력, 즉 외부의 세력관계는 자체 생산된다. 바디우는 이런 해석으로부터 "이 접힘을 자아로…혹 누군가 주장한다면 주체라고도 부를 가능성이 있다"고 덧붙인다(90쪽).

주체가 구성되는 바로 이런 순간에 사유가 전체 그림 속으로 들어온다. 사유될 수 있는 것은 접힘으로서 내부의 관점으로부터 본 관계인 외부이다. 영화를 예로 들어보자. 한 영화를 만들기 위한 이미지와 소리를 어떻게 선택하는가. 다른 이미지들, 소리와 서사들로 구성되었을 수도 있다. 형식상 각각 구별되는 구성요소들을 하나로 통합하거나 관계를 형성하는 것은 무엇인가? 가령 키에슬로브스키의 영화 〈맹목적 우연〉처럼 서로 충돌하는 서사들로 구성된 영화나 최근의(하지만 덜 흥미로운) 〈런 롤라 런〉 같은 영화에서 그 예를 찾아볼 수 있다. 이 두 영화 모두 동일한 서사를 세 번의 테이크로 찍는데, 각 테이크마다 동일한 인물이 등장하고 하나의 영화적 공간에서 펼쳐진다. 이때 단일한 진실성의 문제는 무관한 듯 처리되거나 의심받도록 처리된다. 〈맹목적 우연〉은 사건의 세 가지 가능한 계열을 보여준다. 이 사건은 바르샤바로 가는 기차를 타려는 한 남자에게 일어날 수 있다. 기차를 타면 그의 인생은 하나의 경로를 따라간다(폴란드공산당을 위해 일하는 인생). 기차를 타러 가는 도중에 경찰과 우연히 만나게 되어 체포되어 교도소에 갇히게 된다(그래서 저항세력이 된다). 기차를 놓치게 된 그는 지역의 의사로 조용하고 정치와는 무관한 생활을 하게 된다(결국에는 비행기 폭발사고로 죽게 된다). 이것은 극단적 형태의 외재성으로서 라이프니츠식의 "신성한 관점"을 아이러니하게 취한 것이다. 하나의 사물이 다른 것 대신 일어난다고 말할 수 있는 단일한 '세상'이란 없다. 주인공은 살거나 죽고 반항하거나 사랑에 빠지게 된다. 여기서 제기된 문제는 "어떤 절차를 거쳐서 외부를 가득 채우는 세력들의 형상화가 가능할 수 있는가?"(89쪽)이다. 어떻게 이 외부 세계들이 하나의 정신, 하나의 사유로 포괄적으로 담길 수 있는가?

이 두 영화의 사례에서 알 수 있듯이 내부의 한계는 주인공이 서사의 차이와 그에 따라 그들이 처하게 된 상황에도 불구하고 동일한 사람으로 남아있게 되는 절차이다. 달리 말하면 이 한계는 〈런 롤라 런〉에서 '첫 번째' 롤라에서부터 두 번째, 세 번째 등장하는 롤라까지 이어지는 실타래 같은 것으로 볼 수 있다. 〈맹목적 우연〉에서도 마찬가지이다. 키에슬로브스키는 동일한 인물의 서로 다른 재현들 사이에 일관성을 구축하려고 했다. 비록 주인공이 서로 다른 서사들에서 다양한 정치적 입장을 취하게 되지만(당을 위해, 저항세력을 위해, 마지막에는 비정치적 입장) 그의 됨됨이에 내재한 '선함'이 상황이 달라졌음에도 불구하고 동일한 사람으로 남아있게 해준다. 여기서 영화의 주체가 바로 외부의 한계가 되고, 분산적인 서사들을 채우는 특수한 고유성들이 수렴하는 지점이 된다. 물론 푸코주의자는 주체는 힘의 외부관계에 선행하지 않는다고 반박할지 모른다. 그들에게는 인간존재의 '내재적 선함'은 고리타분한 문제이다. 하지만 이것이 핵심이 아니다. 중요한 것은 주인공의 내재적 공간을 구성하는 것이 외부에서 도입된 문제를 '풀어냄'으로써 이미지 안에 사유를 넣게 된다는 점이다. 사유는 어떤 방식으로 순수한 외재성(존재) 안에 연결과 관계(사유)를 구축할 수 있는가? 바디우의 결론은 전혀 모호하지 않다. "…우리는 주체(내부)가 사유와 존재의 정체성이라고 말할 수 있다"(90쪽).

　　그러나 이런 논의가 일자와 무슨 관계가 있는가? 키에슬로브스키의 영화에서 보듯이 서로 배척하는 다양한 세계를 다루고 있는 것인가? 들뢰즈가 라이프니츠를 사용하는 방식으로 방향 선회할 수 있다. 라이프니츠는 무한정한 세계들 중에서 신이 가능한 최고의 것으로 이 세계를 선택했다는 가설을 제시한다. 앞의 질문은 이렇게 다시 제기해 볼 수 있다. 서로 무관한 것이 어떻게 관련되는가? 『접힘』에서 들뢰즈는 네 가지 고려사항을 제시한다. 첫째, 그 자체로 다중 세상들이 있다. 그리고 사건, 행위, 대상들의 고유성 등이 있고 이들은 하나 혹은 여러 개의 세상을 구성한다. 셋째, 세상을 표현하는 영혼 혹은 단자들이 있다(들뢰즈는 세상이 그것을 표현하는 단자들의 외부에는 존재할 수 없다고 지적한다). 마지막으로 가능한 최상의 세상을 선택했던 신성한 관점이 있다.

들뢰즈가 보기에 라이프니츠에서 "우리는 마치 일련의 변곡이나 사건처럼 세상을 시작한다. 세상은 특이성의 순수한 발현이다."[29] 이 특이성들은 동일한 세상에 거주하는 다른 특이성들과 수렴하고 가능한 다른 세상들을 채운 것들로부터 분산된다. 특이성들의 집중이나 수렴은 개인을 규정하는 데 사용된다. 최초의 인간 아담에 관해서 들뢰즈는 네 가지 특이성을 제시한다. 최초의 인간이라는 점, 천국의 정원에서 살고, 그의 갈비뼈로 만든 아내가 있고, 원죄를 지었다. 다섯 번째 특이성의 가능성은 유혹을 거부했다는 것인데, 첫 네 가지 특이성과는 어울리지 않는 균열의 표지이다. 이 특이성은 다른 세상(아담이 죄를 짓지 않는 세상)에 속한다. 들뢰즈의 이론에서 분산하는 세상들의 "불공가능성"[30]은 모순이 아니라 특이성의 확산을 통해서 정의된다.

세상이 특이성들의 발산이라는 이런 개념은 오직 그것이 신의 목적에 봉사하는 경우에만 라이프니츠의 지지를 받는다. 신은 가능한 최상의 세상들 중에서, 그리고 가능한 최상의 고유성들 사이에서 선택한다. 우리가 사는 세상을 정당화하는 것은 동어반복이다. "이 세상이 존재하는 이유는 가장 좋은 세상이기 때문이 아니라 그와 정반대로, 존재하기 때문에 최상의 세상인 것이다."[31] 이 문제는 질문형태로 제기된다. 역사와 사건이 미리 구성되어있어서 정당화되는 듯 보이는 세상에서 인간의 자유는 어떻게 가능할 것인가? 이제 들뢰즈는 통합이라는 개념을 통해서 자신의 논의에 뉘앙스를 더한다. 이 개념은 현재를 통해서 주체의(과거와 미래에서) 내재적 결정을 통합하는 — 그리고 구성하는 — 것이다. 들뢰즈는 이렇게 말한다. "내가 지금 하고 있는 것 — 행위하고 있는 존재로서의 나 ─ 을 포함하기 때문에 나의 개인적 생각 역시 내가 하고 있는 행위로 나를 몰아가는 모든 것, 내 행위에서부터 비롯된 모든 결과, 무한한 그 모든 것들을 통합한다."[32] 영화 〈맹목적 우연〉에서 가령 주인공 비텍의 미래를 결정하는 것들은 기차를 탄다는 사건의 특이성, 즉 순수한 우연의 발생에 달려있다. 그러나 그 분산된 세상들은 또 다른 결정 여부 ─ 프랑스로 가는 비행기를 탈 것인가 ─ 에 달려있는 최종점에서 결합된다. 비텍이 세 가지의 서사에서 맞닥뜨린 이 마지막 결정은 서로 다른 사례에서 그의 운명을 결정하게 되고, 서사를 조각조각 나누어 더 새로운 가능성들로 만든다. 첫 번째 서사에서 일어난 비텍의 붕괴는 새로운 시작을 결정하게 되지만 세 번째 서사에서 비행기를 타려는 결정은 그의 생을 마감하게 한다. 이 서사의 그림에서 통일성이 진입해서 행동의 현재에 과거와 미래를 융합시킨다. 여기서 들뢰즈는 아주 분명히 쓰고 있다.

> 라이프니츠가 완벽하거나 완전한 행위를 내세웠을 때, 통합 때문에 우리가 과거로서 고려하게 만들어 본질로 돌아가게 될 행위를 다루는 게 아니었다. 봉쇄, 닫힘의 조건은 전적으로 다른 의미를 갖는다. 완벽하고 완성된 행위는 진행되고 있는 운동에 고유한 통일성을 포함하고 있는 영혼으로부터 수용하는 것이다… 행위는 현재 시점 영혼의 전체를 표현하기 때문에 자유롭다.[33]

이제 앞서 내재성이 일의성이라는 주장에서 의도했던 의미가 분명해졌다. 영혼이 그 행동에 내재적이라는 것은 영혼의 총체성이 행위의 현 시점에 표현된다는 의미이다. 역으로 행위는 영혼의 총체성을 내재적으로 표현한다. 이제 바디우에게 문제는 단순히 주체의 내재성이 일자와 다중태의 형태를 취해야 한다는 것이 아니다(비록 이것이 그에겐 문제라는 점은 분명하다). 또 다른 문제는 일자를 표현하는 행위가 사실로 환원되었다는 것이다. 주체는 가능한 최고의 세상인 이 세상과 신성한 관점을 통합한다.[34] 그러나 행위에서 표현된 것 모두는 자유로운 행위를 제한할 수 있는 여하한 외부적 항목을 (신마저도) 부정한다. 다시 말해서 자유로운 행위는 개인과 신의 우연한 일치이다. 행위에서 영혼의 '증폭'은 신을 모방하는 것이라고 말할 수 있다.[35] 사건이 사실이라는 것(세상을 있는 그대로 표현하는 것)은 바디우에게는 우연의 폐기이다. 바디우의 선택지는 이와 달리 사건은 항상 세상으로부터의 분리를 함축하고 있다는 것이다.[36] 바디우는 묻는다. 어떻게 새로운 것이 아무것도 일어나지 않는 세상, 사건이 사실로 환원되고 우연과 필연이 동일한 세상에서 진리가 가능한가? 어떻게 모든 것이 그저 과거의 접힘에 불과한데도 새로움은 새로울 수 있는가? 오히려 절대적 시작은 과거의 총체성과 대립해서 공허에서 도출되는 것이 아닐까? 비록 그것들이 차이의 반복이라고 해도 말이다. 최종적으로 진정 그가 목전의 갈등이 그저 개인적 취향의 문제이며 하나의 철학을 다른 철학과 비교해서 선택하는 문제라고 발언할 때 우리는 바디우를 믿을 것인가? 나의 당파적 본성은 이런 정중한 제스처에 동의할 수가 없다.

　만일 들뢰즈의 체계가 어떤 이점을 갖고 있다면, 그는 관계를 통한 사유를 한다(특히 그의 후기 저작에서 두드러진다). 딱하게도 이것에 노정된 단점은 관계가 오직 모든 것, 전체의 견지에서만 개념화된다는 것이다. 진리는 모든 것을 있는 그대로 서술할 뿐이다. 결국 이것이 논쟁의 핵심이며, 나는 쉽게 바디우 편을 들 수 있다. 들뢰즈 철학의 '창의적' 혹은 '생성적' 성격에도 불구하고(그의 철학은 목적과 대상, 진리를 만든다), 존재하는 것을 순전히 묘사함으로써, 즉 '하나로 셈해지는' 세상으로부터 이 진리를 만들어내지 않는가? 들뢰즈의 철학은 생명, 세상의 현전으로부터 최종적으로 도출되지 않는가? 진리에 대한 고려는 궁극적으로 이 세상에 종속하지 않는가? 바디우와 더불어 나는 진리는 언제나 세속성에 대립한다고 말할 수 있다고 주장한다. "진리는 행위이지 현존이 아니다."[37]

가장 확실하게 바디우를 반박할 수 있는 부분은 그가 들뢰즈식 통일성의 이 차원을 생각하지 않고 논점을 과장해서 진술하는 점이다. 이 통일성은 오직 가능한 최상의 다중태, 가장 거대한 탈주의 선을 가정할 때에만 현존하는 게 아닐까? 들뢰즈의 스피노자주의는 여기서 머리를 들어 올린다. 다수는 일자이다. 전-캔토주의적 용어에서 하나 이상의 무한은 없기 때문이다. 그렇기 때문에 무한은 부분들로 구성될 수는 없다(스피노자가 말했듯이 무한한 팽창을 한편으론 피트로 나누고, 다른 한편으로 인치로 나누면 하나의 무한성을 다른 것보다 12배 이상을 얻게 된다).[38] 바디우는 분명 자신이 다중태의 위대한 사상가라는 사실을 자랑스러워할 것이다. 이런 점에선 아마도 들뢰즈의 매우 막강한 경쟁자가 될 것이고, 핵심 포인트마다 사건, 주체, 계열, 관계, 진리 등의 들뢰즈적 개념들을 바디우의 개념들과 연관시켜서 이 두 철학가가 어떻게 다른지를 보여줄 수 있다. 그러나 여기서 비교를 하진 않을 것이다. 다중태의 수사로서 집합이론의 유용성 — 이점 — 을 가늠할 자원이 우리 수중에 없다. 여기선 들뢰즈의 사건이 지속적인 표현이라면 바디우의 사건은 흔치 않은 정확성이라고 말하는 것으로 충분하다. 들뢰즈가 존재를 세상의 다중태에 기초하고 그것으로 표현되는 유기적 총체성으로 본다면, 바디우는 상황에서 감산적 형태로 나타나는 공허에만 기초하는 집합이론의 존재론을 허용할 뿐이다. 후기 들뢰즈 이론에서 주체는 완전한 내재성, 외부의 변곡에 대한 수사라고 한다면, 바디우의 주체는 진리 절차의 유한한 지위를 갖는다. 미국에서는 여전히 바디우의 수많은 저서들이 읽히지 않는다. 그나마 영어로 번역된 저서들은 안 그래도 논쟁적인 내용을 담고 있는 데다가 설상가상 많은 오해를 빚고 있다. 바디우가 야기시킨 논쟁들과 함께 그는 캔토주의 집합이론과 마오주의 정치, 라캉의 반-철학 그리고 말라르메의 시학 — 많은 다른 분야들 중에서도 특히 — 을 하이데거, 레비나스와 들뢰즈가 제기한 도전에 쉽게 맞설 수 있는 철학체계로 구축한 복합적인 사상가이다. 바디우의 철학체계가 노정한 이런 복잡성은 영어권 세계에서는 아직 평가받지 못하고 있다.

나는 여기서 바디우 주장의 명료성에 대해 더 이상 논하지 않겠다. 다만 그의 책이 바디우에겐 큰 도전이었던 누군가를 강하게 논박하고 있다는 점을 짚어야겠다. 하지만 바디우와 들뢰즈는 몇 가지 관심사를 공유한다. 그 중 인간의 시간적 유한성의 가정된 한계들과 언어적 구성물 너머 철학을 개념화하려는 욕망이 있다. 철학적 대상의 손아귀로부터 풀려난 사유의 미래를 제공하기 위해서이다. 들뢰즈와 바디우 모두에게 철학은 대상이 없다. 존재도, 언어도, 주어진 상황의 특수성이나 동맹도 아니다(가령 역사철학). 철학은 사유 그 자체와 관련되어 세상을 관찰하는 과정에서 도출된 개념을 생성하거나(들뢰즈 고유의 경험주의) 바디우의 존재론에서처럼 수학적 형식화와 존재를 궁극적으로 등식화 할 수 있도록 적절한 사유의 능력을 인정하는 것이다. 명백한 차이들에도 불구하고 바디우와 들뢰즈는 존재의 내적인 다수성에서 존재의 사유를 자유롭게 해방하려는 노력을 공유한다. 바디우가 캔토주의 집합이론에 토대를 둔 존재론을 선택했고 들뢰즈는 그 대신 그 자체로 완전히 내재적인 존재의 유기적이고 생기론적인 비전을 선택했다. 이 사실은 오직 철학 그 자체에 생래적인 차이를 보여줄 뿐이다. 『들뢰즈: 존재의 아우성』에서 우리는 많은 사람들에게 복수성의 위대한 옹호자로 알려진 이론가를 무너뜨리려는 시도를 찾을 수 없다. 그보다는 두 사상가 사이의 교류를 보게 된다. 이 둘은 분산적 관점에서만 서로에게 말할 수 있다. 바디우의 관점에서 보기에 들뢰즈를 읽는 경험은 종종 식별하기 어려운 형태를 취하는 방향으로 사유를 강요하게 된다. 이런 독해는 학교에서 배우는 들뢰즈는 아니다. 그러나 바디우를 통해서 알 수 있는 것은 낯선 것과 소통하려 하고 그에 대한 지식을 얻게 해주는 종류의 강제이다. 이런 지식을 얻을 때 지불해야 할 비용은 우리가 너무도 자주 위안을 삼았던 지나간 의견들을 희생하는 것이다.

주

1 들뢰즈와 바디우 사이의 본질적 비교(『들뢰즈: 존재의 아우성』이 출판되기 4년 전에 썼다)를 통해서 이 논의를 도출했다. 바디우의 *Conditions* (Paris: Seuil, 1992)에 부친 François Wahl의 서론을 참조할 것.

2 Alain Badiou, *L'Être et l'événement* (Paris: Editions du Seuil, 1988), 225쪽 [필자 번역].

3 Badiou, *Ethics: An Essay on the Understanding of Evil*. Peter Hallward 번역 (London: Verso, 2001), 27쪽.

4 Badiou, "What is Love?", *Umbr(a)* (1996): 37-53쪽 참조. *Sexuation*. Renata Salecl 편집 (Durham: Duke University Press, 2000), 263-281쪽에 재수록됨.

5 Baruch Spinoza, "Ethics". *A Spinoza Reader*. Edwin Curley 번역 (Princeton: Princeton UP, 2994), 1권 명제 8.

6 Gilles Deleuze, *Expressionism in Philosophy: Spinoza*. Martin Joughin (New York: Zone Books, 1991), 32쪽 참조. 아이러니하게도 바디우는 스피노자가 자신이(바디우) 공허의 "봉쇄"라고 불렀던 것을 이유로 비판하게 될 것이다. 이 봉쇄의 결과 공허가 스피노자의 글에서 무한한 양식의 텅빈 형식으로 재등장하게 된다. Badiou, *L'être et L'événement*, 129-139쪽.

7 Deleuze, *Expressionism*, 39쪽.

8 Deleuze, *Nietzsche and Philosophy*. Richard Howard 번역 (New York: Columbia University Press, 1984), 196쪽.

9 같은 글, 196쪽.

10 Badiou, *Deleuze: The Clamor of Being*. Louise Burchill 번역 (Minneapolis: University of Minnesota Press, 2000), 11쪽. 이 책에 대한 추후 인용은 본문에 괄호로 표기함.

11 univocity, 즉 일의성은 하나의 목소리를 가진 존재를 의미한다(역주).

12 Badiou, *Court traité d'ontolgie transitorie* (Paris: Éditions du Seuil, 1998), 62쪽.

13 같은 글, 62쪽.

14 Deleuze, *Difference and Repetition*. Paul Patton 번역 (New York: Columbia University Press, 1994), 304쪽. Badiou, *Deleuze*, 11쪽에 인용됨.

15 바디우도 통일성의 이론, 즉 공허의 이론에 동의한다는 점을 지적해야 한다. 그는 자신의 진리이론이 내재성의 개념을 지지한다고 엄정하게 주장한다. 그래서 들뢰즈가 통일성의 사상가인 이유가 단지 일의성과 내재성의 조건에 따라 존재를 사유하기 때문이 아니다. 그보다는 그의 다수성 개념은 존재론적인 제시의 자원들을 초과하는 어떤 것도 용인하지 않는다.

16 Deleuze, *Cinema 2: The Time-Image*. Hugh Tomlinson and Robert Galeta 번역 (Minneapolis: University of Minnesota Press, 1989), 81쪽.

17 simulacrum/simulacra: 플라톤 이래 서양철학에서 이데아의 모방으로서 현실을 일컫는 개념(역주).

18 진리는 고전적으로 영원하다. 반면 시간의 범주 — 진리가 되는 과정 — 는 영구적으로 경험적 상황의 우발성에 기대고 있다. 예를 들어 다음과 같은 진술 'X가 내일 일어날 것이다'에 내재한 어떤 진정한 것은 없다. 현재가 미래로 흘러가는 시간의 과정에 전적으로 달려있을 뿐이다. 시간은 그렇게 진리의 범주를 위기에 처하게 하고, 들뢰즈 철학에서 시간의 우선성은 그것에 직접 속해있는 "허위의 세력들"을 추인하게 된다.

19 이탈리아 영화의 네오리얼리즘을 대표하는 듀오 감독 장 마리 스트라웁과 다니엘 위에(역주).

20 누벨바그 시대의 프랑스 영화감독(역주).

21 Deleuze, *Cinema 2*, 180쪽.

22 Badiou, "Being by Numbers: An Interview with Lauren Sedofsky," *Artforum* 33.2 (October 1994), 87쪽.

23 이것은 들뢰즈의 이분법을 다소 겉핥기식으로 다루는 것이다. 바디우/들뢰즈/니체의 영원회귀와 우연에 대한 좀 더 폭넓은 논의는 Ray Brassier, "Stella Void or Cosmic Animal? Badiou and Deleuze", *Pli* 10(2000)을 참조할 것.

24 Deleuze, *Nietzsche and Philosophy*, 28쪽.

25 니체철학에서 시간이 무한히 반복한다는 개념(역주).

26 니체철학에서 중요한 개념으로 프랑스어로 '분노'를 의미하는데, 약자가 강자에게 느끼는 원한, 복수심, 증오를 뜻한다(역주).

27 같은 글, 26쪽.

28 같은 글, 27쪽.

29 Deleuze, *The Fold: Leibniz and the Baroque*. Tom Conley 번역 (Minneapolis: University of Minnesota Press, 1992), 60쪽.

30 incompossibility: 라이프니츠의 공가능성 개념의 반대어. 공가능성은 완전한 개체의 모든 속성들을 통해 다른 개별체와 관계를 맺는다는 의미이다(역주).

31 같은 글, 68쪽.

32 같은 글, 70쪽.

33 같은 글, 70-71쪽.

34 Badiou, "Gilles Deleuze, The Fold: Leibniz and the Baroque." T. Sowley 번역. *Gilles Deleuze and The Theatre of Philosophy*, Constantin Boundas and Dorethea Olkowski 편집 (New York: Routledge, 1994), 68쪽. 물론 나는 '행위'와 '사건'을 하나로 합치고 있다. 사건은 바디우에 의하면 사실로 보인다. 이 논의 전체를 여기서 다 제공할 수는 없다. 그러나 이 세상을 구성하는 독자성들이 한 행위에 고유한 통일성으로 수렴하는 것처럼 보인다. 내 논의의 목적에 국한해보면 사건과 행위, 영혼/단자와 세상 등 용어들은 이중적이다. 들뢰즈의 경우는 이것은 분명해 보인다.

35 Deleuze, *The Fold*, 73쪽.

36 Badiou, "Gilles Deleuze, The Fold," 65쪽. "우리는 차라리 뭔가가 사건이 되기 위해 사건의 존재가 무엇인가를 물어야만 하지 않을까?"(같은 글, 56쪽).

37 같은 글, 69쪽.

38 Spinoza, *Ethics*, 1권 명제 8.

존재의 수축: 바디우 이후 들뢰즈

- 아디 아피르, 아리엘라 아줄레이

알랭 바디우의 들뢰즈 해석은 단일한 논지에 기초해서 조직되어 있다. 즉 들뢰즈에게 철학은 존재론이고 존재론은 고작해야 존재의 일의성을 설명한다는 것이다. "오직 하나의 존재론적 가설만이 있었다: 존재는 일의성이다"라고 『차이와 반복』¹을 인용하면서 바디우는 말한다. 존재의 일의성은 모든 개체들로 구성된 하나의 단일 개체가 있다는 의미가 아니라, 단일한 하나의 사건이 있다는 것을 의미한다. 이 사건은 존재한다고 말해지는(또는 존재는 이렇다고 말해지는 것) 아주 다양한 사물들에게 발생한다. 모든 사건들이 "전달하는" 단일한 고유의 사건이다(11쪽). 존재는 모든 것, 발생하는 모든 일과 발언되는 모든 것에 동일하다. 존재는 "단 하나의 동일한 의미에서 모든 존재에 대해 말해지"고 이 의미는 모든 개체에 "존재론적으로[단지 형식적으로만 아니라] 동일하다." 이는 철학의 본질이다(25쪽).

이 존재론적 가정을 들뢰즈만의 특유한 형식으로 설명하기 위해서 바디우는 자신의 책에 30쪽에 달하는 부록을 첨가한다. 이 책에는 들뢰즈의 『차이와 반복』, 『의미의 논리』, 『시네마』(1부와 2부), 그리고 『푸코』에서 취한 구절들이 포함되어있다. 바디우의 부록에서 "들뢰즈 사상의 핵심"(24쪽)을 찾아볼 수 있다. 바로 들뢰즈의 존재론적 핵이다. 바디우는 이 핵을 제시하면서 일종의 나선형 운동 형태로 들뢰즈 사상의 주요한 층위들, 방법, 사건의 교리, 인식론, 행위의 교리와 주체의 교리를 펼쳐낸다.

이 우아한 구성물은 삼중의 원환으로 둘러싸여 있다. 이 원환은 들뢰즈의 사유 자체에 외연적이다. 이 삼중의 원은 책의 결론에서 구성되었는데, 바디우는 세 가지 원환으로 들뢰즈의 철학을 맥락화한다. 여기서 다시 바디우는 내부에서 외부로, 1960, 70년대 프랑스라는 들뢰즈의 정치문화적 환경으로부터 서양철학의 전 역사로 움직여간다. 이 두 장면 — 구체적인 정치적 장면과 추상적인 철학적 교리 사이 — 을 매개하는 원환은 20세기 프랑스 철학이다. 여기에는 베르그송과 브륑스비크[2]에서부터 들뢰즈와 바디우 자신을 포함한다. 바디우 자신은 이 철학자의 그림을 그리면서 동시에 자신도 이 그림에 포함시키고 있다. 진정 바디우에게 들뢰즈를 제시하는 방식은 자기재현과 지기위치설정의 형식을 띤다. 독자는 시작부터 이 형식을 이해하고 있다. "내가 질 들뢰즈와 관계없다는 것은 얼마나 이상한 이야기인지 모른다…"(1쪽).

이 글의 목적에서 들뢰즈를 서양철학사에 위치시키는 것은 중요하다. 들뢰즈는 무엇보다 고대 그리스인들과 함께 놓인다. 들뢰즈는 파르메니데스의 후계자요, 스토아주의자와 루크레티우스의 동맹자이며, 플라톤의 주적이었다. "플라톤주의의 전복"은 들뢰즈의 철학적 슬로건이었다.[3] 그는 무한정한 물질의 깊이 혹은 완벽하게 측정된 관념의 위상보다는 표면의 무한정한 게임을 더 선호했다. 들뢰즈에 의하면 플라톤에 대한 진정한 도전은 외양과 관념의 관계를 전도시키는 것이 아니라, 외양을 시뮬라크라로 받아들이고 존재의 이원론적 분리를 삼중구조, 즉 사물과 인간, 의미 그리고 센스(혹은 현상, 관념, 가상)의 삼중구조로 대체하는 철학이다. 그의 존재론은 주권적 관념을 단순한 효과로 바꾸어서 가상의 가능성의 장에 위치시켜서 시뮬라크라를 회복시킨다.

그럼에도 불구하고 바디우에 의하면 들뢰즈가 시도한 플라톤으로부터의 분리는 충분하지 않았다. 왜냐하면 들뢰즈는 개념과 그것의 우연적 순간들, 혹은 들뢰즈가 "사례들"(14쪽)이라고 불렀던 것들 간 구별을 완전히 포기하지 않았기 때문이다. 그 결과 들뢰즈는 플라톤주의자로 지목되었고 다수에 대해 일자를 우선하는 철학자들의 오랜 전통에 포함되었다. 따라서 바디우가 자신의 논의를 끝맺을 때 들뢰즈 사유의 펼침은 그 외적 한계에 이르게 된다. 그곳에서 우리는 그 모든 것 — 존재론, 하나의 단일한 존재론적 가설 — 이 시작된 저 그리스철학자들과 마주하게 된다. 중심의 핵은 외면의 덮개이고 끝은 시작이다.

헤겔과 들뢰즈를 진리와 기억의 문제에 관해서 거의 등식화한 후 바디우는 헤겔주의적 제스처로 책을 끝맺는데 이런 결말이 그다지 놀랍지 않다. "위대한 개념적 창조물들이 돌아온다. 들뢰즈의 특이성은 이 귀환을 수용하는 힘으로 작동한다…[그는] 의심의 여지 없이 일자-사유의 비역사적 역사를…작동시킨 최초의 철학자이다"(100쪽). 우리는 바디우가 이 "철학의 비역사적 역사"를 헤겔의 역사철학이 아니라 하이데거의 것과 비교했다는 사실에 오도되어선 안 된다. 헤겔주의적인 것은 어떤 특별한 역사철학서술방식이 아니라, 존재론적 핵과 그 역사적 펼침 사이의 관계이다. 바디우는 말한다. "따라서 일의성의 주제를 역사적으로 '읽는' 것은 가능하다. 그것이 바로 왜 들뢰즈가 일부 철학가들의 (겉보기에) 역사가가 되었던 이유이다. 이 철학가들은 존재의 일의성에 대한 사례들이었다"(24쪽). 바디우에게 들뢰즈가 썼던 일자의 위대한 사상가들(스피노자, 니체와 베르그송)에 대한 일련의 논문은 『정신현상학』의 역할을 했다. 반면 『의미의 논리』와 『차이와 반복』은 헤겔의 『논리학』에 버금간다. 들뢰즈의 전체 철학적 궤적은 "철학의 전체를 절대적인 비시간적 기억으로 다룬다"(100쪽. 번역은 필자 수정). 일자의 사상은 언제나 일자의 사유에 대한 기억이다. 이것은 하나의 사유의 기억에 다름 아니다. 즉 존재의 일의성의 사유이다.

하지만 일자는 없다. "거기에 있다"는 다중이며 "일자는 아니다"(64쪽). 그래서 들뢰즈의 구조물 전체는 붕괴된다. 바디우에게는 오직 두 가지 철학적 선택이 있을 뿐이다. 일자 혹은 다수이다. 존재는 일자인가, 다중인가? 이것은 모든 존재론이 — 따라서 모든 철학이 — 반드시 내려야 할 첫 번째 결정이다. 존재의 다중태는 그 일자다움을 숨긴 시뮐러크럼인 것인지, 아니면 일자는 근본적이고 환원불가능한 차이들을 버티지 못하는 사유에 의해서 다수에 투사된 키메라인지? 이 두 선택지들 중 하나의 선택은 가장 근본적이며 방대한 규모의 철학적 선택이다. 이 선택을 내리는 유일한 길은 임의적인 텍스트와 주장들을 조각조각 비판하는 것이 아니라 그들이 도달하는 궁극적 결론에 대한 철학적 입장을 취하고 그 결과를 실험하는 것이다. 바디우는 현대 철학가들 중에 들뢰즈가 가장 심오하고 창의적이며 세련된 일자의 사상가라고 생각한다. 들뢰즈 자신은 이와 달리 다중의 패러다임을 취한 사상가가 되려고 한다. 이런 이유로 들뢰즈는 바디우의 최고 적수가 된다.

그래서 바디우의 『들뢰즈』는 절대 들뢰즈의 비판서가 아니라 "적"의 개념에서 실시한 연습 같은 것으로서, 가장 명료하고 일관적인 ─ 게다가 가장 체계적이면서도 일반적인 ─ 재현을 제공하려는 시도이다. 그렇게 해서 사유가 거주할 수 없는 ─ 또한 해서는 안 되는 ─ 장소를 보여주려고 한다. 이런 연습에서는 다양한 이해관계, 장르와 철학적 저작에 걸맞은 논증의 뉘앙스 등을 찾아선 안 된다. 그보다는, 조직적 개념, "[그] 개념적 연결성의 유사─유기적 일관성"(17쪽)을 찾아야 한다. 그래서 존재론적 핵이 중요해지고, 들뢰즈의 철학에 담긴 다른 층위들에 대한 철저한 무관심과 함께 들뢰즈 철학 전체를 30쪽의 부록으로 축소시켜버리게 된다. 이 독법은 일자의 특정 개념에 따른 재현이며 하나의 개념적 체계를 양산해내는 단일한 철학적 결정으로서, 철학적 저술 전체를 이끌고 의미를 부여해야 하는 체계이다. 바디우는 다중의 철학자일지 모르나 독자와 해석자로서는 확실히 일원론자이며 환원주의자이다.

이 일원론적 독서의 직접적 결과는 들뢰즈 저서의 대부분을 체계적으로 무시하고 그 다양한 성격을 존재론적 핵으로만 축소시키는 것이다. 이런 환원은 바디우의 책을 향해 분노에 찬 반응 몇몇을 야기하기도 했다.[4] 하지만 그가 스스로 선택해서 시작한 과제라는 점을 고려한다면 이런 비판은 정당하지 않다. 왜냐하면 바디우는 들뢰즈 사유에서의 "사례" — 시네마에서 마오주의로, 루이스 캐럴에서 프랜시스 베이컨으로 — 의 기능에 대한 명료한 설명을 통해서 그런 비판을 미리 차단했기 때문이다. 바디우에 의하면 사례연구는 들뢰즈에게 두 겹의 기능을 갖는다. 각 사례에 혁신적 개념을 제공해서 궁극적으로 전 개념체계의(즉 들뢰즈의 사유) 일부가 되는 — 혹은 반복하는 — 것이다. 사례는 따라서 체계에 통합되고 동시에 그 우연적 순간들 중 하나로 제시되었다. 사례가 갖는 유일한 비우연적 기능은 사유에 스스로를 표현하는 다른 기회를 제공하는 것이다(15-16쪽).[5]

그렇지만 바디우의 『들뢰즈』를, 빌라니[6]가 그렇게 불렀듯 "거짓 책"이라고 믿는다. 그 이유는 바디우가 들뢰즈에게서 무시했던 수많은 것들 때문이 아니라 들뢰즈의 사유를 체계화하려는 그의 노고 밑에 깔린 — 나아가 그의 노력을 손상시킨 — 아주 단순하고 직접적인 그러나 중요한 실수 때문이다. 이 실수는 프랑스어 동사 Étre를 부정사형태의 동사로 취하지 않았다는 점이다. 철학의 특별한 전통을 따라 바디우는 Étre의 문법적 형태를 무시하고 그 단어의 철학적 사용법을 취한다. 즉 바디우는 이 프랑스어 동사를 명사로 취한다. 개체의 물질성이 결여되고 힘처럼 행동하는 유사 실체가 되고, 이 실체는 '모든 것' 밑에 있는 '어떤 것'의 형식, 현존과 영원성을 갖는다.

Être의 물화는 바디우가 존재의 담론으로부터 일자의 담론으로 바꿈으로써 완성된다. 가령 들뢰즈는 존재와 관련해서 실제적이고 형식적 구별들 사이를 구분한다. 반면 바디우는 이렇게 말한다. "존재의 다중적 수용은 반드시 형식적인 다중성으로 이해되어야 한다. 한편 일자는 홀로 실재적이며 오직 실재만이[즉, 일자] 의미(고유한 것)의 분배를 지원한다"(25쪽; 강조 첨가). 들뢰즈가 다른 지면에서와 마찬가지로 여기에서 의미와 존재의 서술부로서 '단일'과 '동일'을 사용하고 결코 이 서술부를 대체하는 실체(일자)로 바꾸지 않는다면, 바디우는 존재와 의미를 거의 우연적인 계기들이나 그가 일자라고 부르는 '단일성'이나 '동일성'의 이름들로 제시한다.

바디우는 존재의 물화와, 존재를 일자로 등식화시키거나 대체하는데 여기에는 마땅한 이유가 있을지 모른다. 무엇보다 이것은 일반적인 존재의 문제와 특수한 존재의 일의성 문제가 아리스토텔레스 이래 구성되어왔던 방식이다. 바디우는 우리들에게 아리스토텔레스의 준칙이 "존재는 다양한 의미로 발언된다.' 다양한 범주들로"라는 것을 상기시켜준다(23쪽). 존재의 문제에 대한 현대적 르네상스에서 하이데거가 담당한 역할을 과대평가할수는 없지만, 그 역시 지속적으로 이 준칙을 환기시킨다. 바디우에 의하면 들뢰즈는 존재를 나누는 의미 혹은 범주의 복수성에 반대한다. 이런 복수성은 존재가 모든 범주들이 적용된다고 알려진 실체라는 의미다. 그러나 들뢰즈는 범주의 복수성을 존재에 적용하는 데 확실히 반대한다.

여기에 바디우는 의미와 범주를 동의어로 사용한다. 물론 들뢰즈가 범주는 존재의 술부이고 범주와 술부는 서로 구별된다고 주장하기는 했다. 그러나 들뢰즈에 따르면 존재는 범주들로 나뉘지 않는 것은 분명하다. 이런 분리는 수없이 부정되어온 상식 혹은 분별의 고정된 작업이다. 상식이나 분별은 언제나 이런저런 재현의 체제에 붙들려있다. '유목민적 사유'는 관념적 게임을 이해하기 위해서 이 고정된 작업을 극복해야 한다. 이 관념의 게임에서 "일의적이고 분배되지 않은 존재의 전체 확장을 가로질러 사물이 배치된다."[7] 이 마지막 구절은 아리스토텔레스의 준칙을 직접 대놓고 거부하는 것처럼 들릴 수 있다. 아리스토텔레스에게 존재는 여전히 서로 다른 양태들을 갖고 다른 범주들로 서술되는 실체로서 개념화된다. 명사와 동사, 의미와 술부 사이의 중요한 구별을 하지 못하고 자신의 해석이 실체로서의 존재라는 아리스토텔레스적 개념에 붙들려있기 때문에 바디우는 들뢰즈가 존재의 이런 개념으로부터 근본적으로 출발한 방법을 깨닫는 데 실패한다.

들뢰즈 자신이 존재의 일의성에 대해 애매하고 환영적인 '어떤 것'의 현존과 관련한 발언을 함으로써 사실상 이런 혼란을 가중시켰다. 이 '어떤 것'은 "흰색이 다양한 강렬성을 갖고 있으면서도 본질적으로 동일한 흰색으로 남아있듯이" 그것에 포함되어있는 그 모든 것과 똑같다.[8] 그래서 "재현의 필요조건에 따라서 배분되는 존재가 아니라 단순한 현존(일자-전부)의 일의성에서 존재 내부에서 나누어지는 모든 것이다. [동]등한 존재는 모든 것에 어떤 매개나 중간항 없이 직접 현존한다. 물론 사물들은 이 동등한 존재와는 평등하지 않게 거주하고 있다."⁹ 『차이와 반복』의 다른 부분에서 들뢰즈는 존재의 물화와 일자와의 등가를 좀 더 명백하게 함축하는 듯 보인다. 일의성의 주제로 돌아가서 던스 스코터스[10]와 스피노자를 환기시키면서 이렇게 쓴다. "우리는 [『윤리학』에서] 속성은 일반 혹은 범주로 환원될 수 없다고 듣게 된다. 속성이 형식적으로 구별됨에도 모두 동등하고 존재론적으로 하나로 남아있고 단일하고 동일한 의미로 그것을 통해 발언되고 표현되는 실체로 어떤 분리를 도입시키지 않기 때문이다."[11]

그러나 다음의 진술을 고려해보라. 다시 한번 『차이와 반복』에서 인용한 것으로, 바디우가 자신의 부록에 포함시킨 대목이다.

> 우리가 형식적으로 구별된 여러 개의 의미들을 개념화할 수 있다는 것이 중요하다. 그럼에도 이 의미들은 존재를 마치 단일하게 제시된 개체, 존재론적으로 하나인 것으로 언급한다. 존재가 스스로를 표현하는 한 이 공통으로 제시된 것이 이번에는 숫자적으로 구별되는 모든 제시어들과 표현어들의 단일하고 동일한 의미로 발언된다는 사실을 덧붙여야 한다. 존재론적 가정에서는 존재론적으로 제시되는 것이 질적으로 구별되는 의미들에 동일할 뿐 아니라, 의미는 개별화된 양식을 위해 존재론적으로 동일하고 숫자적으로 구별된 제시어들 혹은 표현어들에도 동일하다. 존재론적 가정은 이런 종류의 순환(전체로서의 표현)과 관련된다(106쪽).

이 하나의 유일한 존재론적인 가정은 다양하고 형식적으로 구별되는 모든 의미에는 하나의 참조 — 즉 하나의 존재 — 가 있다고 주장한다. 또 존재를 개별화하거나 개인들의 존재를 표현하는, 다양하고 형식적으로 구별된 가정들에도 하나의 의미가 있다. 그것은 마치 (적어도) 두 개의 일자 — 존재론적 가정의 지시적 의미를 위한 일자와, 그 의미를 위한 또 다른 하나 — 가 있는 것처럼 보인다. 들뢰즈는 이 둘 모두를 그 차이를 함축하는 — 이 하나 뿐 아니라 저 하나도 함께 — 연결성 속에서 주장한다. 존재의 일의성은 존재하는 모든 사례들에서 하나의 의미를 갖는다는 것을 의미한다. 이 사례들에서 뭔가의 존재 — 개인이나 하나의 범주 — 가 주장된다. 하지만 이는 또한 이 모든 사례들에서, 가정의 의미가 수량적으로 구별될 때 지시대상(존재)이 동일하게 남아있다는 것을 의미한다. 하나의 존재 뿐 아니라, 언제나 항상 존재의 한 의미가 있다. 존재의 일자성은 반드시 (적어도) 두 번 말해져야 한다. 한 번은 존재에 관해서, 또 한 번은 그것의 의미에 관해서.

바디우가 위의 구절을 인용할 때 그는 일의성의 주제는 단지 존재론적 가정의 외연으로서 존재에 대한 것이 아니라, 그것의 의미에 대한 것이라고 말한다. 바디우는 이 동일성의 두 가지 계기들 간 차이를 지나쳐버리는 것을 주목하지만 결코 그 의미 혹은 존재론적 지위를 고려하지 않는다. 이와 달리 들뢰즈는 일의성의 주제를 제시할 때 이 차이를 분명히 설명하는 것이 필요하다고 생각했다. 들뢰즈의 단자론은 그것을 주장하는 바로 그 순간에 이분화되는 것처럼 보인다. 만일 이게 사실이라면 바디우가 들뢰즈를 단자론으로 읽는 것은 분리에 의해 만들어진 공허한 공간에서 사라진다.

어떻게 바디우는 일자의 통일성을 재언명할 수 있는가? 바디우는, 존재는 두 개의 이름이 필요하고 두 번 발언되어야 한다고 말했다. 한 번은 권력의 통일성에 관해서, 또 한 번은 분산된 시뮬라크라의 다중 태, 권력의 덧없는 실제화로 발언되어야 한다(45쪽). 이런 분화는 존재의 통일성을 위협하기보다는 그 뒤를 따른다. 토대가 되는 통일된 존재는 시뮬라크라의 복수성에 맞선다. 하지만 여기서 우리의 관심은 분리가 아니다. 두 가지 동일성의 계기, 존재와 존재의 의미 사이의 분리에 관심을 갖고 있다. 존재(일종의 실체로 개념화된)가 존재의 의미라거나 존재의 동일성과 그 의미의 동일성이 하나이며 동일하다는 주장을 하는데 근거가 없음에도 불구하고 바디우는 그의 원자주의를 유지한다. 또 그는 그것들이 존재론적 가정의 두 가지 다른 계기들로 나타나는 것을 설명할 어떤 자원도 없다. 존재의 의미의 동일성은 존재의 동일성을 언어학적으로 반영한 것인가, 아니면 정확히 이 전자의 동일성이 후자의 동일성을 가능하게 하고 보증하는 것인가?

바디우는 존재의 의미, 혹은 일반적인 의미에 대해 거의 말하지 않는다. 존재의 일의-성에 관해서 바디우는 오직 '일의[uni]'만을 취하고 목소리[vocity]는 잊는다. 의미를 만들어낸 몸으로부터 이미 자유로워진 소리들에 대해서는 망각한다. 이 가설은 그에게 전혀 관심이 없다. 존재의 일의성이라는 테제가 들뢰즈에겐 존재론적 가정에 대한 테제로 제시되었다는 사실에도 불구하고 말이다. 들뢰즈의 철학에 존재하는 언어의 문제에 대한 관심이 바디우의 독해에서 빠져있다는 것은 바디우가 20세기 철학에서 언어학적 전회를 탈선으로 치부해버린 것과 함께 읽어야 한다. 바디우가 주장하기를 20세기는 "철학에서 존재 문제로의 회귀로 표지되고 서명되어왔다고 말할 수 있다"(19쪽). 마치 하이데거나 들뢰즈에게서 존재론적 선회가 결코 존재의(문제의) 환원할 수 없는 언어학적 양상들에 대한 근본적으로 새로운 인식과 관련되지 않았던 듯하다.

들뢰즈에게서 존재의 문제를 언어적 맥락 외에 다루는 것은 물 밖에 나온 물고기를 검토하는 것과 같다. 기껏해야 시체검사일 뿐이다. 바디우는 앞서 살펴봤듯이 곧장 골격으로 향하면서 들뢰즈의 저술서 나머지 부분들은 남들에게 내어준다. 이들의 경우 바디우에겐 사유의 진짜 재료였던 존재론에는 관심이 없다. 그러므로 바디우의 환원주의적 해석은 결코 물고기가 의미의 통일성과 참조의 통일성, 하나와 다른 하나의 동일성, 또는 일자와 다수, 하나의 사례와 다른 사례, 혹은 경험적 사례들과 그것들의 초월적 상부구조 사이를 왔다 갔다 헤엄치는지를 설명할 수 없다.

바디우는 존재론적 명제에서 분리로 인한 차이는 이 명제 자체가 극복하거나 억누르려고 했던 또 다른 형식적 구별일 뿐이라고 주장할 것이다. 또 다른 개체 혹은 존재를 말하는 것과 같은 방식으로 존재의 의미에 대해 발언된다. 바디우는 존재의 동일성이 그 의미의 동일성과 일치하지 않지만 그것들의 차이는 존재의 두 가지 범주 사이의 일자가 아니라 존재와 그것을 언어로 표상하는 것 사이의 일자라고 덧붙일 것이다. 그러나 바디우에게 이것은 결코 존재도, 그것의 의미도 아니며 들뢰즈 이론에서 중시되는 존재의 일자성이며 그것의 의미이다. "존재

가 그 모든 양태들에 동일하다"는 사실은 반드시 존재의 의미가 숫자
적으로 구별된 모든 제시어들에게 동일하다는 사실을 반영하거나 함
축한다.

만일 그것이 필연성이라고 한다면 이 필연성은 어디에서 오는가?
동일성의 이 두 계기사이의 관계는 무엇이고 그것들을 떼어놓는 차이
의 본질은 무엇인가? 존재의 일의성이란 테제의 애매한 위치를 설명하
기 위해서는 들뢰즈의 의미이론은 그의 존재론으로 재통합되어야만
한다. 이렇게 되면 바디우의 해석은 두 차례 실패하게 된다. 첫째, 존재
론적 명제의 중심에 있는 분리를 설명할 수 없다. 이런 분리가 함축하
는 일자성의 확산도 마찬가지다. 둘째, 존재와 의미가 가설을 통해서
관련되어 있고, 따라서 그것들을 한데 묶어주는 연결고리, 또 그것들
을 분리시키는 차이를 설명할 수 없다는 사실을 무시하기 때문이다.

존재론적 명제가 존재의 의미에 관한 테제이기 때문에 이 명제는
의미의 이론을 설정한다. 이런 이론은『의미의 논리』에서 체계적으로
설명된다. 여기서 그 주요 논점을 간단히 제시해보겠다. 의미는 명제
의 한 차원이다. 이와 다른 세 차원이 있는데 그 종류는 아주 다르다.
관례적으로 차원들이 일치된 이 세 가지는 명제와 그 외부의 개체들 사
이의 관계들로 규정된다. 우선 명제와 발화주체 내부의 상태(의도, 욕망
혹은 믿음) 사이의 관계로, 자신을 들뢰즈가 명백한 제시라고 부른 명제
로 표현했던 사람으로서의 발화주체이다. 명제의 낱말들이 일반적인
개념들(이를 통해서 또한 다른 명제로 연결되게 된다)과의 관계. 그리고 명제
와 외적인 "사물의 상태" 사이의 관계가 있다. 이 상태들에 대해서 하나

의 명제는 외연이라고 부른다.

이 세 가지 관계들은 항상 '사물들' — 육체이거나 비육체, 물질이거나 심리, 실제이거나 관념 — 을 언급한다는 점, 그리고 항상 현재에 있다는 것을 주목하라. 존재와 생성 사이의 커다란 분리와의 관계에서 이 명제가 연결되어있는 세 가지 요소들은 첫 번째 계층에 속한다. 이 명제가 건드린 어떤 것도 얼어붙는다. 생성되는 것(의미화)에 대해 설명하거나 아이의 성장(외연)에 대해서 말하거나 스멀스멀 느껴지는 고통을 표현할 때(제시), 간단히 말해서 생성에 이름을 붙이려고 할 때마다 현재 순간들의 연계로 강요하고 시간의 흐름을 붙잡게 된다.

명제의 네 번째 차원인 의미는 아주 다르다. 그것은 다른 것들 사이에 존재하는 하나의 사물이 아니다. 이미지도 관념도 아니고 명제의 외부적 혹은 외부적 상황과의 관계도, 개념, 이미지, 관념에 맺는 관계도 아니다. 의미는 전체로서의 명제가 그것이 구성하는 세계의 구별된 관계들과 함께 표현하는 것(그것의 어떤 구성요소들이 의미하는 것은 아니다)이다. 그리고 동시에 명제가 사물의 상태(그러나 그 사물의 상태 그 자체가 아니라)에 귀속되는 것이다. 이런 이유로 어떤 명제는 그 자체의 의미를 지시하지도 서술할 수도 없다. 이 하나의 명제가 표현하는 의미는 오직 이 다른 명제의 대상일 수 있을 뿐이다 등 계속 이렇게 무한대로 이어진다. 그러므로 의미를 완전히 고정하려는 어떤 해석적 시도도 무한한 퇴보에 이르게 된다. 이 점은 『의미의 논리』의 주인공인 루이스 캐럴이 유희적으로 제시하고 있다.

"명제의 표현"은 명제에는 존재하지 않는다. 적어도 속성이 그것이 귀속된 사물들의 양상이거나 구성요소가 아닌 한에서 그렇다. 의미는 명제에 내재하고 사물의 표면에 부유한다. "한쪽 면을 사물 쪽으로 다른 한쪽 면은 가설 쪽으로" 돌려놓는데, "그러나 그 중 어느 것과도 융합되지 않는다." 그것들을 따로 또 같이 묶어주는 것은 "정확히 명제와 사물들 사이의 경계"이다.[12] 사물에 현존하는 어떤 것이 아니라 그것들에 발생하는 무엇이다. 사건의 발생으로서 개념화된 명제이며, 언어에서 존재하게 되는 사건이다.

명제의 구성요소들과 그 세 겹의 관계들이 현존으로 응고되는 것이 무엇이든지 간에 의미는 시간의 흐름으로 풀려난다. 의미와 명제의 나머지 사이를 구별짓기는 들뢰즈가 시간의 두 가지 해석 — 크로노스로서의 시간과 아이온으로서의 시간 — 사이를 구별한 것과 정확히 중첩된다. 크로노스의 시간에는 오직 현재만 존재하고 현재에 모든 존재가 있다. 하지만 과거와 미래는 영원히 확장되는 현재에서 대체로 저 멀리 떨어진 지역들일 뿐이다. 아이온의 시간에서 현재는 지속적으로 부정되고 오직 과거와 미래만이 시간에 대체한다. "현재를 매 순간 나누고 그것을 무한하게 과거와 미래로 더 잘게 나눈다."[13] 크로노스는 사물과 관념의 시간이며 개념과 이미지의 시간이다. 아이온은 사건의 시간이다. 결코 존재하지 않고 오직 일어나기만하는 사건, 의미처럼 "언어에 유지되지만, 사물들에 발생하는" 것이다.[14] 사실상 사건은 의미 그 자체이다. 그러므로 아이온은 의미의 시간이다. 그것을 표현하는 가정에 내재성으로서, 그리고 그것에 귀속된 사물들에게 발생한 것으로서 지속되는 시간이다.

명제는 동사를 포함한다. 의미를 표현하고 사건을 '감싼' 특수한 요소인 동사이다. 동사는 명제에 이원적 분리를 도입한다. "한편으론 단일한 고유명사, 명사(실사), 그리고 한계, 멈춤, 휴지와 현존을 가리키는 일반적 형용사들이 있다. 그리고 다른 한편에는 그것에 생성과 가역적인 사건들의 행렬을 가지고 다니는 동사가 있다. 현재는 과거와 미래로 무한히 나뉜다."[15] 그래서 명제의 네 가지 차원은 실제로 이원론으로 붕괴되고 사물의 외연과 의미의 표현으로 나뉘게 된다. 들뢰즈가 스토아학파에게서 빌어서 자신의 출발지점으로 택한 이 기본적인 존재론적 이원론은 명제에서 중복된다. 그렇지만 이 중복성은 그 자체로 정확히 의미가 내재하는 곳에, 동사의 차원에 중복된다. "동사에는 두 가지 양극이 있다: 사태의 외연적 상태와 관련되는 것을 지시하는 현재… 그것의 의미 혹은 사건과의 관계를 가리키는 부정사."[16]

생산적인 이원론은 들뢰즈의 체계를 걸쳐서 활동적이며 근본적으로 다르지만 분리 불가능한 구성요소들의 짝을 확산시킬 책임을 진다. 한편으론 그 모든 실체적인 형태 — 현재, 크로노스, 외연, 현시, 의미화, 그리고 현재시제의 동사 — 로 존재를 포함한다. 다른 한편에선 생성, 사건들, 과거와 미래, 아이온, 표현과 부정사의 동사, 더 중요하게는 부정사 to be가 있다. 지배적인 논리적 작동체는 접속사이다. 근본적으로 서로 다른 요소들이 함께 주장한다. 의미의 역설은 정확하게 그것이 이 이원론적 질서에 명확한 위치를 취한다는 사실에 놓여있다. 하지만 동시에 서로 대립하는 요소들의 연결체로 기능한다. "의미는 결코 이 이원론의 두 항목 중 하나가 아니다. 이원론에서 사물, 가정,

실사와 동사, 외연과 표현은 대조된다. 이것은 프론티어이고 최첨단이며, 혹은 두 항목 사이의 차이의 절합이다."[17]

그래서 의미 때문에 명제들이 사물의 사태에 관계한다. 사건들은 사물에 발생한다. 부정사가 시제, 양태와 인칭으로 변환되는 것은 가능하다. 마침내 이것은 의미이고 존재의 의미가 존재와 생성을 관련시킨다. 존재의 의미는 존재의 사건, 존재의 '발언되기'이기 때문이다. 이 사건은 언어에 관련해서 존재에 일어나는 것이다. 그리고 동시에 동사 혹은 사건처럼 과거와 미래, 의미는 그 자체의 존재를 갖는다.

들뢰즈에겐 이 존재가 무엇인지를 말하는 게 쉽지 않다. 의미는 이 '뭔가 어떤 것'이다. "한때 여분의 존재와 내재성의 어떤 것[aliquid], 즉 내재성에 들어맞는 존재의 최소성. 이런 의미에서 그것은 '사건'이다. 사건이 사물의 사태에서 그것의 공간-시간적 현실화와 혼동되지 않는다는 조건에서 그렇다."[18] 여분의 존재와 집요함은 의미의 두 가지 양상이다. 의미는 그것이 사물이거나 사물의 사태가 아니기 때문에 "여분의 존재"이고 그것이 더 이상 가정에 그 내재성이 필요한 것 이상의 존재를 갖지 않기 때문에 "최소한의 존재"이다.[19] "여분의 존재"는 존재의 부정이 아니라 그것의 축소이다. 내재성(가정에서의 의미)과 존재(다른 것들 사이에서 이것 아니면 저 존재) 간 차이는 두 가지 존재의 상태로서 수량적이지만, 질적이지는 않다. 그래서 사건들의 상태 혹은 의미와 사물들의 존재 사이에는 존재론적 구별이 없다. 그러나 이 차이는 중요하다. 왜냐하면 두 가지 관점을 만들어서 의미의 존재를 볼 수 있게 되기 때문이다. 의미는 그것이 귀속되는 사물들의 관점에서 보면 여분의 존재가 되고, 그것이 내재한 가정의 관점에서 보게 될 때는 최소한의 존재가 된다. 존재는 오직 하나의 의미를 갖는다. 그리고 의미는 존재의 유일한 한 가지 방식이다. 하지만 관점의 이중성과 그것에 따르는 이중성의 확산은 의미 또는 존재의 열림 못지않게 본질적이다.

이제 일의성의 테제로 돌아가야 한다. 존재론적 명제는 두 번 — 한 번은 존재에 관하여, 또 한 번은 의미에 관하여 — 주장되어야 한다. 들뢰즈의 체계 전체에 내재되어 있고 사물, 명제, 원인과 결과를 분리하면서도 함께 유지시키는 동일한 이원론에 의해 지배되기 때문이며, (이런 특별한 의미에서) 존재론적 명제의 제시된 존재와 표현된 의미도 분리하면서 유지시킨다. 존재는 반드시 두 번 발언되어야 한다. 실체로서 그리고 동사로서, 시간의 두 해석과 인과성의 두 측면과 의미의 두 계기에 관해서. 사실상 정확히 그리고 그것이 발언되었기 때문에 그리고 그런 조건하에서 두 번 발언되어야 한다. 그것이 언어의 사건이며, 명제가 실사와 동사부로 이분화되는 것에 따른 분리 그 자체이기 때문이다. 그것은 존재를 이분화하고 무엇보다 존재들을 존재하게 한다.

하지만 어떻게 존재의 핵심에서 증식하는 이원론과 분열이 존재론적 차이를 구성하지 않는 일이 가능할 수 있는가? 어떻게 이 분리가 존재를 두 개의 범주들로 나누고 그 의미를 이중화되지 않는가? 어떻게 사물과 언어(그리고 가상과 실재 혹은 몸과 그 환영들)는 하나의 동일한 방식으로 존재에 참여하는 것이 가능할 것인가? 오직 존재의 축소, 즉 차이의 양만이 의미의 존재를 사물의 존재로부터 떼어낸다는 것은 무슨 의미인가?

이런 질문들에 대한 대답은 우리가 보기엔 Être가 동사로서 부정사 형태 to be의 문법적 형태를 갖는 것에 있다. '이다'의 존재는 의미, 사건의 존재이다. 부정사는 "언어의 일의성"을 표현하는 순수 동사이다. "인칭, 현재, 목소리의 다양성 없이…언어의 사건을 표현한다."[20] 이 사건은 언어에서 뭔가가 '이다'가 되는 것이다. 이 '이다' 되기는 가상적 판에 기입된다. 어떤 동사변화에서도 추상화되어있는 부정사의 동사처럼 특수한 개별화와 서술부에 이미 기입되어 있으면서도 여전히 열려있다. 이것은 아이온의 순수한 형식에서 최소한의 존재를 갖는 '이다' 그 자체인데, 사물과 사람, 영원한 개념과 보편적 개념들의 존재는 순수한 사건의 제한된 실재화이며 부정사 '이다'의 특수한 변곡이다. 존재의 물화와 그것이 크로노스의 현재에 붙들려있는 것을 지불하고 구입한 것이다.

'이다'는 그것이 발언된 모든 것의 동일한 하나의 의미로 발언된다. '이다'는 그것이 발언된 것에 무관심하다. 모든 부정사의 동사가 그것이 가능할 변곡에 무관심한 것과 같은 방식이다. 그 의미는 하나의 사건 실제화에서 다른 것으로 변하지 않는다. 왜냐하면 그 의미는 언어로 되기 라는 사건 바로 그것이며 그 순간에 의미는 가설 — 외연, 제시, 의미화, 그리고 사물의 사태의 일반적인 절합 — 이 가능하게 된다. 이 순간은 모든 사건에 동일하다. 이것은 사물과 가설 사이에 동일한 경계와 차이를 제시한다. 이것은 개념 없는 차이이고, 모델 없는 사건발생이며 존재가 발언될 때마다 동일한 방식으로 돌아온다. 동일자의 영원회귀는 동일한 '이다'의 비정규적 반복 이외에 다름없고, 전-개인적,

비-개성적, 비-우주적 "내재성의 판"(들뢰즈가 나중에 생명이라고 부르게 되는 것)에서 일어나는 동일한 의미이고 동일한 순수사건이다.[21]

　이 순수한 사건과 초월적 판은 특정한 사물의 상태에 기입된 모든 일체의 개별화된 사건의 공간-시간적 물질화에 앞서 그것을 가능하게 한다. 그러므로 '이다'는 모든 사건이 소통하는 사건이다. "아주 다양한 것들에 일어나는 모든 것을 위한 고유한 사건, 모든 것들을 위한 대(大) 사건eventum tantum이다." 그러므로 "'이다'의 일의성은 '이다가 발언된 것의 목소리라는 의미이다.'"[22] 그리고 최종적이며 바로 이런 이유 때문에,

　　　일의성은 그것이 발생하고 발언된 동일한 것이라는 의미이다. 모든 몸과 사태에 귀속될 수 있고 모든 명제의 표현 가능한 것이다. 일의성은 의도적 경험noema의 속성의 동일성과 언어학적으로 표현된 것을 의미한다. 일의성은 존재를 고양시키고 도출한다. 그것이 발생한 것과 발언된 것으로부터 더 잘 구별하기 위해서이다. 그것은 모든 것들에 즉시 존재를 가져오기 위해서 존재들로부터 잡아 빼낸다. 일의적 존재는 언어에 내재하고 사물들에게 일어나며 여분-존재이다. 즉 실재, 가능성 그리고 불가능성에 공통한 존재의 최소용량이다.[23]

　일의적 존재는 도출된 존재이며 복수의 실체이고 명사, 이름, 사물과 관념으로 부정사의 동사로 정화되고 압축된다. 그리고 의미로 변한다. 일의적 존재가 의미로 변화되기 때문에 동시에 존재의 동일성과 의미의 동일성을 주장하는 것이 가능하다. 존재론적 명제에서 의미의

동일성은 존재의 동일성과 일치하고 이 두 계기의 동일성은 이들 사이의 차이와 함께 주장되어야 한다. 개념을 결여한 이 차이는 명제를 가능하게 만드는 의미의 차이이다. 그래서 존재론적 명제를 두 번 말할 필요가 있다. 한 번은 그것이 표현한 것에 관해서, 또 한 번은 그것이 제시한 것에 관해서, 그리고 동시에 명제의 두 가지 발생이 동일하다고 주장할 필요가 있다.

존재론적 명제는 존재와 의미를 연관시킨다. 그리고 '이다'의 존재를 의미의 존재와, 일의적인 '이다'의 의미를 의미의 의미로 등식화한다. 이것은 "의도적 경험의 속성과 언어학적으로 표현되는 것"의 정체성이다.[24] 마지막으로 이 이중적 등식을 그것이 말하는 것의 본질로 만든다. 즉 "모든 사건들을 위한 하나의 단일사건"으로서 존재이다. 이세 가지 결정들은 단일한 가정 안에 들어있다. 이 가정은 동일자의 반복들로 순환시킨다. 동일자의 차이들을 지워낼 수는 없다. 들뢰즈를 포함해서 그 자신 언급하는 철학 전통 전반에서 존재론적 텍스트의 명제들의 산사태는 그저 이 단일한 하나의 명제를 펼쳐놓는 것에 불과하다. 그 자체로 "존재론은 존재의 일의성과 결합한다."[25]

존재론적 명제는 매우 고유하다. 의미와 외연이 동일하다는 명제이며 발언된 것으로 그 의미를 바꾸는 명제이고 표현한 것을 말하는 것이다. 이것은 존재론적 명제를 난센스로 만든다. 난센스는 들뢰즈에 의해서 이렇게 정의된다. "그것이 표현한 것을 정확하게 외연하고 그것이 외연하는 것을 정확히 표현하는 말로, 그 자신의 지시체 denotatum를 표현하고 그 의미를 지시한다."[26] 이것이 정확히 존재론적 명제가 기능하는 방식이다.

우리는 아주 처음부터 존재론적 명제의 역설적 본성을 의심했어야 한다. 들뢰즈가 오직 한 가지 종류의 명제만 있다고 했을 때 말이다.[27] 우리가 주목해왔듯이 하나의 명제로 표현된 의미는 오직 다른 명제에 의해서 지시되고 서술되어야 한다. 어떤 명제도 그 자신의 의미를 가정하고 그것에 대해 말하거나 관리할 수 없다. 들뢰즈에게 존재론은 해석의 층위로 구성된 철학적 전통이 아니다. 존재론은 하나의 단일한 명제로 구성되어있다. 그래서 무한한 퇴보 대신에 그 자신의 자원을 통해서 그 의미를 돌보아야만 하는 명제를 갖게 된다. 존재론적 명제의 의미를 다루기 위해서 그 명제는 두 번 발언되어야 하지만, 앞서 살펴본 대로 이 두 가지 존재의 일의성을 주장하는 방식은 등가적이다. 이 등가성은 존재론적 명제의 본질과 그 역설적 성격의 뿌리 모두이다.

난센스는 센스의 대립물이 아니고 결여도 아니며, 단지 과잉이다. 그것은 의미를 부정하지 않고 의미의 경계선에 존재한다. 난센스는 이 경계선이 의미의 공간 안에서 포괄되는 바로 그 순간 나타난다. 따라서 존재의 총체성을 단일한 의미의 범위 안에 위치시키려고 시도하게 된다. 존재의 담론의 핵심에서 이 난센스한 순간이 드러난다. 철학적 담론의 목표는 이 순간을 제거하는 것이 아니라 의미에 따라서 스스로 제시하도록 하는 것이다. 좋은 의미와 상식을 의미의 두려운 끝으로서가 아니라 "의미의 증여를 작동시키는"[28] 것으로서 주재한다. 난센스는 사건과 의미 양자의 핵심에 존재하는 바로 그 비환원적 차이, 사물과 의미가 연결시킨 명제들 사이의 차이가 그 자체로 순수한 차이로 등장할 때 스스로 드러낸다. 이 순수한 차이는 그 차이를 결정하는 미리 존재하는 어떤 식의 동일성을 갖지 않는다. 이것은 정확히 우리가 존재론적인 명제의 두 가지 주장, 의미의 '이다'와 '이다'의 의미 사이에서 드러내게 하는 차이이다. 들뢰즈를 좇아 우리는 이 차이를 등식화한다. 우리가 그 차이를 가정해왔기 때문이다.

존재론적 차이의 의미와 그것이 지명된 존재 사이의 어떤 존재론적 차이는 없다. 최소한의 존재가 이 양자에 동일한 방식으로 귀속된다. 하지만 존재의 일의성은 전적으로 의미와 난센스의 이중성에 의해서 오염되어있다. 이것은 우리가 살펴본 모든 다른 이중성에 퍼져있다. 왜냐하면 개념 없는 차이로 나누어지고 언어가 되어가는 동일한 사건으로 관계를 엮는 모든 이원론적 쌍이기 때문이다. 바디우가 하듯이 존재의 일의성을 의미와 난센스의 초월적 이원론 — 그것에서 펼쳐 나오는 초월적인 이원론들 — 으로부터, 그리고 그 모든 증식으로부터 추출해내는 것은 상상계적이고 무용한 짝패를 만드는 것이다. '적'의 개념으로 바디우가 하려고 했던 일은 실패했다. 무엇보다 들뢰즈의 언어철학을 내버렸기 때문이다. 동사의 부정사형태에 관심을 두지 않았고, 그 결과 존재의 초월적 이중화의 의미를 이해하지 못했다.

바디우는 존재들로부터 힘겹게 추출한 존재의 일의성과 그것을 예시하는 시뮬러크럼의 다중태 사이의 관계에 대해 옳았다. 이 차원에서는 그의 독해를 거부할 수 없다. 바디우는 시뮬라크라를 부정하기 때문이 아니라 존재가 '내재성의 판'에 푹 잠겨있는 초월적 이원적 관계의 다중태를 무시하거나 오독하기 때문에 틀렸다. 이런 이원론의 증식은 존재를 존재들로, 사물의 사태, 범주, 사람들, 세상들, 이 물질화의 간성을 위한 조건으로 행위들로 물질화되는 것을 선행한다. 존재의 일의성은 시뮬라크라 혹은 사물들의 다중태와 대립하는 게 아니라 그 자체의 초월적 이분화의 다중태와 대립해야 한다. 모든 이원론들이 개념이 없는 차이에 의존하고 그것들의 표현이 난센스로 감싸져 있기 때문에 존재는 통합된 채 남아있다. 그러나 아주 제한적인 의미에서 통합되어있다.

존재의 이 한계는 일의성을 가능하게 해준다. 존재의 통일성과 일자-전부로서의 존재는 존재의 축소로서 가능해진다. 세상을 창조하기 위해 그 자체를 축소시키는 카발리스트[29] 신처럼 들뢰즈의 존재는 모든 가능한 세상들의 다중태를 그 초월적 근거에 봉사하는 공통된 존재를 제공하기 위해 자체적으로 축소된다. 이 축소는 중요하다. 존재론을 하나의 명제로 압축하고 그것이 지배하는 전 지역들을 자유롭게 한다. 이 다양한 지역들 — 언어, 예술, 정치와 내적 생활 — 은 같은 의미에서 모두 '임'[이다]한다고 발언된다. 하지만 이것은 그것들이 무엇인지(본질)에 대해 거의 말해주지 않는다. 들뢰즈의 가장 중요한 두 저서『차이와 반복』과『의미의 논리』는 존재론적 명제의 영웅적인 펼침으로 읽을 수 있다. 그러나 동시에 질문의 세계를 존재로부터 해방시키려는 영웅적 노력으로도 읽힌다. 들뢰즈의 책은 유목적 사유를 존재론적 축소가 열어놓은 광활한 지역에서 다시 서성대도록 해주려는 시도이다. 철학은 개념을 생성하고 관념을 만들고 새로운 질문을 제기하며 실험하고 새로운 위기를 경험하기 위해서 존재의 질문으로부터 자유로워졌다. 고전적 존재론은 결코 이를 허락하지 않는다.

들뢰즈의 후기 저작들은 동일성의 영원회귀를 제시하기 위해서 존재의 일의성이 반복해서 펼친 사례연구가 아니다. 그보다는 존재의 질문을 극복함으로써 이 유목적 사고를 가능하게 만드는 실험이었다. 이 실험의 풍요로움은 결코 고갈되지 않을 것이다.

주

1 Alain Badiou, *Deleuze: The Clamor of Being*. Louise Burchill 번역 (Minneapolis: Univeristy of Minnesota Press, 2000), 24쪽. 이 책의 인용은 추후 본문에 괄호로 표기함.

2 Leon Brunschvicg: 프랑스의 관념론 철학자(역주).

3 Gilles Deleuze, *Difference and Repetition*. Paul Patton 번역 (New York: Columbia UP, 1994), 59ff., 66-67쪽, 126-128쪽과 *The Logic of Sense*. Mark Lester and Charles Stivale (New York: Columbia UP, 1990), 7쪽, 265-266쪽 참조.

4 바디우가 들뢰즈의 철학을 환원주의적으로 읽었다는 비판에 관해서는 Eric Alliez, "Badiou/Deleuze"와 Arnaud Villani, "La métaphysique de Deleuze", 그리고 Jose Gil, "Quatre méchantes notes sur un liver méchant," *Future Anterier* 43(1997-98)을 보라.

5 바디우는 그가 인용하고 분석하는 텍스트들에 다양한 의미를 부여하는 주요 구절들을 간과하고 있다는 비판을 받아왔다(Gil 참조). 이런 종류의 불만은 다소간 논점을 비껴가고 있다. 만일 몇 구절이 바디우가 구축하려고 했던 일관적인 관념체계를 손상시킨다면 사실 없어도 무방하고 그래야 하기 때문이다. 결국 바디우가 하려는 것은 들뢰즈의 지적인 여정이 얼마나 정교한지를 보여주는게 아니라 들뢰즈주의적인 관념체계의 구조 자체를 재구상하려는 것이다.

6 Arnaud Villani: 프랑스의 철학자이며 고전문학가(역주).

7 Deleuze, *Difference and Repetition*, 36-37쪽.

8 같은 글, 36쪽. '회다'는 서술부가 이 인용문에서 명사가 된 점을 주목하라.

9 같은 글, 37쪽(번역은 필자의 수정첨가).

10 스코틀랜드의 신학자(역주).

11 같은 글, 303쪽.

12 Deleuze, *The Logic of Sense*, 22쪽.

13 같은 글, 164쪽.

14 같은 글, 24쪽.

15 같은 글.

16 같은 글, 184쪽.

17 같은 글, 28쪽.

18 같은 글, 22쪽.

19 "여분-존재"와 "내재성"은 들뢰즈가 스토아주의와 메이넝[오스트리아 철학자(역주)]으로부터 처음부터 빌어온 용어들이다. *The Logic of Sense*, 22쪽 주 12번을 보라.

20 Deleuze, *The Logic of Sense*, 185쪽.

21 Deleuze, "L'immanence: une vie…," *Philosophie* 47(1995).

22 Deleuze, *The Logic of Sense*, 179쪽. *The Logic of Sense*에서 의미의 초월적 탄생을 종결짓는 25번째 단일성의 계열 다음에 26번째 언어의 계열이 이어지는 것은 우연이 아니다. 이 계열은 의미의 역동적 탄생을 열어준다. 단일적인 "이다"는 또한 몸이 만들어낸 소리들이 "의미있다"는 음절로 차별화되는 계기이기도 하다. 이 과정에서 목소리는 몸으로부터 소리를 분리해내서 의미를 부여하게 된다.

23 같은 글, 180쪽.

24 같은 글.

25 같은 글, 179쪽.

26 같은 글, 67쪽.

27 Deleuze, *Difference and Repetition*, 35쪽.

28 Deleuze, *The Logic of Sense*.

29 히브리 신비주의자(역주).

즐기는 기계

- 믈라덴 돌라

『정신분석의 윤리』에서 라캉은 그리스 고전비극에서 코러스가 담당하는 기능에 대해 이렇게 쓴다.

저녁에 극장으로 향하는 당신은 그날 일어났던 일 때문에 신경이 곤두서 있을 것이다. 펜을 잃어버렸고 내일까지 해결해야 할 고지서들로 골치 아프다…무대 위에서는 건전한 체제가 상연되고 당신은 무대에 정서적으로 몰입하게 된다. 코러스는 당신의 감정을 다독이면서 정서적 해설을 제공된다…그러니 당신은 걱정할 필요는 없다. 아무것도 못 느꼈다고 해도 코러스는 당신 대신 느낀다. 왜 당신은 조금도 전율을 느끼지 못했는데도 당신에게 미친 효과를 소량이나마 얻게 될 것이라고 상상할 수 있을까? 솔직히 말해서 나는 관객이 그 정도로 전율할지는 잘 모르겠다.[1]

진짜 이상한 장치이다. 코러스를 통해서 공포와 연민을 대리만족할 수 있다는 것은. 코러스는 우리를 위해 감정을 느끼고 슬퍼하고 전율하며, 동참과 정서의 짐을 덜어준다. 연극을 관람하고 있는 동안 무엇을 생각하고 느끼게 되든지, 우리는 '객관적으로' 대리를 통해서 공포와 연민을 느끼게 된다. 이 점은 슬라보예 지젝의 『당신의 징후를 즐겨라!』에서 논의된 바 있다. 지젝은 동일한 장치의 다른 사례를 제시했다. 가령 상주를 대신해서 망자를 위해 통곡을 하는 여자들을 고용하는 관례라던가, 불교 승려들의 기도 마차, 일상생활에서 흔한 예로는 티브이 시트콤에서 사용되는 녹음된 웃음소리 등이다. 특히 이 기묘한 사례에서는 기계가 우리 대신 웃음을 터뜨린다. 말하자면 향유의 부담을 덜어주고 우리를 자유롭게 해준다. 마음먹고 찾으려 든다면 이런 사례들은 수도 없다. 불현듯 이런 현상은 이름도 없이 광범하게 존재해 온 듯이 보인다. 결국 로버트 펄러가 이 현상을 일컫는 이름을 만들게 된다. 바로 간수동성interpassivity[2]의 개념이다. 펄러가 제법 적절히 만든 이 개념의 깃발 아래서 서서히 국제적으로 논의가 진행되었다.[3]

이 간수동성 개념이 제공한 이점 중 하나는 상호성interactivity을 반박하면서 그 이면을 가리킨다는 점이다. 상호성은 오늘날 널리 사용되는 슬로건 중 하나로, 새 미디어를 다루면서 미디어들의 공인된 혜택을 찬양하기 위한 패스워드이다. 또한 일련의 새로운 예술적 형식들과 실천들이 내세우는 모토이기도 하다. 이 예술적 실천들은 관객의 참여와 관련되어 있는데, 달리 말하면 간수동성은 상호성에 의해 꾸며진 향유를 목표로 삼는다. 어떤 종류의 향유가 조작된 웃음과 같은 것으로부터 도출될 수 있을까? 확실히 사적이며 뭔가 도착에 가까운 어떤 것, 죄의식을 느끼게 하는 쾌락, 비밀스러운 향유에 빠지는 것은 다소간 공공연히 인정하기 어려운 종류의 쾌락이라고 할 수 있다. 자신을 상호성의 영웅으로 내세울 수 있다. 직접 사정을 감당하고 자신이 강요당하지 않도록 하고, 되받아치는 것, 말하자면 주체가 되는 것(비록 지구촌에 사는 농부라는 다소 의심스러운 의미를 띤 주체이겠지만)이다. 하지만 간수동성이라고? 이 개념은 전혀 그럴듯해 보이지 않는다. 게다가 뭔가 수치스러운 점이 있다. 왜냐하면 주체가 되려면 적어도 수동성은 거부해야만 될 것처럼 보이기 때문이다. 간수동성은 주체의 뒷면이며 주체성을 함정에 빠지게 할 수 있는 지속적인 위험이라고 할 수 있다. 이것은 일종의 덫처럼, 마치 사이렌의 노래처럼 계속해서 이 공공연히 인정할 수 없는 향유에 복종하려는 유혹이다. (그렇지만 그저 수동적으로 사이렌의 노래에 유혹당하지 않기 위해서 이상하게도 돛에 무기력하게 묶여있는 처지가 되는 것은 적극적인 전략이다. 내가 뭐라고 했는가!)

결국 여기에 딜레마가 존재한다. 양자택일 중 하나로, 당신 주변의 세상을 적극적으로 구성하는 주체로서 그것과 상호작용을 하거나, 향유에 굴복하고 자신을 (간)수동성에 맡기는 것이다. 사물이 당신을 대신해서 웃고 울게 하라. 주체냐, 아니면 (소극적이고 도착적인) 향유냐.

1라운드: 박수부대

먼저 간수동성의 전사(前史)를 간략히 살펴보자. 준비된 웃음과 간수동성이라는 개념 전반의 출발점으로 보일 수 있는 짧은 글이 있다. 「영광 제조기」라는 제목의 19세기 작가 빌리에르 드 라일-아담이 쓴 것이다. 그가 귀족 출신이라는 사실은 인생과 작품 전반에 걸쳐 드 라일-아담의 기본적 태도와 행동을 규정하고 있는 듯하다. 실제로 그의 모든 글을 관통하는 하나의 실타래는 부르주아 문명에 대한 공포와 저항이다(그에게 이 부르주아 문명이라는 표현은 모순적이다). 부르주아 문명의 거짓 가치와 진보개념, 영혼과 성격 혹은 용기의 결여 등을 비판했다.

영광제조기에 관한 이 글은 영국 출신 엔지니어인 바시비우스 바틈 남작(그의 성은 영어로 'bottom'인데 노골적으로 항문을 암시하고 있지만 『한여름 밤의 꿈』[4]에 등장하는 불멸의 얼간이 바틈도 떠오른다)이 만든 놀라운 발명품에 관한 이야기이다. 이 새로운 기계는 한 치의 오차도 없이 영광을 만들어내는데, 이것은 아주 오래된 현상의 확장된 형태로서, 내 생각엔 극장의 역사만큼이나 오래되었고 프랑스어로는 더 바랄 나위 없이 경제적일 뿐 아니라 분위기도 환기시키는 표현인 '클랙'[5]으로 불리는 것이다. 이 표현은 조직된 박수를 의미하는데, 관객 중 '고용된 박수부대'가 미리 정해진 대로, 때로는 재정적 보상을 받고 박수를 친다. 프랑스어 '클랙'은 너무도 탁월해서 선택의 여지 없이 영어와 독일어에서도 그대로 사용된다.[6] 클랙에 담긴 핵심적 의미는 매우 적절하게도 '한대 치기, 따귀, 귀싸대기'인데, 여러 다른 의미 중 '매음굴'이란 의미도 있다. 오물통la cloaca이란 말과 발음이 유사하다는 사실은 지적할 필요도 없다.

클랙, 혹은 박수부대는 확실히 박수로 보내는 환호와는 관련이 없다. 이 말은 긍정과 부정을 포함한 다양한 반응을 의미할 수 있다. 잘 조직된 박수부대는 빌리에르의 묘사적 표현에 따르면 이런 것을 제공할 수 있다.

> 겁에 질린 여인들의 울음소리, 숨죽인 한숨, 마음을 아리는 진정한 눈물, 관객 중 뒤늦게 의미를 알아차린(6파운드 더해서) 사람이 갑작스럽게 터뜨렸으나 곧 애써 통제된 낮게 킬킬거리는 웃음. 정신을 뺏긴 사람이 의지해야 할 아주 관대하게 담뱃갑을 닫는 소리, 아우성, 목메임, 앙코르, 대기요청, 소리 없는 눈물, 위협, 대기 요청하는 큰 소리, 승인의 신호, 누출된 의견, 왕관, 원칙, 확신과 도덕적 경향, 축약된 공격, 출산, 야유소리, 자살, 딱딱대는 (예술의 예술을 위한, 형식과 관념에 대한) 토론소리 등등. [7]

이 법석대는 목록에 이어 곧 경고가 따른다. "여기서 멈추자. 관객은 자신을 자기도 모르게 박수부대의 일부(절대적이며 논박할 수 없는 진리이다)로 상상하게 될지도 모른다. 하지만 그의 마음속에 다소간 의심을 심어놓는 게 낫다"(100쪽).

박수부대는 그리스 비극의 코러스와 묘하게 논리적 짝패를 이룬다. 비극의 코러스는 간수동성의 가장 탁월한 예 중 하나이다. 코러스는 무대에서 관객을 대신하고 대변해서 감정을 느끼고 표현해줌으로써 공포와 연민의 감정을 덜어준다. 박수부대는 무대 밖에서 관객이 적절히 보여야 할 반응을 대신 처리해준다. 관객 대신 박수 치고, 야유하고 웃고 울어준다. 그렇게 감정과 향유의 부담을 관객의 어깨에서 내려놓는다. 그래서 관객은 부담 없이 쉴 수 있다. 박수부대가 나머지를 처리해주기 때문이다. 그런데 관객과 박수부대를 어떻게 구분할 수 있을까? 박수부대는 은밀하게 관객과 관객의 반응으로 스며 들어가서 결국 이 둘은 동시에 발생하는 것이 아닌가? 박수부대 바깥에 관객이 존재하는가? 빌리에르는 박수부대가 무의식과 무관하지 않다는 점을 잘 알고 있었다. 관객은 의식하지 못한 채 박수부대의 일부가 된다. 그는 자신의 의지에 반해서 옆에 앉아있는 박수부대, 즉 대타자와 결속되어있다. 관객은 스펙타클의 장소와 시간을 함께 박수부대와 공유하며, 자신을 이 대타자로부터 떼어낼 수 없다. 무의식에서 박수를 친다고 할 수 있다. 아마도 발화하기 전에 그렇게 한다. 박수부대는 발화의 모델이자 요약판이라고 할 수 있다. 관객은 그렇다면 이렇게 말할 수도 있을까? "박수부대는 꺼져! 나는 나만의 진정성으로 반응할 테야!" 하지만 이런 식의 전환은 오직 박수부대에 의해서 이미 예상된 바다. "최근 예술 무대에서 박수부대가 스스로 '박수부대는 사라져라!'고 소리 지르고, 저 혼자 감동을 받은 듯 굴면서 극의 말미에 박수를 친다. 마치 실재의 관객과 그 역할이 뒤집힌 듯하다. 박수부대는 지나치게 열정적인 흥분은 통제하고 제약한다"(100쪽).

박수부대는 경계가 지속적으로 흐려지기 때문에 하나의 제한된 공간으로 국한될 수 없어서 다루기 어렵다. 스스로 자기비판을 담아

낼 수 있고, 기껏해야 "박수부대는 꺼져!"라고 소리를 지르면서 싸움을 걸 때 가장 효과적일지 모른다. 박수부대는 자신의 존재 자체를 부정한다. 이 자기부정은 박수부대를 더 강하게 만들고 편재시킨다. 관객은 진정 이제 마음을 놓을 수 있다. 박수부대에 저항하는 그의 감정도 박수부대가 감당해주기 때문이다. 어쩌면 군중을 향한, 자신의 마음이 뭔지도 모르고 스스로 판단을 내릴 능력이 없는 군중에 대한 빌리에르의 뿌리 깊은 경멸에 눈살이 찌푸려질 수도 있다. 하지만 박수부대의 메커니즘은 그의 편견을 넘어선다. 그러니 질문은 이렇게 던져야 한다. 어떻게 진정성을 인위적인 것과 구별해내는가? 박수부대가 없는 극장이 있었던가? 박수부대와 같은 어떤 것이 없는 예술형식이 있었나? 박수부대를 없앨 수 있나?

박수부대의 개념을 공연을 둘러싼 것 — 홍보, 평가, 비평, 미디어 — 으로 확장시켜야만 한다. 무엇보다 우리를 극장으로 몰아가는 것으로 확장되어야 한다. 하지만 그 형태는 훨씬 더 음산하다. 수 세기 동안 이상한 박수부대를 형성한 사람들이 있다. 이들은 우리보다 훨씬 더 앞서서 연극을 보고 책을 읽고 그림을 관람하고 음악을 들으면서 소리 없는 박수부대를 만들어냈다. 그들은 모든 것을 봤고 들었고 우리보다 먼저 즐겼다. 이 보이지 않는 박수부대가 해당 작품을 반드시 봐야 한다고 소문을 퍼트리지 않은 상태에서 우리가 극장 문에 발을 들여놓을 수 있나? 박수부대는 전통의 또 다른 이름은 아닐까? 박수부대가 없는 문화가 존재했었던가? 어떤 지점에선가 박수부대에 의지하지 않은 진정성의 기준이라는 것이 있는가? 우리가 박수부대에 저항한다고 상상할 때조차 박수부대의 지원을 받지 않고서 독립적으로 진정한 판단을 내릴 수 있을까? 박수부대를 거부하는 것도 이미 앞서 확인했듯이 박수부대에 의해서 이미 처리되어왔다.

수 세기 동안 조직적인 박수부대가 사용되어왔다. 그래서 박수부대의 편향성과 당파성을 식별하기란 쉽지 않다. 우리가 편향성이 없이 존재할 수 있는가? 우리를 위해서 대신 즐거워해 주는 박수부대의 배경 없이 예술을 즐길 수 있을까? 훈련도 받지 않았는데? 핵심은 따라서 어떤 내재적 가치도 없다는 것이 아니라 내재적 가치들이라는 개념도 어떤 지점에서는 박수부대에 의지할 수밖에 없다는 것이다. 박수부대는 알고 있다고 가정해야 한다. 박수부대를 통해 유인된 어떤 가치를 좀 더 진정성이 있으리라 가정된 또 다른 가치로 대체한다면, 그건 아마도 하나의 박수부대를 다른 박수부대로 대체하는 것이다. 박수부대는 '안다고 가정되어 있다.' 그러나 그 본성상 스스로 모순된다.

작은 발걸음을 떼는 것만으로도 박수부대와 간수동성을 분리시킬 수 있다. 왜 극장에 가는 수고를 한단 말인가? 박수부대는 과거와 현재에 우리를 대신해서 즐겨왔고 즐기고 있지 않는가? 아마도 유일하게 진정한 태도는 그냥 편히 집에 있는 것이다. 문화라는 골치 아픈 일은 우리를 대신한 박수부대에게 맡겨두고, 우리의 향유를 위임해놓은 채 편안히 집에서 하는 것이다. 뭘 하지? 사전 제작된 웃음이 담긴 시트콤을 보나? 박수부대 없이 향유가 있는가?

박수부대는 예술과 문화에만 국한되지 않는다. 박수부대는 모든 형태의 영광을 생산한다. "모든 영광에는 박수부대가 있다. 즉 영광 뒤

의 그림자로서, 그 기교의 일부이자 메커니즘이며 무의 일부이다"(97
쪽). 어떤 영광도 박수부대의 그림자를 떼어낼 수 없고 지속적으로 그
그림자를 동반한다. 이 환호의 더블은 마치 역사의 배경소음처럼 보이
지 않고 들리지 않을 뿐이다. 오랫동안 누가 박수부대를 고용했고 또
얼마나 보상했는지를 잊어버렸다. 혹은 아마도 박수부대는 누구에게
도 정식으로 고용되지 않았으리라. 항상 이미 훈련되어 있었다. 박수
갈채에는 언제나 영광이 뒤따른다. 박수부대가 어떻게 시작했는지 우
리는 모른다. 편집증적인 질문, "누가 박수부대를 고용한 거야?"라고
묻는 대신 이렇게 물어야 한다. "박수부대는 고용되지 않았는데도 어
떻게 그렇게 잘 작동하는가?"이다. 이것이야말로 자신의 용맹성을 억
지 고안하고 꾸미거나 속임수로 만들고 빛을 어둠으로, 존재를 무로
숙명지운 영광의 일부이다. 동시에 자신의 성공과 생존을 확보하게 된
다. 박수부대는 영광의 일부인, 체벌과 매음굴, 오물통이다. 문화, 전통
과 역사 모두에는 박수부대가 스며들어있다. 박수부대라니! 대타자를
일컫는, 이 얼마나 강력한 이름인가?

　　빌리에르의 책으로 돌아가 보자. 이 독창적인 바틈 남작은 박수부
대를 기계로 만든다는 탁월한 생각을 해냈다. 어쨌거나 박수부대는 언
제나 항상 이미 존재해 온 것이다. "박수부대는 인간성으로 만들어진
기계이다. 그러니 완벽할 수 있다"(97쪽). 불완전한 인간기계는 완벽할
수 있다. 인간성의 우발성을 제거하고 인간적 재료는 정확성과 기계적
장치의 완벽성으로 대체된다. 기계는 극장 홀의 건축구조에 삽입된다.
측음기가 조각상과 장식물의 구멍들에 설치된 후 적절한 순간에 기계

는 "와우 와우, 울음, '음모는 그만둬!', 웃음, 한숨, 앙코르, 토론, 원칙, 담뱃갑 여닫는 소리, 등등 관객이 만드는 모든 소리, 하지만 완벽하게" (102쪽. 강조는 필자) 분사하게 된다. 기계는 가스를 내뿜어서 그 완벽성을 더한다. 상황에 맞게 최루가스를 분사하고 웃음가스를 뿌린다. 각 좌석에는 목각손이 덧붙여 있고, 꽃과 월계수를 무대에 던지는 장치도 설치한다. 이 모든 것들이 프롬프터의 코너에 설치되어있는 정교하게 만든 조종 장치로 작동된다. 이로써 프롬프터의 코너는 진정한 의미의 '조종실'로 바뀌게 된다. 모든 연극이 이런 어마어마한 기계를 사용하는 순간 성공하리라는 것은 의심의 여지없다. 일체의 우연한 사건이란 없다. 어떤 저항도 헛되다.

　무엇보다도 바틈의 기계를 확장시킨 형태는 연극비평이다. 재활용된 클리셰와 평범한 문구가 기계적으로 텅 빈 공간에 삽입된 적절한 이름들과 한데 모여져서 나온 결과들은 일체의 허식 없는 인간의 노력을 훨씬 능가한다. 비평은 언제나 박수부대의 일부가 되었다. 비평의 본질은 기계적이다. 정신은 기계이고 박수부대는 파스칼의 충고를 담은 또 다른 사례로 보인다. 기계가 앞서고, 정신이 따라온다.

　바틈이 셰익스피어의 방직공 바틈의 이름을 딴 것은 우연이 아니다. 새로운 바틈처럼 셰익스피어의 바틈은 연극적 책략의 고수였다. 하지만 중요한 차이가 있다. 셰익스피어의 바틈은 극장의 내재적 마술과 관객에게 미치는 힘을 믿었고 브레히트 이전의 브레이트주의자가 된다. 그는 관객을 주술에서 풀려나게 하려고 한다. "이건 그저 연극일 뿐입니다. 이건 진짜 칼이 아니에요. 진짜 사자가 아니랍니다."[8] 그는 무한한 믿음을 갖고서 관객의 무한한 신뢰를 믿는다. 그에게 극장은 그 자체로 너무도 확신에 차 있어서 박수부대가 필요 없다. 그러나 배우들의 임무는 정반대이다. 너무 흥분하지 않게 하기, 환상을 깨주기. 반면에 새로운 바틈은 모든 마술은 트릭이라는 것을 너무도 잘 알고 있어서 전혀 다른 관심사를 갖는다. 어떻게 관객을 흥분시켜서 믿게 만들 것인가. 그의 속임수는 셰익스피어의 바틈 만큼이나 투박하고 명확하다. 그렇지만 이들의 속임수에 걸려들지 않을 수 없다. 요정 여왕 티타니아처럼 주문에 걸려서 관객은 바보의 머리통과 사랑에 빠져버리지 않을 수 없게 된다.

그러니 영광의 수수께끼는 우리의 밑도 끝도 없는 바틈과 함께 최종적 휴식처를 찾게 되었다. "이 스핑크스는 그의 오이디푸스를 찾았다"(107쪽).

2라운드: 욕망

빌리에르의 텍스트로부터 여러 가지 문제가 발생한다. 우선 우리는 간수동성의 순수한 사례를 다룰 수 있을까? 진정한 간수동성과, 박수부대의 사례에서 우리가 발견한 것 사이에는 미묘한 차이가 있다. 문제는 이 차이가 끝까지 유지될 것인가이다. 빌리에르의 핵심 용어 '훈련'을 통해서 — 유도하고, 부여하고 자극하고, 촉구하는 — 접근가능하다. 그에게 박수기계의 핵심은 관객으로부터 박수부대에 유도된

(인간의 것인지, 기계인지 상관없이) 첫 반응을 이끌어낼 수 있다는 것이다. 박수부대는 관객을 웃음, 눈물, 견해 등으로 오염시켜야 한다. 이런 것들은 '실재적'인 척하는 인공적 형태로 생겨난다. 박수부대는 나를 환호하게 만들기 위해서 박수를 친다. 또 나를 웃게 하기 위해서 웃는다. 관객의 '진정한' 감정은 인공적으로 자극받게 되는데, 관객은 더 이상 진짜와 가짜의 차이를 말할 수 없게 된다. 하지만 간수동성은 이런 장치와는 사뭇 다르다. 간수동성에서는 인간적이든 기계적이든 장치들 자체가 우리를 대신해서 반응을 떠맡는다. 장치들은 우리를 위해서 느끼고, 그럼으로써 우리는 향유의 부담을 덜게 된다. 혹은 향유를 (인간적이든 기계적이든) 타자에게 대리시킴으로써 얻는 이상한 향유에 탐닉할 수 있다. 정해진 웃음은 우리를 웃게 만들지 않는다. 오히려 우리는 웃지 못하게 된다. 빌리에르는 이런 꼬임에까지는 이르지 못한다.

인간의 행동을 대리하는 것에는 특별한 게 없다. 실제로 행동은 먼저 사물이나 어떤 도구 — 인간은 종종 '도구를 사용하는' 동물이라고 정의되곤 한다 — 를 사용하거나 또 다른 사람, 혹은 '말하는 도구' — 가령 아리스토텔레스가 노예를 이렇게 불렀다 — 등을 통해 대리시킴으로써 특별히 인간적이 된다고 말할 수 있다. 누군가의 행위를 다른 것에게 전이하는 이 두 가지 방식들이야말로 역사의 주제이며 기술의 진보와 그에 따른 계급관계의 발전(마르크스주의적 향수 어린 용어를 사용한다면 생산수단과 생산관계)의 본질이라고 할 수 있다. 행동의 대리라는 몸짓, 그 제스처가 인간의 본성을 규정하고, 이를 통해 도입된 매개에 의해서 인간은 소외에 노출된다. 그래서 인간의 행동은 개념상 언제나 '간

(間)'이다.

수동성을 대리할 수 있다는 점은 그다지 분명하지는 않다. 이에 결부된 수많은 문제들 중 하나는 적극성과 수동성을 명확하게 구분할 수 있는지 여부이다. 수동성이라는 단순한 표제 하에 아무 문제 없이 웃고 울고 기도할 수 있는가? 수동성은 어디에서 시작하며 적극성은 어디에서 멈추는가? 웃음은 수동적인가? 대체로 웃음은 자극받아 생길 수 있다. 본성상 어떤 것에 대한 반응이지만, 그렇다면 뭔가에 대한 대응이 아닌 행위가 있을 수 있는가? 자극받지 않고 행동을 할 수 있는가? 칸트주의적인 원인도 『순수이성 비판』에서의 저 악명 높은 세 번째 이율배반 ─ 그 자체로 결과일 수 없는 원인 ─ 의 물자체, 즉 실재이지 않은가? 이러한 지각의 극단적인 사례에서 감각이 고작 외부적 자극에만 영향을 받았다고 해도 적어도 칸트주의적 전회 이후에는 누구도 단순히 수동적이라고 주장할 수 없다. 칸트는 정확히 주체가 언제나 이미 자신의 인식이 구성되는 것에 기여하고 있다고 했다. 웃음을 다른 이에게 대리시키는 것은 확실히 역설적이다. 하지만 오로지 대리의 수동성 때문만은 아니다. 오히려 그렇게 만드는 것은 웃음의 헤아릴 수 없는 성격인데, 친밀할 정도로 인간적으로 보인다(인간을 정의하는 또 다른 통상적 정의는 '웃는 동물'이다). 웃음은 환원불가능할 정도로 인간적이어서 대리할 수 없다. '도구를 만드는' 동물이 필연적으로 대리한다면, '웃는 동물'은 아니다. 적어도 최근 가공된 웃음이 발명되기 전까지는 그렇다. 그래서 감정은 그저 수동적인 것인가? 감정이 애초부터 무엇인가에 대한 반응이라면(모든 행동은 무엇인가에 대한 반응이다), 오직 '적극적으로' 자신을 표현함으로써만, '행동의 상연'을 통해서만 명백해진다. 이렇게 가시화되고 이런저런 방식으로 외재화시키고, 성공적으로 처리되어 다른 반응들의 원인이 되고, 그러면 차이는 언제나 희미해진다.

아마도 문제의 핵심은 수동성에 있는 게 아니다. 수동성의 경계선들은 결코 엄정하게 구축될 수 없다. 문제의 핵심은 향유의 개념에 있다. 향유는 간수동성의 목록에 열거된 친밀한 감정들의 맨 밑바닥에 놓여있다. 한편으로 향유는 전이될 수 없다(궁극적으로 셈할 수도 없고 측정할 수도 없다).[9] 다른 한편에는 보너스, 보상, 이점과 혜택, 축복이다. 도대체 왜 향유를 대리경험하고 싶어 하는가? 간수동성을 대신해서 '간향유'를 다루어야 한다. 우리는 출발점으로 이제 다시 돌아가야 한다. 바로 (적극적 활동으로서) 주체의 뒷면(수동성)으로서의 향유가 출발점이다. 수동성의 핵심은 그것에 관련된 향유이다. 그럼에도 불구하고 문제는 이제 전치되었다. 왜냐하면 적극성으로부터 얻는 향유는 쉽게 개념화할 수 있기 때문이다. 하지만 수동성에 담긴 공공연히 인정할 수 없고 수치스러운 향유와 같은 종류는 아닌가? 향유는 그저 수동적이기만 한가?

이 지점에서 정신분석이 개입해야 한다. 내 생각엔 정신분석은 불가피하다. 간단히 말해서 사람들이 추구하는 것이 향유라고 한다면 욕망의 개념으로 보완될 수 있고 또 보완되어야 한다. 우리는 이 개념적 짝, 즉 욕망과 향유를 얻게 된다. 이 짝은 다소 의심스러운 짝인 적극성과 수동성을 대체할 수 있다. 하지만 욕망과 향유는 잘 어울릴까? 욕망은 진정 향유를 추구하는가? 욕망은 향유를 갖고 싶어 하나?『에크리』

에는 다음과 같은 짧은 문장이 있다. 라캉의 문장 중 악명 높은 이 문장은 "욕망은 방어, 다시 말해 향유에 그어진 한계를 위반하려는 것에 대한 방어이다."[10] 이 기초적인 정신분석적 통찰력 — 욕망이 향유에 대한 방어기제이다 — 은 우리가 당면한 문제를 상당히 복잡하게 만들거나 혹은 완전히 단순화시킬 수도 있어 보인다.

욕망은 본질적으로 상호적이다. 타자에 의해 이끌리고 자극받지 않는 욕망은 없다. 우리는 타자의 욕망에 의존함으로써 욕망하게 된다. 욕망이 일어나기 위해서는 타자와 기본적으로 동일화가 되어 있어야 한다. 라캉은 전혀 지치지 않고 주체의 욕망이 대타자의 욕망이라고 반복해서 말했다. 우리는 이 진술을 다르게 표현할 수 있다. 주체의 욕망은 박수부대의 욕망이다. 박수부대에 따라 우리의 반응, 판단, 의견이 어떤 방식으로든 형성된다는 것을 쉽게 알 수 있다. 박수부대는 반응의 시작, 태도, 적절한 방식 등을 제공하고, 무엇보다 참여하고 싶은 소망을 불러일으킨다. 그리고 늘 이미 알지도 못한 채 참석하게 된다. 욕망은 필연적으로 동일화로부터 지원을 받게 되는데, 욕망의 중요한 형태는 타자의 욕망과의 동일화이다. 확실히 여기에는 역설이 있다. 만일 오직 우리가 결여만을 욕망한다면 타자의 욕망과의 동일화는 대타자가 결여한 것과의 동일화를 수반한다. 욕망을 하면서 우리는 적극성으로 이끌려 가는데, 타자를 적극성으로 이끌어가는 것이 무엇인지를 알게 된다(이것이 상호작용의 핵심이다). 대타자를 움직이게 하는 원동력은 무엇인가? 대타자는 무엇을 좇는가? 욕망의 방식과 원인은 무엇인가? 대타자는 어떻게 즐기는가? 혹은 대타자는 즐기기는 하는가?

욕망을 해봄으로써만 이 사실을 알 수 있을 뿐이다. 자신의 욕망은 실은 대타자의 욕망일 뿐이다. (박수부대의) 대타자가 안다는 가정과는 별개로 대타자는 즐긴다고 가정할 수 있다. 그래서 박수부대를 따르게 되고, 박수부대가 가리키는 움직임을 통해 나아간다. 바로 상으로 향유를 얻게 될 것이라는 희망을 갖게 되기 때문이다. 그러나 여기에 골치 아픈 문제가 있다.

욕망은 동일화를 동반한다. 하지만 향유로 귀결되지는 않는다. 욕망은 불만족의 지속을 통해 유지된다. 대타자가 즐긴다는 가정은 따라서 향유로 이어지지 않는다. 오히려 향유를 막는다. 욕망이 유지되려면 결여가 유지되어야 한다. 주체는 자신의 결여를 사랑한다. 주체는 결여를 유지하기 위해서는 뭐든 포기하려 한다. 주체가 향유를 얻는다면 주체로서의 지위는 붕괴된다. 주체와 욕망은 동의어라는 조건에서 그렇다.

이로부터 간수동성의 첫 번째 형태가 나온다. 욕망이 향유에 대한 방어이기만 하다면 자신을 방어하는 현명한 방법은 향유를 타자에게 위탁하는 것이다. "타자가 즐긴다. 그래서 나도 즐기고 싶다"는 직접적으로 "타자가 즐긴다. 하느님 감사합니다. 저는 이제 즐길 필요가 없어졌습니다"로 이어진다. 박수부대가 해야 할 일을 하도록 하라. 다시 말해서, 나 대신 즐기게 하라. 비디오가 내가 좋아하는 영화를 대신 보게 하라. 그렇지 않으면 내가 직접 즐겨야 하는데, 그건 너무 참기 힘들다. 나는 미리 즐겨야 하는 상황이 가져올 실망감을 알 수 있다. 느끼도록 가정된 향유에 나 자신 결코 맞출 수 없다는 것을 나는 안다. 타자에게 만족을 맡김으로써 나는 욕망의 만족 같은 것은 없다고 계속해서 가정할 수 있다. 내가 나 자신을 즐긴다고 한다면 희망은 사라진다. 타자가 나를 위해 즐긴다면 향유로부터 나 자신을 방어함으로 내 욕망을 유지하고 보존할 수 있다. 욕망의 본성에 일치시켜 유지하게 된다.

여기서 강박신경증자의 전략을 발견하는 것은 어렵지 않다. 바로 펄러는 경탄해마지않으면서 이런 방향을 모색했다.

3라운드: 충동

하지만 이런 식의 추론은 여전히 간수동성을 상호성의 영역에 위치시킨다. 간수동성은 욕망의 곤궁을 회피할 수 있는 전략이며 욕망을 연장시키는 방법이다. 이 지점에서 본질적으로 상호적인 욕망이 그 한계-사례를 제시하지만, 그 논리로부터 가능한 결과들 중 하나가 따라온다. 욕망은 내재적 상호성의 교착상태를 해결하기 위해서 수동성을 흉내 낸다. 욕망이 향유를 피하기 위해서 수동성을 흉내 내지만, 그럼에도 불구하고 얼마간 향유를 생산해내지 않는가? 만일 주체가 정의상 욕망의 주체이고 욕망이 향유의 방어기제라고 한다면, 그럼에도 불구하고 주체는 조금이나마 향유를 얻을 수 있을까? 주체는 자신이 막으려고 하는 그것을 얻지 않는가? 타자가 즐기도록 해두고 그래서 자신만의 치유할 수 없는 불만족에 자신을 맡게 둠으로써 즐길 수 있지 않은가? 내가 간수동성을 '간-향유'로 대체하자고 제안하기 때문에, 누군

가 이렇게 질문할 수 있겠다. 향유는 '간'인가? 욕망이 본질적으로 '간'
이라면 같은 일이 향유에도 일어나지 않을까?

여기에서 정신분석의 충동개념이 도입되어야 한다. 나의 주제를
좀 더 단순하게 표현한다면 상호성의 핵심은 욕망에 있고, 간수동성의
핵심은 충동에 있다고 하겠다. 욕망과 향유를 깔끔하게 대립물의 짝으
로 처리하고 난 후 향유는 충동의 자리에 놓이게 된다. 만일 욕망이 지
속적으로 불만족해서 유지된다면 놀랍게도 충동은 항상 향유와 만족
으로 향한 길을 찾고 있다.[11]

라캉의 예를 들어보자. 실제로 라캉은 프로이트의 주장을 아주 충
실하게 따른다. "입 안 가득 채운다고 해도 ─ 입은 충동의 등기부에서
열려있다 ─ 만족을 주는 것은 음식이 아니라 입의 즐거움이다."[12] 무
엇이 배고픔을 만족시키는가? 생존하려면 먹어야 한다는 아주 평범한
필요와는 별개로, 어떻게 우리는 배고픔을 욕망과 충동 사이의 이분구
조에 놓을 수 있을까? 배고픔을 욕망의 사례로 다루기엔 다소 이상하
지만 일단 먹는다는 욕구가 요구로 변곡이 되면, 초기단계에서는 필연
적으로 그렇게 되는데 ─ 관심을 얻으려는 요구, 사랑의 요구 ─ 욕망
의 망에 벗어날 수 없게 붙들리게 된다. 이런 주장은 자주 제기되었다.
이미 잘 알려진 변증법적 진행인 욕구-요구-욕망의 핵심구조이다.[13]
배고픔이 욕망과 관련되어 있다는 조건에서 박수부대에 의존하고 있
는지를 물어볼 수 있다. 아마도 이상하게 들릴지 모른다. 하지만 '엄마
의 박수부대'가 광범위하게 존재한다(엄마는 대타자의 첫 형상이다). 아기
가 먹을 때마다 엄마로부터 제공되는 승인과 즐거움을 의미한다. 우리

는 그저 욕구를 채우기 위해서만 먹는 것이 아니다. 엄마의 욕망을 만족시키기 위해서도 먹는다. 엄마의 욕망은 주체의 욕망과 동시에 일어난다. 또 말 그대로 누군가의 환호가 없이는 먹을 수 없다. 배고픔이 욕망이라고 한다면 그 욕망은 늘 만족되지 않는다. 얼마나 또 어떻게 먹는다고 해도, 먹는다는 것은 바로 '그것'은 아니다. 다양한 형태의 거식증과 폭식증을 떠올려보라. 욕망의 입에 아무리 많은 음식을 채워 넣는다고 해도 충분하지 않다. 어떤 음식도 내가 원하는 음식이 아니다. 배고픔의 만족은 점점 더 향유에 미치지 않게 된다. 욕망은 음식의 양이나 질에도 불구하고 배고픈 채 남아있다.

충동은 다르다. 그것은 만족이며, 부산물, 말하자면 욕망의 불만족으로서 얻는 향유이다. 욕망은 만족시킬 수 없다. 그럼에도 어떤 식으로든 즐긴다. 이 즐김은 잉여향유로, 헛되이 쫓는 향유의 과정에 비밀스럽게 스며들어 첨가된 향유이다. 구강충동의 경우 구강쾌락은 욕망의 불만족에도 불구하고, 그리고 불만족 때문에라도 첨가된다. 소비된 대상은 결코 그것, 실재적 사물이 아니다. 그 사물의 일부가 필연적으로 소비라는 행위에서 생산된다. 바로 이 조각이 충동의 대상이다.[14] 그래서 만일 욕망이 결코 향유에 도달할 수 없다면(진정 향유를 추구한다는 겉치레를 통해서라도 회피하기 위해서라면 뭐든지 다 한다), 충동의 문제는 그와 정반대이다. 즉 결코 향유를 없앨 수 없다. 충동이 그 목표에 도달하지 않음으로써, 그리고 무관한 대상을 통해서 제공되는 이상한 종류의 향유가 있다. 프로이트는 이미 충동에 관한 유명한 논문에서 이렇게 제시했다. "[대상은] 본능에 관해서 가장 다변적이며, 본원적으로 연결되지 않는다…대상은 본능이 존재하면서 거치는 변환의 과정에서 수차례 변화한다."[15] 만일 대상이 중요하지 않다면, 충동은 어떻게 만족을 얻는 것인가? 구강충동은 가슴을 대상으로 삼아 한 짝을 이루는 것 같다. 하지만 가슴 그 자체는 대상으로서 본질적이지 않다. 라캉에 따르면 충동은 대상/가슴을 에둘러서 목표에 이르지 않으면서도 만족을 얻는다.[16] 충동은 좌절됨으로써, "목표가 금지되면서zielgehemmt" 만족을 얻는다. 하지만 그럼에도 불구하고 그 목표를 놓치진 않는다. 라캉은 실제 목표와 목적을 구분하는 영어 낱말을 사용한다. 이 두 낱말은 프랑스어 '르 뷔le but'에서는 식별되지 않는다.

> 여기서 우리는 질게헴트zielgehemmt라는 용어의 미스터리를 해결할 수 있다. 이 말은 충동이 목표에 도달하지 않으면서도 만족을 얻는 방식을 의미한다. 누군가에게 임무를 맡길 때 목표는 그가 가져올 내용이 아니라 그가 반드시 취하게 되는 궤적이다. 목표는 길이다. 프랑스어로 뷔but는 영어의 목적goal으로 번역될 수 있다…만일 충동이 무엇을 얻지 않고도 만족될 수 있다면…그 목적을 만족시킨 것이다…그것은…목표가 회로로 돌아가는 것에 다름 아니기 때문이다…소대상은 구강충동의 기원이 아니다. 원천으로서 음식으로 도입되지 않고 어떤 음식도 구강충동을 만족시킬 수 없다는 사실로 소대상이 도입된다. 특히 영구적으로 결여된 대상을 [에두름으로써] 방해해야만 만족된다.[17]

충동은 목적을 달성하지 않고도 목표에 도달한다. 충동의 화살은 표적으로부터 돌아온다. 마치 부메랑처럼. 하지만 라캉의 제안과는 달리 주체는 본질적으로 욕망의 주체이기 때문에 주체로 돌아오지는 않는다. 반면 충동은 잉여향유의 조각을 갖지만 주체는 없다(적어도 일반적 의미에서의 주체는 아니며, 라캉적 의미의 주체도 아니다).[18] 충동의 기원에는 주체가 없다. 대타자와의 얽힘으로부터 출현하는 욕망의 주체만 있을 뿐이고 향유는 그 부산물일 뿐이다. 충동은 기원이 없고 끝이 없다. 충동은 순환운동을 통해 유지되며 이 운동에서 향유의 조각을 낳게 된다. 하지만 이 향유는 욕망을 만족시키거나 결여를 채울 수 없고, 욕망은 그것으로부터 도망친다.

이 모든 것은 생물학적 혹은 신체적 압박으로서, 에너지의 저장고이며 힘의 장으로서의 충동을 일반적으로 재현한 것과는 일치하지 않는다. 이런 개념은 프로이트의 글 전반 여기저기에서 풍부하게 산발적으로 찾아볼 수 있다. 라캉은 또 하나의 모델을 제안한다. 바로 기관으로서의 충동이다. 이 이상한 종류의 기관은 "실제 기관과 연관된 곳에 있다."[19] 그럼에도 불구하고 "손에 쥘 수 없는 기관, 오직 우회로를 통해 회피할 수만 있는 대상, 간단히 말해 거짓 기관이다…이 기관의 성격은 존재하지 않음에도 불구하고 기관인 것이다."[20] 라캉은 계속해서 이렇게 말한다. "이 기관은 실재하지 않는다. 비실재는 상상계가 아니다. 비실재는 우리를 피해가는 방식으로 실재의 장에 절합된다. 그리고 정확히 바로 이런 이유로 그것의 재현은 신비화되어야 한다…"[21]

그리하여 라캉은 자신만의 신화를 만든다. 그는 아리스토파네스의 잃어버린 반쪽의 신화를 패러디한다. 인간존재(성적으로 구성된 존재)를 보완하고 완전하게 해줄 잃어버린 반쪽은 라멜라[22]이다. "뭔가 과잉-평평한 것, 아메바처럼 움직이는 것…사방으로 움직인다…어떻게 분리되어도 생존하고…이리저리 달려갈 수 있다."[23] 나아가 "여기에 농담의 차원을 강조하고 싶다면 '로믈렛l'hommelette'[24]이라고 부를 수도 있다…소대상의 모든 형태들은…재현물이며, 등가물이다."[25] 충동의 대상을 상상하기 위해서는 상실되거나 잃어버린 기관을 개념화해야 한다. 이 기관은 상실되었음에도 신체를 연장시킨다. 몸의 구멍들과 경계들(모든 소대상은 여기에서 나온다)에 의해서 구성되는 기관이다. 대상은 무한하게 유연하지만 결코 들어맞지 않고 손아귀에 잡히지도 않는다. 오직 충동의 회로를 통한다. 그래서 구강충동의 경우 가슴은 리비도의 기관이 아니다. 오히려 라멜라는 여분의 납작하고 얇은 막이며 언제나 열린 입과 가슴 사이에 끼어든다. 말하자면 로믈렛은 언제나 우리가 오믈렛을 먹는 것을 방해한다.

라캉의 다음의 문장으로 이 모든 내용이 요약될 수 있다. "욕망은 대타자에게서 오고 향유는 큰 사물 쪽에 놓인다."[26]

4라운드: K.O.

그러면 간수동성의 문제는 우리에게 무엇을 말하는가? 욕망과 대립하는 충동과 향유의 조건에서 이 문제를 다루면 간수동성 — '간'과 '수동성' — 의 양 측면이 변화되거나 포기되어야 한다.

우선 충동은 적극성과 수동성의 구분으로 환원될 수 없는 듯 보인다. 확실히 프로이트는 충동의 변환을 고려할 때 이 주요한 변이 중 일부는 적극성과 수동성 사이의 역전을 구성한다고 보여주었고, 그 핵심에는 "모든 본능은 적극성의 조각이다. 만일 우리가 수동적 본능에 대해서 대략적으로 말한다면 목표가 수동적인 본능을 의미할 수 있다"고 주장한다.[27] 수동성은 충동의 내재적 활동성의 파생적 하위분야로 묘사될 수 있다. 라캉은 이에 동의하는 듯 보인다. "사실상 수동적이라고 가정된 국면에서도 충동의 행사, 가령 마조히즘의 충동은 매저키스트 자신이…그 일을 악마처럼 수행하기를 요구한다는 것은 명백하다."[28]

그러나 내 생각에 라캉의 설명을 토대로 충동의 적합한 양식 혹은 "태(態)"[29]는 중간 형태로, 능동태와 수동태 사이의 문법적 개념이라고 주장할 수 있다. 충동은 중립적으로, 무관심하게 나아간다. 물론 적극적이고 수동적인 표현들을 만들어낼 수 있다. 적극적으로 얻으려고 애쓰거나 수동적으로 굴복하는 주체가 없이 일어나거나 발생한다. 능동성과 수동성 모두 욕망과 그 변이의 영역과 관련된다. 반면 수동성은 능동성의 한계-사례로 묘사된다. 아마도 조심스럽게 동사의 태를 다르게 구분할 방법을 제안해 볼 수 있겠다. 반면 언뜻 보기에 핵심적 구분은 능동태와 수동태의 구분처럼 보인다. 그 중간태는 어색한 부록 같다. 하지만 다시 보면 주체를 동사가 묘사하는 것에 포함하는가 하지 않는가 사이에 더 중요한 구분이 등장한다. 이 구분에서는 능동태와 수동태(주체가 행동하거나 행동을 받는다)는 한 가지 범주에 속하게 되고, 중간태가 다른 형식이 된다.[30]

둘째 향유는 아마도 '간'이 전혀 아닐지 모른다. 충동은 대타자를 고려하지 않는다. 충동은 박수부대를 걱정하지 않는다. 충동은 자신의 길을 보여주기 위해서 박수부대가 필요하지 않다. 뿐만 아니라 어떤 동일화도 요구하지 않는다. 충동은 욕망이나 대타자의 (가정된) 향유에 휘말리지 않는다. 오히려 대타자의 속임수에는 철저히 무관심한 채, 대타자를 거부하고 내버린다. 그러니 박수부대 바깥에 향유가 있다. 그리고 정신분석이 찾는 것은 정확히 이 향유이며, 문제를 일으키는 것은 바로 이 향유이다. 만일 첫 번째 의미에서, 그리고 강박신경증적 형식에서의 간수동성은 내재적으로 '간'이어서, 향유를 타인에게 대리하게 하지만, 두 번째 의미에서는 모든 향유를 유지하게 된다. 다만 충동이 유지되거나 귀속될 수 있는 자아는 없다. 그래서 충동을 유지하는 것은 무의미하다. 비축할 만한 것이 없기 때문이며 또 원하든 원치 않든, 어떤 식으로도 얻을 수 있기 때문이다.

그래서 두 번째 의미의 간수동성은 '간'과 '수동성'을 제거한 상태에서 상호성의 그림자로 등장한다. 이 두 번째 의미에서는 향유를 대리할 수 없지만 그것을 유지할 수도 없다. 주체와 대타자가 사라지는 곳에서 '그것은 즐긴다.' 어떤 의미에선 분명 향유가 대리된다. 대타자(다른 주체들, 기계들, 대타자의 환영)에게 향하는 것이 아니라 대타자를 피해가는 것을 대리하는 것이다. 또한 우리의 몸도 피해간다. 말하자면 향유의 지렛대는 앞서 말한 비실재적 신체적 기관이다. 소유하지는 않았지만 그렇다고 없애버릴 수도 없다.

간수동성의 두 번째 의미에서 우리의 주제는 사라진 것 같다. 간수동성은 국지적이거나, 어느 정도 호기심을 자아내고 흔치 않으며 두

드러진 현상이기보다는, 편재하고 보편적이 된다. 만일 우리가 충동의 기본적 메커니즘과 간수동성을 동의어로 만든다면, 그리고 충동과 함께 동시에 발생한다면, 아마 간주간성이라는 표제 하에 포함되지 않을 인간의 현상이라는 것이 있는지 의문이 들 것이다.[31] 사례를 확장해보면 먹는 것도 간수동성이 아닐까? 두 번째 의미에서 그렇다고 할 수 있다. 그리고 중요한 점은 아주 이른 시기의 현상이며 아마도 이후 모든 다른 것들의 모델이 될 것이다. 충동이 욕망의 그림자로 보일 수 있다면, 간수동성은 그 숨겨진 뒷면으로서 인간의 모든 노고에 은밀히 숨어든다. 첫 번째 의미에서는 몇몇 선별된 사례들에서만 나타났다. 강박적 논리의 기묘하고, 그렇지만 영향력 있는 확장으로 나타났다. 두 번째 의미에서는 하지만 절대 그것을 제거할 수 없다. 충동에서는 향유를 선택할 수 없다. 우리가 하고 싶은 방식대로 즐길 수 없다.

이 두 가지 의미를 함께 모을 수 있을까? 두 의미 사이에 가능한 변화 혹은 가교가 있을까? 정신분석의 과정이야말로 그 가교가 된다고 말할 수 있다. 라캉은 분석을 욕망의 구조에서 충동의 구조로의 변화로 개념화하면서 이 두 선을 따라간다.

무엇보다 충동은 '쾌락원칙 너머'의 차원을 도입한다. 반면 욕망은 향유의 방어기제와 함께 그 모든 불만족에도 불구하고 쾌락원칙 내부에 남아있다. 라캉은 말한다. "충동에서의 문제는 최종적으로 이렇다. 충동의 경로는 오직 위반의 형식이며, 주체에게 쾌락원칙으로 허용된다. 주체는 그의 욕망이 타자의 주이상스를 붙들려는 목표를 삼고 헛되이 우회할 뿐임을 깨닫게 될 것이다…"[32]

분석의 목표는 욕망을 그것이 도망쳐 나온 지점을 향해서 굴절시키는 것, 즉 직접 욕망할 수 없는 것을 생산하는 것이다. 욕망은 본성상 간접적이기 때문이다('욕망에의 욕망'이라는 공식으로 요약될 수 있다). 뭔가 생산된 것이 있다면 그것은 향유이다. 향유에서 부산물이 전면에 등장하고 환상의 가름막 밑으로부터 그대로 드러난다. 라캉은 설명한다. "소대상과 관련해서 주체의 지도그리기를 한 뒤 기본적 환상의 경험은 충동이 된다. 그러면 근원과 맺는 이 불투명한 관계, 충동의 관계를 경험함으로써 주체는 무엇이 되는가? 근본적 환상의 경험을 가로지르는 주체는 충동을 어떻게 경험할 수 있는가? 이 질문은 분석을 넘어서 있어 결코 도달할 수 없다."[33]

이 후기 단계에서 환상의 다루기 힘든 문제들을 해결하는 것은 다소 어렵다. 간단히 말해서 환상은 욕망의 지지대라고 말할 수 있다. 분석의 핵심은 욕망을 지원해 온 환상을 가로지르는 것이다. 즉 환상의 지원을 없애는 것이다. 그리고 나서 남는 것은 지지대가 없는 충동이다. 근본적 환상의 가로지르기와 주체의 빈곤화(주체의 K.O.라고 해야 할까?) —라캉이 분석 끝에 제시하는 두 공식—는 충동에서 동시에 일어난다. 최종적 분석에서, 즉 분석의 끝에 충동이 환상을 쫓아낸다. 향유를 막는 방어기제로서 욕망은 붕괴되고, 등장하는 것은 사유 불가능한 욕망의 너머이다. 그리고 분석 너머에 있는 결코 도달할 수 없었던, 그 무엇이다.

우리는 분석의 시작을 상호적이라고 생각해볼 수 있다. 내담자가 분석을 시작할 때 분석가는 모두 아는 타자라고 가정한다. 무엇보다

분석가는 향유로 향하는 길을 안다고 가정된다. 타자와의 동일화가 시도되고 그의 욕망을 알아보려고 한다. 그러나 분석적 메커니즘은 욕망의 일반적 방식을 벗어난다. 박수부대는 없다. 분석가는 대타자의 형상을 하고서 환호의 박수를 치지 않는다. 물론 고용되었고 돈을 받는다. 그래도 분석가는 박수부대의 안티로서 박수를 치지 않는다. 어떤 박수부대도 따를(혹은 반대할) 필요가 없기 때문에, 욕망의 토대가 될 어떤 박수부대도 없기 때문에 상호성은 궁극적으로 그 토대를 잃고 욕망은 그 자체로 회귀해서 근거를 잃어버린 변덕스러움으로 돌아간다. 아무런 토대도 없이 등장하며, 즉 환상의 우발성에만 기댈 뿐이다. 이것이 무너져버리면 남는 것은 오직 부산물, 즉 충동이다. (헤겔주의적) 표현을 사용한다면 전혀 상호작용하지 않고, 실체가 없으며 주체도 없는 것이다.

간수동성의 첫 번째 의미는 이 과정의 첫 대목에 뒤따르는 분석에 대한 방어기제로 이미 등장하게 된다. 내담자는 그 끔찍한 이방인인 분석가에 대항해서 자신을 방어한다. 이렇게 할 수 있는 전략 중 하나는 간수동성이다. 향유를 타자에게 할당할 뿐 아니라 자신을 그 도구로 제공한다. 타자가 향유하는 동안 나는 그럴 필요가 없다. 그래서 나는 그의 향유를 보장해야 한다. 우리의 임무는 분석가의 비밀스러운 서비스를 받는 것이다. 분석은 어떤 지점에서 항상 연애관계, 혹은 주인-노예 관계의 가장자리에 있다.[34] 진정 일자로 변하게 되면, 주체의 욕망은 승리를 구가하게 될 것이고 새로운 간수동성, 즉 미리 만들어진 분석가라는 신기한 물건을 얻게 될 것이다.

하지만 만일 분석이 이 일을 감당한다면 간수동성의 메커니즘을 무너뜨려야 한다. 충동과 연결된 일자인 타자로 그것을 넘겨주어야 한다. 충동의 출현은 분석의 마지막 지점이다. 그 너머는 결코 도달할 수 없다고 라캉이 1964년에 말했다. 그러나 몇 년 후 그는 그 너머를 구상할 수 있는, 아주 정확한 메커니즘을 제안한다. 라 빠스la passe라고 알려진 것으로, 내담자의 위치에서부터 분석가의 위치로 이동하는 통로를 의미한다. 그리고 이것이 궁극적 지점으로, 여기서 새로운 종류의 욕망이 충동으로부터 출현하게 되는데, 바로 분석가의 욕망이다. 라캉이 이 문제에 대해 쓴 몇 가지 중요한 논문 중 하나는 적절한 제목을 달고 있다:「프로이트의 '충동'과 정신분석가의 욕망」.[35] 이제 이렇게 말할 수 있다. 분석가의 욕망이 충동의 정신으로부터 탄생한다. 혹은 차라리 이렇게 말할 수 있다. 정신의 완전한 결여로부터 분석가의 욕망이 탄생한다.

이 새로운 욕망이 낡은 욕망의 덫을 회피할 수 있을까? 이 욕망은 박수부대로 부터 해방되었는가? 혹은 필연적으로 새로운 형태의 박수부대를 동반하는가? 이전 세기를 통과해온 정신분석 운동의 역사의 실체를 형성했던 그 박수부대인가?

주

1 Jacques Lacan, *Seminar VII: The Ethics of Psychoanalysis*, Jacques-Alain Miller 편집. Dennis Porter 번역 (New York: Norton, 1992), 252쪽.

2 상호성을 의미하는 interactivity와 반대로 수동성을 강조한 조어(역주).

3 *Interpassivität*를 보라. Robert Pfaller 편집 (Vienna: Springer, 2000). 여기서 팔러는 이 주제에 대한 오랜 노력의 결과를 요약해준다. 두 차례의 국제학술대회가 린쯔와 누렌버그에서 1998년에 이 주제에 관해 열렸고, 팔러는 그 내용을 적절하게 요약해 주고 있다. 이 주제에 관해서 지젝의 논의를 *The Plague of Fantasies* (London: Verso, 1998)에서 참고할 것.

4 셰익스피어의 희극(역주).

5 '라 클랙'(la claque): 박수, 따귀를 의미하는 프랑스어(역주).

6 Brewer의 *Dictionary of Phrase and Fable*은 늘 그 역할을 잘 수행하는데, 다음과 같이 기술하고 있다. "극장에 고용된 박수꾼들은 1820년에 파리에서 사무실을 낸 소톤 씨가 처음으로 체계화시켰다. 드라마의 상연이 성공하도록 보장하기 위해서이다. 매니저는 박수부대를 정해진 수 만큼 요구를 했다. 이 사람들 중 일부는 대리인이 되어 작품이 기억에 남도록 하고 소란스럽게 작품의 장점을 드러낸다. 농담과 말장난이 나오면 웃는다. 또 일부는 눈물 담당자가 되는데, 주로 여성이다. 이들은 감정이 복받치는 장면에서는 손수건을 눈에 댄다. 일부는 웃음유발자가 되어 관객을 즐겁게 만들어준다. 또 일부는 앙콜을 외쳐대는 역할을 맡는다." 이런 현상은 19세기에 광범위하게 퍼져있어서 수많은 작가들이 빌리에르보다 훨씬 먼저 언급하고 있다(가장 상세한 것으로는 1846년 Emile Souvestre, *Le monde tel qu'il sera*이다). 1842년 12월에 *Revue et gazette musicale*에 익명의 글이 실렸는데, 박수부대를 기계로 대체하자고 제안했다. 이 장치는 이미 영국에서 사용되고 있으니 당장 수입하자고 했다.

7 Villiers de L'Isle-Adam, *Contes cruels*, Pierre Citron 편집 (Paris: Garnier-Flammerion, 1980), 100쪽. 추후 이 책의 인용은 본문에 괄호 표기할 것.

8 Shakespeare, *A Midsummer Night's Dream*, 3막 1장을 보라. 바틈은 이렇게 말한다. "내게 서문을 써주고 이렇게 말하라. 우리는 검으로 상해를 입히지 않을 것이다. 파이라무스는 사실 죽지 않는다. 좀 더 확실하게 한다면, 파이라무스는 파이라무스가 아니고 바틈은 베를 짜는 사람이라고 말하라. 그러면 그들은 두려워하지 않을 것이다."

9 향유가 본질적으로 셈할 수 없다는 사실은 우리가 더 그것을 계산하고 싶도록 압박한다. 계몽시대에 "향유의 계산법"에 강박적으로 매달린 사유가 있었다. 여기에는 다소 희극적인 결과가 따른다. 가령 공리주의자 제레미 벤덤을 참조할 것.

10 Lacan, *Écrits* (Paris: Seuil, 1966), 825쪽.

11 Jacques-Alain Miller, "Commentary on Lacan's Text". *Reading Seminar I and II*. Richard Feldstein, Bruce Fink and Marie Jaanus 편집 (Albany: SUNY Press, 1996), 426쪽. "프로이트가 충동이라고 부른 것은 언제나 성공하는 행동이다. 확실한 성공을 보장한다. 반면 욕망은 확실한 무의식적 형태로 이른다. 즉 실패한 행동 또는 실수, '내 차례를 놓쳤다,' '열쇠를 잃어버렸다' 등 이다. 그건 욕망이다. 충동은 이와 반대로 항상 열쇠를 손에 들고 있다. 충동이 '행동'이라는 것에 대한 문제를 다시 다룰 것이다.

12 Lacan, *The Four Fundamental Concepts of Psychoanalysis*. Jacques-Alain Miller편집. Alan Sheridan 번역 (New York: Norton, 1978), 167쪽.

13 Lacan, *Écrits*, 691쪽을 보라. "그래서 욕망은 만족을 원하는 식욕(필요)이거나 사랑의 요구도 아니다. 대신 욕구에서 필요를 감산해서 나온 파이의 결과이다." 간단한 공식은 바로 욕구 - 필요 = 욕망이다.

14 이 문제에 관련한 통찰은 Alenka Zupancic, *The Ethics of the Real* (London: Verso, 2000), 238ff와 그 외 여기저기에 담긴 작업에 많이 빚지고 있다. Miller도 참조할 것.

15 Sigmund Freud, "Instincts and Their Vicissitudes". *The Standard Edition of the Complete Psychological Works of Sigmund Freud*. James Strachey 편역 (London: Hogarth Press, 1961), vol. XIV, 122-123쪽.

16 Lacan, *Four Fundamental Concepts*, 168쪽. "구강충동에 관련해서…음식이나 음식에 대한 기억, 또는 음식의 메아리, 엄마의 양육의 문제가 아니라… 가슴이다… 만일 프로이트가 충동의 대상이 중요하지 않다는 취지로 발언했다면 그것은 아마도 대상으로서의 기능에서 가슴이 전부 다 재구성되어야 하기 때문이다. 대상으로 기능하는 가슴에는…충동의 만족을 주는 역할을 한다고 해야 한다. 최상의 공신은 아마도 다음과 같을지 모른다. '충동은 우회한다'… 우회의 프랑스어 표현le tour에는 모호함이 담겨있는데, 그것을 염두에 두고 이해해야 한다. 이 표현의 두 가지 의미는 한계의 주변을 우회하기와 트릭이다." 영어번역본의 주석에 프랑스어구절에 해당하는 영어번역으로 "충동은 대상 주변을 돈다"와 "충동은 대상을 속인다"를 제시한다.

17 Lacan, *Four Fundamental Concepts*, 179-180쪽.

18 여기서 나는 충동의 주체와 관련된 복잡한 문제는 잠시 유보하고 있다. 최소한 빗금 친 주체에 관한 라캉주의의 표준적 의미에서 주체는 아니라고 말할 수는 있다. 그보 다 라캉이 "머리 없는 주체"라고 의미를 알 수 없게 불렸던 그 무엇이다. 그보다 더 나 은 표현이 현재로선 없다. "내가 비유적으로 머리 없는 주체화라고 부른 것, 주체도 뼈 도 없는 주체화…"(Lacan, *Four Fundamental Concepts*, 184쪽). 이 대목에서 헤겔의 저 악명높은 명제, "정신은 뼈이다"를 떠올리지 않을 수 없다. 주체를 추구하는 머리 없는 향유의 뼈에 대해 말해야 되지 않을까? 머리 없는 주체는 부산물의 부산물이 아 닌가?

19 Lacan, *Four Fundamental Concepts*, 196쪽.

20 같은 글, 196-198쪽.

21 같은 글, 205쪽.

22 lamella: 얇은 막이라는 의미로 라캉의 정신분석이론에서 '죽지 않는' 대상리비도. 유 한한 인간에게 무한의 차원을 더해주는 것이다(역주).

23 같은 글, 197쪽.

24 라캉의 개념으로 형체 없는 달걀 오믈렛과 인간을 의미하는 프랑스어 '옴므'를 합친 것 이다. 상상계적인 인간의 신체기관을 의미한다(역주).

25 같은 글, 197-198쪽.

26 Lacan, *Écrits*, 853쪽.

27 Freud, "Instincts and Their Vicissitudes," 122쪽.

28 Lacan, *Four Fundamental Concepts*, 200쪽. 이 사례는 라캉의 기준에는 적합하지 않 다. 그는 충동이 도착과 혼동되어서는 안된다는 것을 보여주려고 많은 시간과 수고 를 들였다. 마조히즘은 어떤 도착과 마찬가지로 향유를 추구하는 주체에서 시작된다. 그리고 모든 도착의 경우에서처럼 대타자의 그림자가 드리워져 있다. 도착에서 작동 하는 향유는 대타자의 향유이기 때문이다(가령 Lacan, *Four Fundamental Concepts*, 185쪽을 보라: "가학증자는 대상의 장소에 집중하는데, 알지도 못한 채 타자에게 혜 택을 준다. 가학증적 도착의 행위를 타자의 향유를 위해서 행사한다"). 한편, 충동은 대타자와 속박되지 않는다.

29 주어와 동사의 동작관계를 일컫는 문법용어로 '목소리'를 의미하는 영어단어 Voice이

다(역주).

30 여기서 현재 목적을 위해 "매개" 또는 "중간"에 관한 방브니스트의 유명한 설명을 비틀고 있다는 점을 잘 알고 있다.

31 Lacan, *Four Fundamental Concepts*, 166쪽을 보라. "우리가 다루고 있는 사람들, 즉 환자들은 그들의 존재, 정체성에 만족하지 않는다는 것은 분명하다. 그렇지만 그들의 존재, 경험, 심지어 징후들까지 모두 만족과 연관되어있다. 그들은 자신이 만족할지 모르거나 혹은 만족을 제공할 수 있는 것을 거스르는 뭔가를 만족시킨다. 자신의 상황에는 만족하지 못하지만 마찬가지로 거의 만족을 주지 못하는 상황 속에서 만족한다. 그래서 문제는 다음과 같다. 여기서 도대체 무엇이 만족되는 것인가?"

32 Lacan, *Four Fundamental Concepts*, 183쪽을 보라. 또 *Écrits*, 851쪽도 참조할 것. "이 틈새는 욕망이 아이러니하게도 쾌락원칙이라고 불리는 원칙에 의해서 부과된 한계들에서 마주치게 되는 간극이다. 이 원칙은 여기선 우리가 실천의 장이라고 말할 수 있는 현실과 연결된다. 정확히 이 장으로부터 프로이트주의는 분리시켜놓았는데, 욕망의 원칙은 본질적으로 불가능성으로 구성된다."

33 Lacan, *Four Fundamental Concepts*, 273쪽.

34 주인과 노예의 관계는 적어도 라캉이 해석하는 대로라면 강박적 간수동성의 사례로 간주될 수 있다. Lacan, *Écrits*, 314쪽을 보라. "실제로 강박증적 주체는 헤겔이 주인과 노예의 변증법에서 발전시키지 못한 태도들 중 하나를 보여준다. 노예는 죽음의 위기를 마주하면 포기하게 되는데, 이때 전적인 위신을 얻기 위한 투쟁에서 주인성이 제공된다. 그러나 자신이 필멸의 존재라는 것을 알게 되면 노예는 주인도 죽을 거라는 사실을 알게 된다. 이 순간부터 그는 자신이 주인을 위해 바치는 노동을 받아들이게 되고 그동안 향유를 포기하는 걸 인정하게 된다. 주인이 죽게 될 순간의 불확실성 속에서 노예는 기다린다." 열심히 일하고, 그래서 진정 "노예 노릇"을 하는 사람의 태도에서 간수동성을 보는 것은 아이러니하다. 이 사람은 전혀 수동적으로 보이지 않는다. 다만 그의 힘든 노고는 향유의 대리를 통해 조건지워지고 틀지워진다. 이것이 관계를 계속 유지시켜준다. "타자가 즐기도록 내버려두자. 그래야 내가 즐길 필요가 없으니까." 향유를 향한 노력은 수고스러운 활동을 요구한다면, 향유를 막아내기 위해서 수행해야 할 힘든 노동과 견주어 볼 때 그 노력은 별거 아니다.

35 Lacan, *Écrits*, 851-854쪽.

3부

승화와 동성애

승화의 이상한 우회로: 정신분석, 동성애, 예술

- 엘리자베스 그로스

그의 다른 저술에서와 마찬가지로 프로이트는 미학의 영역을 재사유하고 심화시키는 데 기여했지만 그의 업적은 몹시도 매혹적이며 유혹적인 방식으로 종종 모순적이고, 혼란스러우며 미결정적이고 반쪽의 성공이었다. 한편으론 프로이트는 예술과 예술실천에 관해서 매우 보수적인 개념을 수호했으며 예술이 창조적 천재의 산물이라는 지극히 낭만적이며 엘리트주의적 사고방식을 지지했다. 이런 시각은 아마도 가장 직접적으로 예술가와 예술을 분석한 글에서 확인할 수 있다. 가령 레오나르도 다빈치의 그림에 담긴 앎과 창조력 사이의 갈등 관계라든지 미켈란젤로의 모세 그림에 담긴 모호성에 대한 프로이트 사색 등이 있다.[1] 다른 한편, 섹슈얼리티, 충동과 무의식에 대한 프로이트의 이론에는 기묘하고 아포리아적이거나 역설적인 면이 있는데, 특히 미학 관련 문제들이 간접적으로 언급되는 논문들에서 이 문제들이 정교하게 다루어질 때, 창조적 개인이나 예술가적 천재라는 개념을 손상시키는 독특한 방식을 발전시키면서 주체, 쾌락의 생산과 검열 회피의 어려운 포착보다는 충동에서 그 원인을 찾는다. 이 쾌락의 생산이나 검열 등은 모두 사회적 창조성의 필수요소로 간주되어 왔다.

예술과, 좀 더 일반적인 문화생산에 관해서 프로이트이론이 갖는 함의 중 좀 더 다루기 어렵고 불편한 지점을 발전시키기 위해서 나는 프로이트의 예술이론에 토대를 제공하는 개념과 용어들이 갖는 탁월하면서도 생산적인 낯섦에 대해 말하려고 한다. 바로 성적 충동과 그 내재적이고 구성적인 승화의 능력이라는 개념들이다. 승화는 아마도 프로이트가 충동 개념에 억지로 집어넣은 이탈 혹은 변이 중 가장 이상한 개념일 것이다. 승화는 섹슈얼리티, 즉 성적 충동이 재현과 환상에 본질적으로 의존하고 있음을 제시한다. 섹슈얼리티는 잠재적으로 무한한 전치의 능력이 있다. 따라서 승화는 문화적, 예술적 그리고 지적인 성취와 확실하면서도 복합적으로 연결되어있는데, 동시에 역설적으로 성적 도착(가장 대표적으로는 동성애)과 관련된다. 본질적으로 혹은 구성적으로 내포되어있거나 가정된 규범적 재생산기능으로부터 이탈되어있는 것은 충동이 갖는 특유의 예외적인 기본값이다. 이런 충동의 기본성격이 문화생산과 도착을 모두 가능하게 해준다(프로이트를 좇아 나는 도착을 이 비규범적이고 비재생산적이며 비성기적 혹은 비이성애적 목표와 목적, 그리고 섹슈얼리티의 형식들 일체를 구성하는 원천을 의미하는 것으로 사용한다. 그렇기 때문에 단지 동성애 또는 좀 더 의고적인 '역전'으로 분류되는 것들에 국한되지 않는다). 이 글에서 나는 정신분석이론을 관습적으로 예술가의 전기 작가 역할로 강등시키는 시각을 문제 삼을 것이다. 그리고 프로이트의 승화개념, 그리고 성적 충동의 이해에 은연중 함축된 강박적 낯섦을 발전시키려고 한다. 주로 프로이트의 저서에 집중하겠지만, 라캉의 성적 충동에 관한 글에 많이 빚을 지게 될 것이다. 특히 『네 가지 정신분석 개념』에서 라캉이 제시한 부분을 주로 사용할 것이다.

미끄러운 충동들

만족을 제공하는 것처럼 보이는 대상과 목적을 포기하면서도 만족을 포기할 수 없는 한편, 원하고 욕망하는 목표와 대상을 얻어내고 만족을 얻었다고 해도 결코 충분하다고 여기지 않으며 충만하게 만족시킬 수 없는 이 섹슈얼리티는 도대체 무엇인가? 프로이트가 승화의 본능적 변이를 가설로 설정하면서 가정해야 했던 이 수수께끼 같은 과정과 에너지, 운동은 도대체 무엇인가? 프로이트에게 승화는 성적 목표를 성과 무관한 목표로 교화하는 능력이다. 승화는,

구성요소 혹은 재생산적 쾌락을 얻으려는 목표를 포기하고, 포기한 대상에 유전적으로 관련되어 있으나 더 이상 그 자체로는 성적이지 않고, 반드시 사회적이라고 묘사되어야 할 또 다른 대상을 대신 취하려는 성적인 경향으로 구성되어 있다. 이 과정을 우리는 '승화'라고 부른

다. 이것은 사회적 목표를 성적 목표보다 고차원적으로 간주하는 일반
적인 평가와 일치한다. 성적 목표의 토대는 자기이해이다. 덧붙이면
승화는 성적 경향이 그와 다른 비-성적인 경향에 부착되어있는 특수한
사례이다.[2]

승화는 에로스와 육체적 충동의 역할을 자기 충족적이고 자아정
향적인 쾌락의 선취로부터 문화적으로 인식되고 승화된 대상의 생산
으로 변형시키는 방어적 과정이다. 충동이 스스로를 극복해서 '고양되
어 다른 무엇이 되도록 하는 것이 어떻게 가능할까? 충동은 어떤 의미
에서는 늘 항상 오로지 성적인 만족을 얻고 있으면서도 어떻게, 왜 탈
성화되는가? 성적 재생산이 그 절정이며 목적인 만족의 회로로부터 충
동을 제거하는 것이 탈성화라면, 성적 재생산 또는 이성애적 성기 중
심성이 항상 그리고 이미 충동의 임시적이고 지연되어온 전치된 만족
이라는 것을 의미하며, 쾌락의 다른 형태들과 비교해서도(프로이트는 다
른 쾌락들을 기술하기 위해서 기관쾌락, 부분충동, 전희쾌락, 다형성 도착 등으로
칭했다) 더 자연적이거나 불가피하지 않고 만족시키지 않는다. 충동이
그 변이과정을 따르며 만족을 포기하고 이렇게 포기함으로써 만족을
취하는 이중성을 갖는다는 사실은 충동이 목적론이나 규범적 목적으
로부터 풀려나와 있거나 헐거워져있다는 것을 의미한다. 따라서 충동
은 도착의 문화적 병리화에서 명백히 드러나는 듯 보이는 것보다 덜 자
연적이며 좀 더 탈선적이다.

충동은 본질적으로 도착적이다. 구조상 충동은 실제 대상이나 자

연적 욕구로부터 벗어나 환상과 환각을 향한다. 섹슈얼리티는 구성적인 토대의 불안정성, 결여의 암시에서 비롯되어 욕망의 대상이 결여를 채워서 욕망을 만족시키는 방식들이다. 섹슈얼리티는 환상이 작동하는 결여의 공간이다. 이성애적 성교 중심의 성적 목표 — 우리문화에서 정상규범이라고 가정된 것 — 의 성취는 환상구조의 생산물이며, 어떤 다른 리비도적 목표 또는 대상만큼이나 실재적이거나 직접적인 혹은 덜 매개된 것이 아니다. 그렇다면 어떤 방식으로 승화는 여전히 성적으로 남아있는가? 즉 어떤 방식으로 다양한 종류의 문화적 생산물, 우리가 예술이라고 지칭하며 높이 평가하는 생산물을 포함하는 것들이 여전히 성적충동을 만족시키는가? 이 질문에는 또 다른 문제가 관련되어 있다. 즉 어떤 방식으로 승화는 충동의 성적 만족을 굴절시키는가?

프로이트는 초기 저작 『농담과 무의식의 관계』(1905)와 『섹슈얼리티이론에 관한 세 가지 에세이』(1905)에서 섹슈얼리티는 포기를 용인하지 않고 모든 충동 혹은 본능적 충동을 부분 만족시키는 — 완전한 충족의 희망을 포기해야 함에도 불구하고 — 척도를 보장한다고 분명히 했다. 프로이트는 주체는 성적 쾌락을 포기하기보다 단순히 한 대상이나 목표로부터 다른 것으로 대체 혹은 전치한다고 주장했다. 이 때문에 프로이트는 유아기와 성인 사이의 차이는 쾌락원칙의 만족과 현실원칙에 따른 지연의 차이가 아니라, 대체의 결과라고 주장하게 되는데, 유아기마저도 원초적 혹은 실재 대상이 없다는 점에서 아이러니하다. '최초'의 대상은 이미 불가능하고 회고적으로 구성된 자궁 내 충만한 시절을 대체하거나 굴절시킨 것이다. "인간의 정신을 이해하는 사람이라면 어떤 것도 한번 경험했던 쾌락을 포기하는 것보다 더 힘든 것이 없다는 점을 알고 있다. 실제 우리는 어떤 것도 포기할 수 없다. 우리는 하나를 다른 하나와 교환할 뿐이다. 포기처럼 보인다고 해도 대체물 혹은 대리인을 형성하는 것이다."[3]

'최초의' 목표와 충동의 대상은 처음 등장할 때부터 반복의 양식을 취하며 생물학적 욕구의 대상을 대체한다. 구강충동의 신화적인 '최초의' 대상은 허기 본능의 만족에 대한 회상이며 전치이다. 간단히 말해서 승화가 성적 목표와 대상의 굴절이자 전치라면 그리고 성적 충동이 그것의 분명한 목표와 대상과 함께 그 자체로 생물학적 본능 — 생명보존의 기능 — 의 굴절이자 변형이라고 한다면, 승화를 통한 문화적 성취는 탈승화라기보다는 어떤 다른 성적, 즉 성기 혹은 비성기적 활동들과 마찬가지로 '성적'이다.

충동을 조정하는 근본적인 운동성은 아이러니하게도 충동이 '건강하게' 기능하기 위한 조건이다. 이성애적 성교가 충동의 필수적이거나 본질적 목표라고 주장하는 대신 프로이트는 어떤 식의 고착, 혹은 전적으로 이성애적 성기 중심성이라도 잠재적으로 병리적이라고 제시한다. 충동의 불안정성은 목표와 대상의 건강한 다양성을 보장하며 동시에 유아가 자기성애적 쾌락에 우선적으로, 또 시초부터 쏟아붓는 에너지가 사회적으로 인정되고 생산적인 관계들의 경로를 따르게 되는 조건이 되기도 한다. 문명은 성적 에너지가 명백히 비성애적 출구로 굴절되는 것에 토대를 둔다. 프로이트는 동물세계에서 원환적이거

나, 시기에 따른 섹슈얼리티를 대체로 본능적인 방식으로 통제하는 것
과 비교해서 섹슈얼리티의 힘과 강도, 항상성이 바로 인간의 문명형성
을 설명할 수 있다고 가정한다. 섹슈얼리티가 종의 생존을 위한 필요
에 더해서 또 그보다 앞서서 취하는 '잉여적' 에너지만 — 섹슈얼리티는
인간의 생명을 상당히 불균형적으로 매료시킨다 — 이 승화의 가능성
을 알리는 신호이다.

> 성적 본능은…아마도 대부분의 다른 고등동물보다 인간에게 더 강
> 하게 발전되었다. 인간의 성적 본능은 확실히 더 항상적이다. 대부분
> 의 동물이 따르는 주기를 거의 전적으로 극복했기 때문이다. 문명 활동
> 의 처리에 유례없이 막대한 힘을 사용하며 물리적으로 강도를 줄이지
> 않은 채 목표를 전치할 수 있는 특성을 표지하고 있다. 근원적으로 성
> 적 목표를 다른 목표로 교환하는 이 능력, 더 이상 성적이지 않지만 최
> 초의 목표에 심리적으로 연결되어있는 다른 목표로 교환하는 것을 승
> 화능력이라고 부른다. 이처럼 문명의 가치를 담고 있는 전치가능성과
> 대조적으로, 성적 본능은 특별히 집착적인 고착을 보인다. 이 고착으로
> 인해 성본능은 이용가능하지 않고, 때로는 비정상성으로 묘사되는 상
> 태로 타락된다.[4]

승화는 잠재적으로 끝없이 충동을 하나의 특수한 혹은 주어진 맥
락이나 목표, 대상으로부터 전치한 결과이다. 충동은 쾌락이나 만족을
특정한 상황에 의해 제공된 제한성과는 독립적으로 가차 없이 얻어내
려는 능력을 갖고 있다. 어떤 행위로부터 일정하게 만족을 얻는 일이

가능한 듯 보인다. 심지어 쾌락을 포기해도 만족을 얻을 수 있다. 이 개념에 의하면 독신주의는 역설적이다(정신분석에 따르면 기껏해야 독신주의는 성기를 통한 만족을 포기하거나 얻으려고 하지 않는 것인데, 그렇다고 해서 일체의 성적 행위를 폐기처분하지는 않는다. 독신주의는 성적 충동의 변형일 뿐, 그렇다고 억압일 필요는 없다). 정신분석에서 성적 질서는 포기되거나 폐기될 수 없다. 하나의 방식으로 성적 만족을 얻을 수 없다면 또 다른 방법으로 얻을 수 있다. 이것이 진정 프로이트가 초기에 『세 가지 에세이』에서 발언했던 것에 — 쾌락은 오직 긴장과 불쾌를 통해서만 가능하다 — 담긴 충동의 역설 또는 수수께끼이다. 부분적이거나 불완전한 만족만 얻을 수 있고 그래서 "더 큰 쾌락이 필요해진다."[5] 쾌락 그 자체에 만족의 결핍이나 만족 내의 결핍이 있고, 만족 내에 일탈이 있으며, 또 다른 쾌락을 향한다. 또 다른 쾌락으로의 움직임은 욕망 그 자체의 서명이다.

아마 더 중요한 것은 프로이트가 특별한 성적 목표와 대상들에 너무 지나치게 애착을 보이면 승화의 능력을 희생하게 된다고 했던 점이다. 자아 — 리비도와 대상 — 리비도의 구별에 대해 『나르시시즘에 관하여: 입문』에서 제시했듯이, 아마도 개인마다 유한한 고정된 양의 리비도가 있는 것 같다.

> [우리는] 성적 본능의 충동이 무엇보다도 이례적으로 조형적이라는 — 이렇게 내가 표현할 수 있다면 — 점을 명심해야 한다. 하나의 충동은 다른 하나를 대신할 수 있고, 그 하나가 다른 하나의 강도를 취할 수 있다. 하나의 만족이 현실을 통해 좌절된다면 다른 만족이 완전하게 보

상을 제공한다. 서로 마치 액체로 가득 찬, 상호 교류하는 경로의 네트 워크처럼 연결되어있다. 성기의 우선성에 귀속되어 있음에도 불구하 고 이 네트워크는 사실이다. 단일한 그림으로 쉽게 결합될 수 없는 상 황이다.[6]

이 수력학적 모델에서 리비도 혹은 액체가 하나의 목적을 위해 더 많이 사용될수록 다른 것에는 덜 사용된다. 특히 프로이트가 성적 "배 설"이라는 표현을 사용했던 해소 혹은 만족의 양식이 있다. 다형적인 전-오이디푸스적 부분충동 마저도 특수한 쾌락을 향해 조절되고 있다. 이 쾌락들은 "반사적 경로"[7]를 통해서 자극받거나 배출된다. 이런 쾌락 의 분사는 성기 중심의 성관계에서 분출되는 분비물과 닮아있고 어떤 면에서는 그것을 예시하고 있다(이런 의미에서 프로이트 모델은 여성적 욕망 의 형태나 구조를 절대로 적절하게 다루거나 설명하지 않는다).

여기에는 막대한 개인적 변수가 있다. 성적 목표와 자기보존을 위 해 필요한 리비도의 양이나 강도 뿐 아니라 승화에 적합한 다양한 충동 들과 관련해서 그렇다.[8] 그래서 프로이트는 어떤 개인들은 승화에 "구 조적으로" 부적합할 수도 있다고 주장했다. 부족한 성적 만족을 감당 할 능력은 모두에게 주어지진 않았다.

이 전치의 과정을 부정기적으로 확장시키는 것은…확실히 가능하 지 않다. 기계에서 열을 기계적 에너지로 바꾸는 것이 가능하지 않은 것과 마찬가지이다. 직접적인 성적 만족의 일정한 양은 대부분 조직들

에 필수불가결한 듯하다. 개인마다 다르지만 이 양이 결핍되면 불쾌감
의 기능과 주관적 질에 미치는 해로운 효과를 이유로 질병으로 간주되
어야만 할 현상이 나타나게 된다.[9]

따라서 흥분의 일정한 양 혹은 질이 성적인 출구를 통해 탈경로화
될 수 있거나 그래야 하는데, 또 다른 일부는 대놓고 성적 형태의 만족
을 고집해야 한다. 프로이트는 구성본능의 일부는 승화에 내어주고 다
른 본능은 그렇지 않다는 것인지, 혹은 특정되지 않은 충동의 일부만
을 승화시키고 나머지 충동은 성적 만족에 사용해야 하는 단일 리비도
가 있다는 것인지 명확히 설명하지 않는다. 만일 모든 성적 집중이 단
일 출구로만 향해있다면, 고정된 목표 혹은 대상이거나, 강박적 탈성
화이거나 주체의 정신건강이 위태로워진다. 소위 "정상 섹슈얼리티"는
"문화에 봉사하는 일"을 두 차례 담당한다. 첫 번째는 성기 중심의 재생
산 목표와 대상의 구성요소들을 결합함으로써 종을 번식시키고, 두 번
째는 특수한 문화적 목적, 즉 승화의 목적을 위해 일정한 정도 혹은 양
의 리비도를 자유롭게 풀어줌으로써 문화에 봉사한다.[10]

도착적 승화

프로이트는 욕망의 이성애화를 가정하고 특권화하는 한편, 동성
애자들의 승화를 배제하지 않았고, 동성애에 승화의 능력과 성취에 있

어 특별히 특권적 역할을 부여하기를 마다하지 않았다. '동료애'에 뿌리를 둔 에로스적 애착의 승화는 집단 심리와 연결될 수 있지만, 문화적 성취에의 열정적 애착과도 연결된다. 프로이트는 "문화적 승화에 특별히 적합한 성질"[11]의 가능성을 동성애자나 도착증자(아마도 프로이트는 여성보다는 남성을 더 염두에 두었을 것이다)에게 부여했다. 왜냐하면 이들의 리비도는 평생 단혼제를 유지하는 것을 높이 평가하는 문화적 가치화로부터 상대적으로 거리를 두고 있기 때문이고, 게다가 이들의 리비도는 재생산적 목표와 비교적 덜 귀속되어 있기 때문이다. 하지만 승화의 능력을 동성애나 도착과 연결시킬 일반적 규칙이란 존재할 수 없다. 프로이트는 수많은 성도착자나 동성애자들, 특히 성적 충동이 압도적일 만큼 강하지 않은 사람들의 경우 문화적 승화의 능력은 승화를 통해서 문화적 열망으로 변형될 수도 있었을 리비도가 충동을 조절하기 위해 저항 혹은 반-고착으로 사용된다면 문화적 승화의 능력은 제한적이라고 분명히 말한다. 성적 충동이 강한 사람들은 승화를 향한 욕망 또는 능력으로부터 배제되어있는 것으로 보인다.

도착과 동성애의 좀 더 뚜렷한 형태, 특히 배타적 형태인 경우 그런 증상을 보이는 사람들이 사회적으로 무용하거나 불행하게 느끼는 것은 사실이다. 그래서 문화적 요구사항들이…이런 종류의 사람들에게는 고통을 주는 원천이라는 사실을 인식해야 한다…성본능이 일반적으로 약한 곳에서는 도착증자가 문화의 도덕적 요구와 갈등을 빛게 만드는 성향들을 완전히 억압하는 데 성공한다. 하지만 관념적 관점에서 보면 이 억압은 그들에게 가능한 유일한 성공이다. 자신의 성적 본능을 이렇게 억압하기 위해서 그들은 문화적 활동에 사용했었을 힘을 모두 써버리게 되기 때문이다. 말하자면 그들은 내면적으로 금지되고 외적으로는 마비된 상태이다.[12]

과도한 동성애 혹은 도착적 성적 투자는 승화될 수 없다. 공공연한 성적 목표와 대상에 고집스럽게 집중하기 때문이다. 이보다 약하지만 좀 더 갈등을 유발하는 동성애 혹은 도착적 투자는 승화를 통해 비-성적 출구로 바꾸는 리비도적 투자를 배제한다면 프로이트가 동성애와 문화적 성취 사이에서 만들려고 했던 특별한 연결고리를 찾기는 점점 더 어려워진다. 아마도 그가 염두에 둔 것은 억압된 혹은 잠재적 동성애인 듯하다. 만일 남성의 억압된 동성애 리비도가 탈성화된 '동료애' 혹은 사회문화적 생활을 구성하는 남성적 동맹으로 변형될 수 있다면, 승화의 에너지는 동성애충동을 막아서 차단하는 데 투자될 필요는 없을지 모른다. 이 충동들은 방어라기보다는 승화된 에너지의 원천이 된다. 사랑의 대상에 대한 리비도의 투자는, 동성애든 이성애든, 리비도의 에너지를 그 대상에 너무도 단단히 묶어두어서 쉽게 비-성적 활동으로 변형될 수 없다. 이렇게 되면 아이러니하게도 적극적인 동성애자들의 승화는 방해를 받고, 문화의 장은 동성애가 되고 싶거나 동성애를 억압했던 사람들 — 즉 이성애자 — 의 활약무대가 된다. 더 많은 에너지가 목표와 대상들에 결부되어있어서 승화의 기회는 더 줄어든다. 이런 이유로 프로이트는 억압되고 도착적인 충동에 좀 더 주의를 기울

이는 듯한데, 이 충동들은 포기되어야 했거나 '재생산기능'의 우선성에
굴복해야 한다. 또 전오이디푸스 단계의 충동들이 활동하게 되면 주체
는 도착된다. 하지만 이 충동들이 억압되면 부차적인 성기충동이 되거
나 지나치게 성적쾌락에 탐닉하게 되어 비-성적 대상들로 재경로화될
수도 있다. 여기서 이성애는 성적 만족의 특권적 양식으로 유지되고,
해롭고 위협적인 것 — 억압된 도착적 혹은 동성애적 충동들 — 은 사
회적 가치가 부여된 문화생산형태들로 경로화된다. "[자기성애주의로부
터 대상-애로 발전해가는 유아기의 발달과정에서] 주체 자신의 몸에서 제공된
성적 흥분의 일부는 재생산기능으로 사용될 수 없으면 억제되고, 유리
한 경우에는 성적 흥분의 도착적 요소로 알려진 것을 억압하는 과정을
통해서 상당하게 획득된다."[13]

　도착적 충동과 에너지를 억압하는 것은 주체가 이성애자로 구성
되는 데 필수불가결하며, 승화와 문화적 성취의 원자재가 된다. 일부
페미니즘과 호전적 동성애 집단에서는 문화가 동성사회성(따라서 동성
애공포적인)을 띤다고 인식되어왔는데, 이 점은 프로이트 자신이 확인
해주는 듯 보인다. 동성애적 욕망일 수 있던 것을 탈성화된 목표와 대
상들로 구속해놓고 이성애적 성교를 통한 문명의 재생산과 문화적 사
물, 예술품과 가치들을 동성애적 충동의 승화를 통해서 생산하도록 보
장한다. 니체의 표현을 의도적으로 바꾸어 재구성해보면 문화의 모든
위대하고 고귀한 것들, 우리 문명에서 최고의 성취들은 금지된 도착의
산물이라고 할 수 있는 것인가?

　승화과정이 동성애적 도착충동으로부터 추동력 또는 원재료를 빚

지고 있다면 프로이트의 모호하고 복합적인 충동의 이해로부터 우리가 분명하게 알 수 있는 것은 충동에는 뭔가 본질적으로 도착적인 것이 있을 것이라는 사실이다. 프로이트는 이를 세 가지로 짚는다. 충동은 만족의 방법에는 무관심하다. 충동은 거의 전적으로 변형가능하고 대체가능해서 고정된 형태가 없다. 특히 선호하는 목표도 없고 특별히 취급받는 대상도 없이 오직 일련의 신체적 자원들만이 있다. 세 번째는 하나의 충동이 다른 충동의 힘과 만족을 가져갈 수 있다. 진정 의식적 표현을 얻으려고 한다는 점에서(그래서 부분만족을 얻게 된다) 무의식의 내용이 변용가능하다는 점과 리비도와 충동의 작동방식은 놀라우리만치 유사하다.

이런 상동성과 수렴에 주목하면서 라캉은 "무의식의 현실은 성적이다"[14]라는 가설을 제시하게 된다. 충동은 무의식과 동일한 기회주의적 편의성을 보인다. 즉 부정을 인정할 수 없고 기꺼이 비일관성을 받아들이고 시간성의 형식 바깥에 구성되며 쾌락원칙에 지배받는다. 이런 의미에서 섹슈얼리티는 "기표의 좁은 길"을 따라서만 기능하고 이해될 수 있다. 이 길은 재현이 만들어낸 굴곡이다. 무의식이 충동과 충동의 관념적 재현들을 억압한다는 이유로 이런 특성을 보인다고 할 수 있을까?

이 전치가능하고 중립적인 에너지는 에고와 이드 양쪽 모두에서 활동적인데 리비도의 나르시즘적 저장고에서 진행된다고 보는 것이 타당해 보인다. 이 에너지는 탈성화된 에로스이다(에로스적 본능은 전적으로 가소성을 더 띠고 있으며 파괴적 본능보다 좀 더 쉽게 방향을 바꾸게 되거나 전치된다). 이로부터 우리는 손쉽게 전치 가능한 리비도를 쾌락 원칙에 봉사하도록 채용해서 막힘을 피하고 발산을 쉽게 해준다고 가정해 볼 수 있다. 이런 연관성 속에서 발산이 일어나는 경우에 발생 경로에 관한 무관심을 쉽게 관찰할 수 있다….꿈의 작업을 연구하면서 원초적 과정에서 일어난 전치들에서 이런 종류의 느슨함을 발견하게 되었다. 그럴 경우 대상은 고작 부차적인 중요성을 띠는 위치로 강등된다. 마치 지금 논의하고 있는 이 경우에는 이것이 발산의 경로들인 것과 마찬가지다.[15]

성적 본능이 가변성을 띠며 종잡을없는 변이와 다양성들에 좌우된다면, 또 주어진 목표와 대상들에 내적인 충실성이 없다면, 그리고 이성적이고 성교 중심의 정상성을 매우 빈약하게, 그리고 도착의 변형의 결과에 따라서 성취하게 된다면(부분억압을 통해 신경증이 되거나 문화적 예술적 지적인 성취를 이루는 승화를 통해서), 욕망의 형식과 구조에는 뭔가 도착적인 것이 있다. 욕망은 고정되어있는 목표와 대상 — 이성애적 목표와 대상들을 포함해서 — 과는 무관하다. 프로이트에게는 문화적 성취 — 그는 분명히 예술생산 뿐 아니라 사유 활동까지 문화에 포함시킨다 — 가 우리가 인정하고 싶지 않은 방식으로 도착과 결부되어있다.[16]

이 전치될 수 있는 에너지가 탈성화된 리비도라면 승화된 에너지로 묘사될 수도 있을지 모른다. 여전히 에로스의 주된 목적 — 결합과 구속 — 을 유지하고 있기 때문이다. 그 에너지가 결합을 이루거나 통합의 경향을 유지하는 데 도움이 되는 한 그렇다. 통합의 경향은 에고의 특징이다. 만일 광의의 의미에서 사유의 과정이 전치들에 포함된다면 사유 활동은 에로틱한 동기를 갖는 세력들의 승화로부터 공급받게 된다.[17]

사유와 문화의 에로스화는 충동의 탈성화의 산물인 만큼이나 그 내재적 종작 없음이나 도착성의 산물 또는 효과이다. 그렇다면 예술가를 도착증환자나 신경증환자와 구별해주는 것은 무엇인가? 예술가는 적어도 어느 만큼은 승화가 성공한 경우라고 할 수 있다. 이들 사이의 구별을 완전히 분명하게 나눌 수 없다고 가정한다고 해도 어떻게 구별할 수 있는가? 프로이트는 정확히 두 가지 요소가 있다고 하는데, 이 두 가지 모두 충동의 본성이나 집중성에 전혀 의존하지 않는다. 예술가는 집단적 환상과 에로스적 욕망을 이끄는 형태로 자신의 창작물을 구성하는 능력(즉 기술적이고 형식적인 능력)과 그 창작물을 가능하게 하는 기초적인 환상과 욕망으로부터 창작물을 제거하는 능력을 갖고 있다. 기술적 능력은 예술가가 기술과 능력으로 무의식적 소망과 욕망을 재현할 수 있는 방식이다. 이 소망과 욕망의 예술적 재현은 억압의 힘을 "능가하는"[18] 부차적 쾌락을 산출한다.

도착적 충동에 관한 라캉의 언어학적 변용

라캉은 섹슈얼리티의 역설적 성격에 관해서 상세한 내용을 덧붙인다. 생물학, 화학과 물리학의 원칙으로부터 일탈과 의미화구조에 근본적으로 기대고 있다는 점이다. 라캉은 섹슈얼리티가 본능의 생물학적 모델을 통해서 이해될 수 없다는 점을 분명히 하려고 했다. (프로이트가 종종 의도했듯이) 그보다는 생물학 자체마저도 의미화의 조건에서 이해되어야 하고 이해될 수 있다고 했다. 야콥슨의 뒤를 따라 라캉은 선별과 조합의 관계를 "조화롭다"고 불렀다. 선별과 조합은 모든 재현을 지배하는 규칙으로서, 생물학이 기반하고 있는 재현도 여기에 포함된다. 세포의 가장 기본적 성질마저도 이 규칙에 따른다. 성적 재생산과정에서 일어나는 세포의 분열과 혼합(남녀의 크로모좀이 반으로 분리되어 "올바른 숫자"를 복구하기 위해 재결합하는 과정)은 조화로운 구성의 한 가지 사례에 다름 아니다. 라캉의 주장은 생물학 자체가 재현에 의해 공중납치되어 '자연적' 과정에서 벗어나서 기표의 손짓에 따라 작동하도록 만들어졌다는 것이다. 프로이트가 「억압」과 「본능과 그 변이」에서 인정했듯이 어떤 의미에서는 성적 충동 혹은 리비도는 억압될 수 없다(오직 충동의 관념적 재현표상만 억압될 뿐이다). 도리어 충동은 굴절되고 구불거리는 우회로를 택한다. "욕망의 함수는 주체에 기표의 효과가 남긴 마지막 잔여물이다. 욕망은 프로이트의 코지토이다… 프로이트가 이 장(場)에 관해 말했던 것을 주목하라. 충동은 환각을 통해 본질적으로 만족된다."[19]

환영은 어떻게 보면 욕망의 현실이다. 어떻게 환각이 충동을 만족시킬 수 있을까? 주체가 실재로부터, 자연적 필요로 부터 벗어나는 것은 아주 특이해서 더 이상 혹은 전혀 실재적인 대상들을 찾아서 만족시키려고 하는 게 아니라 (환상의 형태로) 환영적 대상들을 만족시키려고 한다. 이것은 무슨 의미인가? 욕망과 그 만족의 양식이 환상적이기 때문이다. 즉 어떤 주어진 맥락으로부터도 떨어져 나와 맥락들의 범위를 가로질러 변형 가능하다. 환영의 만족은 기표화의 함수이자 효과이다. 욕망은 환영, 굴절, 우회로와 포기를 가능하게 한다(이 점이 유일하게 거식증을 설명할 수 있다. 왜 음식의 부재가, 음식으로 주체의 욕구를 만족시키는 것보다 주체의 욕망을 더 만족시키는가를 설명한다).

일탈 혹은 충동의 변이들 각각은 아무것도 자연적이지 않고 어떤 기능도 고정되지 않았음을 의미한다. 작동방식의 규범이나 고정된 목표나 대상도 없고 내재적으로 특권적인 원천도 없다. 또 자극과 힘을 분출할 출구도 주어지지 않았다. 모든 변이들 중에서 승화는 특히 역설적이며, 라캉을 매혹시킨다. 승화는 충동의 탈성화이며 비-성적 목표와 대상으로 충동이 굴절되는 것이다. 그렇지만 승화는 충동의 목표를 금지시키면서도 만족시킨다.

> 말하자면 지금 이 순간 나는 섹스를 하는 대신 여러분들에게 말을 하고 있습니다. 물론 나는 여기서 섹스를 하는 것만큼의 만족을 얻을 수 있습니다. 바로 그런 의미입니다. 진정 내가 지금 여기서 섹스를 하고 있지 않는 것인가라고 묻고 싶습니다. 이 두 가지 개념, 즉 충동과 만족 사이에는 극단적인 이율배반이 있습니다. 충동의 기능을 사용하는 것은 만족의 의미를 문제 삼는 것 이외에는 다른 목적이 없다는 사실을 상기시킵니다.[20]

목표나 대상에 무관심한 충동, 즉 의도적 비–만족을 통해서도 만족될 수 있다는 사실은 충동이 자연적 욕구나 생물학적 필요조건 때문에 기능하지는 않는다는 의미이다. 이 때문에 욕망은 대상을 위한 것이 아니라 오직 대타자를 통해서만 절합된다. 오직 "기표의 길"을 통해서, 그리고 매개되지 않은 현실로부터 점점 멀어지는 재현의 구조를 통해서 절합된다. 이 때문에 충동의 만족에서 특별한 양식은 환상적이다. 욕망의 대상들은 환상적이든 물질적이든 리비도적으로 결여와 의미화를 통해서만, 즉 탈성화를 통해서만 투자된다. 그래서 있는 그대로의 현실은 오직 탈성화를 통해서만 규정될 수 있다.[21]

라캉은 충동이 목표의 금지에도 만족을 찾는 능력에 대한 프로이트의 역설적인 개념을 더 분명하게 이론화했다. 만일 충동의 목표가 만족이라면 이 목표를 얻기에 실패함으로써 충동은 만족을 얻을 수 있다. 왜 그런가? 라캉에 의하면 목표는 특정한 대상을 얻는 것일 뿐 아니라 어떻게 얻는가의 문제이기 때문이다. 충동이 대상에 도달하기 위해서 혹은 그 대상을 대신한 다른 대상으로부터 만족을 얻기 위해서 취해야 할 여정이다. 이런 우회로에는 언제나 쾌락이 있다. 실제로 이것이야말로 바로 쾌락이며, 소유보다는 운동이고, 대상보다는 과정이다. 무엇이냐보다는 어떻게 얻는지, 그 과정에 쾌락이 있다. 라캉은 프로이트로부터 탁월하고 놀라운 이미지를 취한다. 라캉은 충동의 오락적이며 우회로와 같은 구조, 즉 승화의 구조를 분명히 보여주는 이미지로서 욕망의 환상적 차원과 함께 욕망이 대상의 지원을 받기보다는 환상이라는 지원구조를 통해서 대상을 생산해내는 방식을 보여주는데,

바로 스스로 키스하는 입의 이미지이다. 자기성애와 대상애 사이를 매개하는 자체 지시적 중간 위치를 의미한다. 라캉은 "충동은 대상을 속인다"고 했다.[22] 주어진 혹은 선택된 대상을 만족시키지 못하는 과정에서 또 하나의 대상을 스스로 만들어낸다. 그래서 스스로 키스하는 입의 이미지는 대상을 향한 구강성애 욕망을 구강에 적합한 육체적 대상을 향해 보여주고 있는 한편, 언제나 주체를 위한 원초적 육체성 혹은 신체적 쾌락의 구조를 연결시킨다. 스스로 키스하는 입은 더 이상 음식이나 욕구를 향하지 않는다. 오히려 음식은 이제 주체의 욕망구조를 통해서만 이해된다.

도착적 문화

라캉의 독해는 승화와 여타 충동의 변이들이 정상적인 성기 중심의 기능과 구별된, 특별히 설명이 요구되는 병리상태이거나 굴절이 아니라는 점을 드러내준다. 라캉은 충동을 "몽타주"와 "콜라주"라고 묘사한다.[23] 기계적이거나 수역학적이라기보다는 근본적으로 절충적이기 때문이다. 충동은 욕구, 즉 생물학적 기능의 등기부에서 작동하지 않고 할 수도 없다. 하지만 욕망의 질서에, 그리고 의미화 작용에 속한다. 만일 충동이 승화와 탈성화 과정을 통해서 문화생산을 가능하게 해준다면 그 이유는 욕망의 한 양식으로서 충동이 이미 문화적이며 의미화 과정이고, 재현, 결여, 환상의 질서에 결부되어있기 때문이다. 충동은 자기 지양, 자기 승화가 가능하다. 그리고 '순수하게' 탈성화적 문화성 취로 고양될 수 있다. 충동은 오직, 그리고 이미 언제나 문화적이기 때문이다. 충동의 역설적이며 불가능한 탄생에서도 마찬가지이다.

승화의 개념은 상당히 복잡해서 단순히 성적인 목표를 탈성화하는 변화과정이라고만 이해할 수는 없다. 사적이고 개인적 강박을 공적이고 문화적인 생산물로 전환시키거나 에로스적인 대상을 예술적 대상으로 바꾸는 과정에 그치는 것도 아니다. 이 대립항들의 첫 번째 주관적 항들은 언제나 그 자체로 두 번째 문화적 항을 보유하고 있는 씨앗이나 흔적을 갖고 있기 때문이다. 승화는 충만하고 자기충족적인 본능을 탈성화하는 것이 아니라 이미 작업한 것을 다시 작업하는 것이다. 더 이상 내재적 규범성을 성기 중심 규범성에 귀속시킬 수 없고 재생산이나 성기 중심 교미와 어떤 인접성도 갖지 않는다면, 바로 이 성기규범성에 대해 설명해야 한다. 이 종작없고 우회하는 능력은 설명의 대상이 아니다. 충동이 극단적 기능에서만이 아니라 내재적으로 도착적이라고 한다면[24] 프로이트가 도착으로서의 동성애와 승화와 문화적 생산 사이에 지정한 연결고리는 단순히 문화적으로 생산적인 이성애와 개별적으로 도착적인 동성애 사이의 단순한 구분이 허락하는 것 이상으로 복잡하고 엉켜있다고 볼 필요가 있다. 프로이트와 라캉 모두 일견 이성애적 에로스 투자인 듯이 보이는 것 이면에 초기형태의 동성애적 충동과 성적 대상이 놓여있다고 했다. 나아가 승화가 충동의 추동력을 전이시키는 단순한 형식이라기보다는 사실상 탈성화라고 보는 것도 명쾌하지 않다고 나는 주장해 온 바이다.

승화가 단순히 본질적으로 성적인 것의 탈성화가 아니라면, 그리고 그 원천이 그저 '정상적' 추동력이 아니라 억압된 소망과 욕망이라면, 예술이 여전히 프로이트가 제안한 대로 고상하고 고양되며 특권적인 문화적 생산 활동인지 질문을 던져야 한다. 우리가 진지하게 프로이트의 승화개념을 취한다면 이 낭만주의적 예술가 이미지의 다양한 특징들은 문제적이 된다. 한 가지 짚어 볼 것은 예술적인 생산과 지적 혹은 과학적 생산 사이의 거리가 좀 더 느슨해지고 유지하기 어렵다는 것은 분명하다는 점이다. 지식을 사랑하는 마음, 즉 인식-애, 연구에의 열정 등 프로이트 자신 선호하는 승화의 형태는 예술생산에 대한 열정만큼이나 문화적으로 의미를 띠며, 구조적 심리적으로 이에 상동하다. 앎에의 욕망은 회화나 조각에의 욕망만큼이나 그 성적 기원을 유지하고 있다. 더 나아가 '고양된' 문화적 활동(예술과 지식)은 보다 더 '저급한' 성적 활동들과 쉽게 분리될 수 있거나 고급예술이 저급문화(가령 포르노그래피를 포함해서)와 쉽게 구별될 수 있다거나, 예술을 신경증과 도착증에서 분리해주는 매우 미세한 선을 유지할 수 있는지는 더 이상 분명하지 않다.

이처럼 프로이트의 승화개념을 좀 더 정통하게 이해하고 정신분석이론이 예술을 이해하는 것과 관련된 복잡성은 예술이 이론화될 수 있고 되어야 할 방식들을 꼼꼼히 재사유하기를 요구한다. 정신분석이론이 예술가의 심리, 동기와 생활역사를 예술작품의 탄생과 생산으로서 분석하는 방식으로서 '사실이후'로 기능하는 경향이 있다면 (투사된) 심리전기의 양식으로 정신분석이 계속해서 작동해야 할 이유는 없다.

한 가지 가능한 경로는, 만일 현대영화이론이 실마리를 제공해준다면, 창조적 주체의 분석으로부터 예술대상의 수용과 순환에서 작동하는 욕망의 문제로 향해가는 운동이다. 예술대상은 예술가의 생활역사가 아니라 역사 그 자체의 역사에 위치한다. 예술대상은 어떤 욕망을 불러일으키고 어떤 환상의 고리에 걸리며, 관객의 주관성에 어떻게 어필하는가? 이런 질문들은 심리전기적 설명의 사적인 세련됨을 요구하지 않는다. 실제로 어떤 특수한 관객-주체의 분석은 아마 심리적 이해관계는 있지만 어떤 미학적 가치는 없다. 오히려 관객의 욕망을 매혹시키는 어떤 것이 개별 예술작품에 있다는 점을 설명할 필요가 있고 예술작품이 구성원에게 '말을 거는' 방식을 설명한다. 달리 말해서 예술은 유혹의 양식, 성적 접근의 방식으로 간주되어야 한다. 이것이 왜 프로이트가 예술가와 작가가 분석가만큼이나 무의식에 접근할 통로를 갖고 있다고 믿는 이유이다.[25]

마지막으로 성적 도착, 특히 동성애가 문화적 생산에 제공하는 기여에 관련해서 나의 제안이 적절하다면, 아마도 모든 창작물, 모든 새로운 창작품은 이미 억압된 동성애적이고 도착적 충동의 해방에 사회적이고 문화적인 빚을 지고 있음을 강조하는 일이 중요하다. 다시 말해 반사회적이고 반문화적이며 문명에 적대적인 것으로 지칭된 것에 지게 되는 문화적 빚이다. 문명 일반과 개별 예술은 동성애자와 성소수자들에게 가해지는 사회적 불의들을 베일로 가리고 비가시화하는 일에 참여하고 도와준다. 물론 그 과정에서 에너지와 추동력에 의존하며 소진시킨다. 이 빚을 인정하고 사회적이고 문화적 생산을 이해하고 가치를 부여하는 비평기준의 이성애 중심적 성격을 변화시키는 일이 필요하다. 정신분석가와 정신분석은 그들이 동성애와 도착을 주변화하고 병리화시키는 값을 치르고서 예술을 고양시키는 정상화과정 편에 서 있을지 여부를 결정할 필요가 있다. 혹은 정신분석을(우리가 완벽하게 해낼 수 있는 일인데) 적절하고 명백하며 분명히 드러나고 기대 받고 있는 것을 문제 삼기 위해서, 또 그 이면에 있는 것을 드러내고 그것을 가능하게 만드는 것을 드러낼 목표를 갖고 정상성을 문제시하도록 사용할 것인지 선택해야 한다.

주

1 Sigmund Freud, "Leonardo Da Vinci and a Memory of his Childhood," *The Standard Edition of the Complete Psychologoical Works of Sigmund Freud.* James Strachey 편역 (London: Hogarth Press, 1957). vol. XI, 57-137쪽. "The Moses of Michelangelo," *SE.* vol. XIII, 209-238쪽.

2 Freud, "Some Thoughts on Development and Regression-Aetiology", *SE*, vol. XVI, 345쪽.

3 Freud, "Creative Writers and Day-Dreaming," *SE*, vol. IX. 145쪽.

4 Freud, "'Civilized' Sexual Morality and Modern Nervous Illness," *SE.* vol. IX, 187쪽.

5 Freud, *Three Essays on the Theory of Sexuality, SE,* vol. VII, 210쪽.

6 Freud, "Some Thoughts on Development," 345쪽.

7 Freud, *Three Essays on the Theory of Sexuality,* 210쪽.

8 "성적 본능의 본래적 힘은 다양하다. 우리에겐 개인마다 그 내적인 구성에 따라 성적 본능의 일부가 얼마큼 승화되어 사용될 수 있는지 첫 심급에서 결정되는 듯이 보인다. 이에 더해서 경험의 효과들과 그의 정신적 장치에 미치는 지적 영향은 그보다 좀 더 많은 부분이 승화되도록 하는 데 성공한다." Freud, "'Civilized' Sexual Moraity and Modern Nervous Illness," 187-88쪽.

9 같은 글, 188쪽.

10 같은 글, 191쪽.

11 같은 글, 190쪽.

12 같은 글.

13 같은 글, 188-89쪽.

14 Jacques Lacan, *The Four Fundamental Concepts of Psychoanalysis.* Jacques-Alain Miller 편집. Alan Sheridan 번역 (New York: Norton, 1978), 150쪽.

15 Freud, *The Ego and the Id. SE,* vol. IXX, 44-45쪽.

16 하지만 다른 글에서는 프로이트가 사유의 좀 더 뇌와 연관된 성과물들을 예술가들의 활동적인 육체적 생산물과는 구별하려고 애쓴다. "가능한 승화의 양과 필요한 성적 활동의 양 사이 관계는 당연히 사람마다 다르다. 직업에 따라 달라지기도 한다. 절제

하는 예술가란 거의 상상할 수 없지만, 절제하는 젊은 현인은 전혀 드물지 않다. 후자의 경우 자기절제를 통해 그는 자신의 연구로부터 힘을 해방시킨다. 반면 전자의 경우 아마도 자신의 예술적 성취를 자신의 성적 경험으로부터 받는 강한 자극을 통해 이루게 된다. 일반적으로 나는 성적 절제가 에너지가 넘치고 자기주도적인 행동하는 남성이나 독창적인 사상가, 대담한 해방주의자와 개혁주의자를 도와준다는 인상을 받진 못했다. 좀더 자주 행동이 바른 나약한 사람들을 만들어내는데, 후에 이들은 강한 개인들이 이끄는 대로 마지못해서 따르는 경향이 있는 대중들 사이이에서 사라져버리게 된다"(Freud, "Civilized' Sexual Moraity", 197쪽).

17 Freud, *The Ego and the Id*, 45쪽.

18 Freud, "The Paths to the Formation of Symptoms," *SE*, vol. XVI, 376쪽.

19 Lacan, 154쪽.

20 같은 글, 165–66쪽.

21 같은 글, 155쪽.

22 같은 글, 168쪽.

23 같은 글, 169쪽.

24 이런 주장은 프로이트와 라캉의 이론과 일치한다. 장 라플랑슈와 테레스 드 로레티스의 글에서 잘 표현되어있다. Jean Laplanche, *Life and Death in Psychoanalysis*, Jeffrey Mehlman 번역 (Baltimore: Johns Hopkins University Press, 1976); Teresa de Lauretis, *The Practice of Love* (Bloomington: Indiana Univeristy Pressm 1994).

25 Jean-Luc Nancy, "In Statu Nascendi." *The Birth to Presence*. Brian Holmes 번역 (Stanford: Stanford University Press, 1993), 215쪽.

도착, 승화, 미학: 엘리자베스 그로스에 답하다

- 팀 딘

7년 전 테레사 드 로레티스와 벌인, 레즈비언 섹슈얼리티를 이해하는 데 프로이트-라캉주의 모델이 타당한가의 여부를 둘러싼 논쟁과정에서 엘리자베스 그로스는 정신분석을 "끝난 담론"이라고 했다. 즉 정신분석의 시간은 이제 끝났고 그 정치적 효용성마저 전부 고갈되었으므로, 동성애비평에 국한한다고 해도 사망선고를 내려야 한다는 입장이었다. 그로스는 『사랑의 실천』을 "묻는다"라는 부제를 아주 적절히 사용했던 글에서 "우리가 여기서 물어야 할 질문은 이 죽어가고 있는 정신분석의 정치적 명분과 신뢰성을 부각시키려는 드 로레티스의 목적이 성공했는지 여부이다." 그로스는 계속해서 묻는다. "정신분석을 레즈비언 기획에 전용하려고 시도했던 여타 레즈비언 이론가들은 이 사경을 헤매는 담론의 단말마 고통을 연상시키고 있는 게 아닌지? 응당 매장되어야 할 때 회복의 희망을 부여하면서 말이다."[1] 자신이 던진 질문에 모두 긍정적 대답을 제시하면서 그로스는 자신과 다른 주장을 피력하는 드 로레티스에 맞서 정신분석은 본질적으로 레즈비언 욕망을 설명할 수 없다고 주장했다. 그로스에 따르면 정신분석은 "자신이 앎의 방식이 되기 위해서 반드시 배제해야 할 것이 무엇인지 정확히 설명할" 수 없다.[2]

정신분석을 이렇게 신랄하게 비판함으로써 ― 프랑스계 프로이트학파를 페미니스트 시각에서 신중하게 전용했던 레즈비언 페미니스트의 시도에 응답하는 과정에서 ― 그로스는 "이 죽어가는 담론"을 치워버리기로 작정한 듯했다. 그러니 그로스가 「숭고의 이상한 우회로」에서 프로이트의 충동이론을 정교하게 분석했을 때 나는 다소 놀라지 않을 수 없었다. 이 논문에서 그로스는 자신의 동성애적 미학비평에 정신분석적 도착이론이 불가피하다는 점을 보여준다. 그로스는 정신분석 담론의 죽음을 선언한 바 있지만, 이 대목에서 그 선언이 지나친 과장이었음이 드러난다. 그로스가 승화를 다루면서 정신분석을 사용했을 때 이것은 그로스식의 '프로이트로의 회귀'를 가리킨다고 볼 수 있지 않을까? 게다가 이 예상치 못한 회귀는 정신분석이 문화적으로 고집스럽게 버티고 있다는 점, 정신분석의 죽음을 알리던 저 수많은 조종소리에도 불구하고 불연속적으로 지속되면서 저항하고, 길들여지고 기형화되어온 과정을 말해주고 있는 게 아닐까? 나는 다른 지면에서 동성애이론 내부에서 정신분석을 부인하는 것은 정신분석의 기본개념을 동성애식으로 재발명하기도 한다고 지적한 바 있다. 가령 주체의 갈등, 에로스적 집착의 역설적 이동성과 전복성, 그리고 이와 함께 욕망의 본질적 도착성 등 같은 개념들이다.[3] 동성애이론은 정신분석과 동거할 수 없지만, 정신분석 없이 살 수 없다. 아마 정신분석은 매장되기보다는 동성애비평가들의 손을 거쳐서 광범하고 다양하게 재구성되는 과정에서 부활했다고 볼 수 있다.

「숭고의 이상한 우회로」에서 그로스는 동성애와 정신분석의 밀월이 얼마나 생산적일 수 있는지를 잘 보여준다. 충동의 불안정성으로부터 도착적 섹슈얼리타와 문화생산을 함께 설명할 개념을 찾아낸 그로스는 미학에 관해 좀 더 진지하게 생각할 기회를 제공한다. 이 범주는 다수의 문학연구와 문화연구자들이 보기에 병적인 듯 치부되곤 한다. 정신분석의 사망선고를 내리는 행위에 함축된 정치적 동기와, 미학이 정치적 관심사가 탈각된 영역이라는 광범한 믿음 사이에는 어떤 연관성이 있지 않을까? 확실히 문화연구의 방식으로서 정신분석과 가치양식으로서의 미학은 최근 수년간 다양한 역사주의 형태들로부터 폄하되어왔다. 그러니 그로스가 미학을 프로이트이론에 관한 동성애적 시각을 경유해서 재고찰하려고 시도한다는 사실은 매우 흥미롭다. 프로이트를 좇아 그로스는 동성애와 예술 사이의 긴밀한 관련성을 밝혀낸다. 하지만 그로스는 미학에 관한 가장 흥미로운 정신분석적 설명이 프로이트의 예술이론이 아니라 충동이론에서 가능하다는 점을 잘 알고 있다. 유의미한 미학이론을 구성하려면 프로이트를 버터 읽어야 하고, 다시 한번 정신분석을 '거꾸로' 읽지 않을 수 없다.

충동의 이름으로 행해진 프로이트의 개입이 정신분석비평가들

의 관심을 끌었다는 사실은 정신분석의 가장 어려운 문제들로의 귀환
을 의미한다. 이 문제들은 정신분석에 본질적이다.[4] 1964년 출간된 그
의 획기적인 저작『정신분석의 네 가지 기본개념』에서 라캉은 정신분
석이 발전해 가는 데 필요한 개념들을 제시하는데, 충동을 정신분석의
네 가지 개념 혹은 토대 중 하나로 지정했다. 이 세미나에서 "기본적 개
념들"이 아니라 "기본"을 제시했던 라캉의 취지에 따라 나는 충동이 단
순히 신개념의 일환이라기보다는 이미 구축된 과학적 인식론에의 개
입 — 혹은 방해 — 을 의미한다고 생각한다.[5] 충동은 '정신분석의 기본
개념'보다는 반-개념에 가까워서 개념적 봉쇄를 가능하게 만드는 메커
니즘에 쐐기를 박는다. 충동은 인간주체의 복지에 대해 전적으로 무관
심해서 주체를 곤란하게 만들고, 나아가 충동을 개념화하거나 캡슐에
집어넣기 위해서 주체가 시도하는 의식의 생산품마저도 교란시킨다.[6]

충동을 관례에 따라 정관사를 붙여서 사용하지 않는 나의 사용법
이 다소 상궤를 벗어나 있어 이상해 보인다면, 그건 정관사가 명사로
서 충동에 연결되어 오해를 낳기 때문이다. 엄격히 말해 정관사가 붙
은 충동은 존재하지 않는다. 모든 충동은 바로 부분충동이기 때문이
다. 그래서 전체로서의 단일한 충동이란 없다. 오직 힘의 조합되지 않
은 파편일 뿐이다. 이 파편들을 하나의 단일한 방향으로 향한 추진력
— 정관사 충동 — 으로 통합시키려는 것은 본능의 견지에서 사고하는
방식으로서, 본능은 바로 충동(Trieb[7])이 애초에 전치시키려고 했던 개
념이었다. 본능은 종에 봉사하지만 충동은 그렇지 않다. 충동이 진화
의 결과물로서 고도로 발전된 유기체와 언어(상징적 네트워크는 동물적 본

능을 충동의 부분성으로 탈자연화 시킨다)의 조우에서 발생한 산물이라는 의미에서 진화의 산물이긴 하지만, 충동은 진화의 목표에 봉사하지 않는다. 충동은 진보와 발전과는 정반대이다. 충동은 주관성 혹은 섹슈얼리티의 발전이론에 어떤 식으로도 동화될 수 없다. 진보라고 생각되는 것이면 어떤 것이라도 방해한다. 실제로 진보주의적 사상가들은 프로이트의 이론구성 중에서 현대적 미국의 감수성의 입맛에 맞는 상호주관성을 설명하기 위한 이론을 구축하려면 충동을 내버려야 한다는 것을 직관적으로 안다. 가령 스티븐 미첼은 합리주의학파의 설립자로서 반복해서 상호주관적 관계를 자세히 이해하게 되면 정신분석이 프로이트의 충동이론이라는 "일체(一體) 심리학"으로 종종 이해되곤 하는 차원을 넘어설 수 있다고 주장했다.[8] 미첼의 실수라면 — 그의 주장은 광범위하게 퍼져있는 오해의 한 유형이다 — 충동을 19세기 유산을 프로이트가 거부했다는 사실보다는 프로이트의 생물학주의의 찌꺼기를 나타내는 기호로 간주했다는 데 있다.

　미첼을 정당하게 이해하려면 프로이트 자신도 자신의 사유에서 충동이 갖는 위치에 관해서 만큼은 미첼과 같은 실수를 했다는 점을 인정해야 한다. 『쾌락원칙 너머』에서 사용된 유기적 메타포들은 충동과 본능의 차이를 모호하게 만든다. 그래서 충동이 대타자와의 조우가 초래한 결과로서 나타나는 것으로 보는 대신에, 상호주관성(일체 심리학이라는 개념에서처럼)과 대치하게 만든다. 이런 혼란은 장 라플랑슈가 『정신분석의 삶과 죽음』에서 깔끔하게 정리했다. 거의 모든 충동에 관한 현대의 연구자들은 — 나 자신 뿐 아니라 그로스도 포함해서 — 이 책에서 제공된 프로이트의 해석에 상당히 빚을 지고 있다. 라캉과 마찬가지로 라플랑슈는 정신분석기획의 기본토대를 재구축하는 일에 집중했다. 그는 충동을 가장 명료히 설명했고, '일체 심리학'의 관점이 아니라, 그가 "타자의 우선성"이라고 부른 관점을 유지했다. 『쾌락원칙 너머』을 해석하면서 결론에서 라플랑슈는 "죽음충동은 자체적인 에너지를 갖지 않는다. 충동의 에너지는 리비도이다. 혹은 더 나은 표현으로는 죽음충동은 바로 리비도순환의 영혼이며 구성적 원칙이다"⁹라고 썼다.

그래서 '죽음충동'은 간단히 말해서 인간주체에서 충동이 작동하는 방식을 묘사하는 용어이다. '죽음충동'이라고 부름으로써 충동이 일단 조합되지 않은 부분구성물로 파편화되면 기능장애를 일으킨다는 것을 지시하게 된다. 죽음충동이 보다 더 건전하고 생기로운 충동(성충동, 자기보존충동, 자아충동 등)에 대항하기보다는, 모든 충동이 — 충동은 본래 부분적이며, 전체로 조합되지 않는 고집을 갖고 있다 — 어떤 중요한 목적에 봉사하지 않기 때문에 주체의 생명을 위협하는 듯이 보이는, 어디에도 규정되지 않은 강박의 성격을 띠고 있다. 모든 충동은 어느 정도 죽음에 속박되어있다. 인간주체에게는 '죽음충동' 이외의 충동은 없다. 따라서 죽음충동이라는 표현은 일종의 오기(잘못된 표기)이며 불필요한 과잉이다. "모든 충동은 실질적으로 죽음충동이다"라고 라캉은 『무의식의 위치』에서 선언한다. "실질적으로"라는 표현은 "모든 의도와 목적에서"라는 의미이다.¹⁰ 생명에 봉사하기를 실패(부주의한 경우를 제외하면)한다는 점이 충동을 규정하며, 본능과 구별시킨다. 생물주

의적 개념이기는커녕, 충동은 인간주체에서 유기적 존재의 생물학적
명령과 독립해서 — 실상 그 명령을 종종 취소해버린다 — 작동하는 것
을 가리킨다.

만일 조합되지 않은 고집의 선들을 따라가는 충동이 주관적 조화
와 사회적 진보에 대한 반테제라고 한다면, 그럼에도 불구하고 충동은
이성애적 규범성을 방해하려는 시도들에서 진보적 성향을 보이는 기
획들에 동원될 수 있다.[11] 충동의 부분성에 관한 정신분석의 설명에 따
르면 선천적 이성애적 충동에 관한 대중적 개념이 명백히 모순적이다.
이성애주의 이데올로기는 충동의 주체 해체적 효과를 상상계적으로
총체화해야만 한다. 그렇게 해서 본질적으로 파행적인 것을 사회성의
재생산에 적응시킨다. 다르게 표현한다면, 이성애주의가 충동에 의해
드러나게 되는 리비도적 이물질을 비가시성의 지점까지 반드시 정상
화해야 한다고 말할 수 있다. 그로스는 바로 이 낯섦에 매혹된다. 특히
이 낯섦이 숭고하게 드러날 때 그렇다. "아마도 프로이트가 충동의 이
해에 비틀어 넣은 비정상 또는 변이 중 가장 낯선 것"이다. 그로스는 여
기서 동성애적인 것을 발견한다. 충동의 변이를 재점검하면서 그로스
는 이제 고작 10년도 되지 못한, 이 짐짓 새로워 보이는 현상으로서의
동성애 이론이 사실상 근 1세기 전의 프로이트의 도착이론으로 회귀
하고 있다는 사실을 정확하게 짚어준다.[12]

충동을 분화시켜서 충동이 자신의 대상에게만 오직 우발적으로
'납땜' 된다는 점을 알아낸 뒤 프로이트는 성과학, 정신병학 등 여타 당
대의 사유에 지배적이었던 성충동의 기능적 이해에 쐐기를 박는다. 그

의 「섹슈얼리티이론에 관한 세 가지 에세이」는 충동의 기능성에 관련된 가정들에 도전했다. 도착은 충동의, 그렇지 않다면 자연적이었을 목적에 발생한 우연이기는커녕 실제로 충동의 '자연적' 상태라고 그는 주장한다. 도착과 규범 사이의 관계를 역전시키면서 프로이트는 — 자크 알랭 밀러의 표현에 따르면 — "도착이 충동의 규범"이라는 것을 보여주었다.[13] 이런 방식을 따르면, 충동의 프로이트적 이론은 동성애의 관점에서 볼 때 정상성을 문제 삼는 기획들의 잠재적 동맹이 된다. 진정 우리는 프로이트가 충동을 퀴어[14]하게 만든 첫 이론가라고 말할 수 있다. 그는 충동의 근본적인 비정상적 탈기능성을 드러내주었다.

그러나 프로이트의 개입에 담긴 의미가 충동이 — 그동안 동물의 본능 모델에 따라 인간의 자연적 상태를 나타내는 환원 불가능한 기호로 고려되어왔다 — 실제로 문화적이라는 사실을 드러내는 것은 아니다. 그로스가 자신의 논문 말미에 도달한 결론이 바로 이것이다("충동은 이미 문화적이다"). 하지만 나는 그로스의 결론을 승인하지 않는다. 찰스 쉐퍼드슨이 『생명 신호』에서 잘 보여줬듯이 정신분석의 기본개념들(충동 등)에 담긴 의미는 자연/문화의 이분법을 구태의연하게 만든다는 데 있다. 테레사 드 로레티스 또한 프로이트와 푸코에 관한 아주 최근의 흥미로운 글에서 "프로이트의 충동개념은 구성주의와 본질주의 간의 대립을 무화시키고 제거한다"고 주장했다. 또 이 첫 대립관계의 지양인 문화와 자연의 대립도 무화시킨다.[15] 정신분석의 기본 개념에 담긴 어려움 — 그리고 특수성 — 은 좀 더 친숙한 개념적 틀과는 동화불가능하다는 점에 있다.

승화의 범주는 이런 점에서 모범적이다. 리비도적 충동이 뭔가 더 이상 직접적으로 성적이지 않은 것으로 변형되는 과정을 통해 문화가 존재하게 되는 과정을 설명해주는, 언뜻 익숙한 개념으로 보이는 승화는 사실 프로이트의 가장 어렵고 이론화가 덜 된 개념 중 하나이다. 섹슈얼리티를 성기 중심성에서 분리시켜서 무의식의 견지에서 묘사함으로써 프로이트는 성의 범주를 이해 불가능한 지점까지 밀고 가서 무엇인가가 성적인지 여부를 결정하는 데 노정된 어려움을 더 증폭시켜 버렸다. 그로스는 승화를 비성화보다는 비성기화라고 묘사해야 한다고 본다. 이로써 문화적 성취 — 고차원적인 미적 창작과정을 포함해서 — 가 동성애와 마찬가지로 도착적인 리비도적 충동의 결과물이라고 주장할 수 있게 된다. 이렇게 주장함으로써 그로스는 근본적으로 프로이트의 주장을 좇아 충동의 변이를 프로이트가 묘사할 때 발생하는 논리적 갈등을 펼쳐낸다.

그러나 그로스의 논의가 꼬이기 시작하는 것은 — 그리고 정신분석을 정신분석 자체에 맞서게 하는 지점 — 그로스가 예술의 사회적 특권은 동성애 혹은 퀴어를 희생함으로써 이루어진다고 주장할 때이다. 그로스는 미학적 창작이 사회적으로 존경받는 정도에 따라 동성애가 사회적으로 가치평가 절하된다고 주장하게 된다. 그녀의 논의에서 이 단계는 매우 중요하므로 인용문 전체를 수록하겠다.

아마도 모든 생산물, 모든 새로운 창작품은 이미 억압된 동성애적이고 도착적 충동의 해방에 사회적이고 문화적으로 빚지고 있음을 강조하는 일이 중요하다. 다시 말해 반사회적이고 반문화적이며 문명에 적대적인 것으로 지칭된 것에 문화적으로 지고 있는 빚이다. 문명 일반, 그리고 개별적인 예술은 동성애자와 성소수자들에게 가해지는 사회적 불의들을 베일로 가리고 비가시화하는 일에 참여하고 또 도와준다. 물론 그 과정에서 그들의 에너지와 추동력에 의존하면서 소진시키고 있다. 중요한 것은 이 빚을 인정하고 사회적이고 문화저 생산을 이해하고 가치 부여하게 되는 비평기준이 갖는 이성애중심성을 변형하는 것이 필요하다. 정신분석가와 정신분석은 예술을 동성애와 도착을 주변화하고 병리화 시키는 값을 치르고서 고양시키는 정상화과정의 편에 서 있을지 여부를 결정할 필요가 있다. 혹은 정신분석을 사용해서 (우리가 완벽하게 해낼 수 있는 일) 적절하고 명백하며 분명히 드러나고 기대받고 있는 것을 문제 삼기 위해서, 또 그 이면에 있는 것을 드러내고 그것을 가능하게 만드는 것을 드러낼 목표를 갖고 정상성을 문제 삼을 것인지 선택해야 한다.[16]

이 지점까지 그로스를 따라가면서 — 즉 그녀의 정치적 신념, 정신분석에 대한 회의주의적 접근과 적용, 미학에 대한 관심과 이성애정상성을 비판하는 일에의 투자 등에 진심으로 동참하면서 — 나는 그녀의 논의가 이르게 되는 이런 결말에는 참여할 수는 없다. 그로스가 제안하는 선택지는 — 한편에는 예술과 정상화, 다른 한편엔 동성애 혹은 퀴어 — 내 입장에서는 그녀가 정교하게 개념화한 승화에 대한 설명에 온당하지 못하다. 퀴어와 정상화는 분명 대립되긴 하지만 — 그리고 정신분석은 때로 도착이론을 통해 퀴어 쪽에 속하는 듯 보이고, 혹은 오이디푸스에 대한 헌신을 통해서 정상화 세력과 손을 잡고 있다 — 나는 예술은 규제적 정상화 규범보다는 퀴어에 더 가깝다고 제안하고 싶다.

예술의 퀴어성에 관한 내 주장을 그로스의 글에서 얻은 힌트를 통해서 발전시키고 싶다. 영화이론에서의 선례를 언급하면서 그로스는 정신분석이 미학을 예술가의 시선에서보다는 관객이나 관중의 시선에서 이론화한다고 제시한다. 다시 말해 그로스는 문화적 생산의 벡터로부터 문화적 수용으로 초점을 바꾸자고 제안한다. 영화이론은, 더 넓게 문화연구는 정신분석을 사용해서 영화관객과 미학적 사물들의 문화적 순환에 관한 세련된 설명을 발전시켜왔다. 그렇게 대중미디어가 문화적 환상을 가동시키는 방식, 그리고 사회적으로 규범적인 재현물 마저 겉보기에 정상화 어젠더를 손상시키는 방식으로 소비될 수 있는 방식을 제시했다.[17] 보통 이런 정신분석적 문화수용 이론은 대중적 미학형태, 즉 고급예술보다는 영화나 장르소설에 초점을 둔다. 그로스는 엘리트미학형식들이 여타 예술형식을 희생하면서 문화적 위세를 얻는다고 제안하는 — 이건 그로스만의 주장은 아니다 — 듯 보인다. 그로스는 대중미학을 고급예술에 종속시키는 문화적 위계와, 마이클 워너가 "비표준적 친밀성"이라고 부르는 것을 나타내는 모든 사례들을 — 동성애 뿐 아니라 광범위하게 혼외정사를 포함해서 — 이성애정상성에 종속시키는 사회성적 위계 사이의 연관성을 발견하는 듯하다.[18]

성적 위계와 문화적 위계 사이의 직관적 관련성은 대중적 미학형식 — 멜로드라마, 포르노그래피, 키치와 캠프[19] — 과 퀴어 공동체 사이의 역사적 연결성을 통해서 확인받는 듯 보인다. 대중적 미학형식들이 도착적 감수성과 퀴어공동체의 비전에서 담당하는 중요한 역할의 결과 우리는 미학적 위계를 교란시키는 것은 무엇이든 이성애정상성을 강요하는 사회성적 체제를 탈안정화시키는 데 도움이 된다고 생각하려는 경향이 있다. 나 자신 일부 하류급 문화적 형식에 대한 게이친화성을 공유하곤 있지만 미학적 질서와 성적 위계질서 사이의 이러한 직관적 관련성은 파기시켜버리고 싶다. 많은 점에서 나는 문화적으로 특권화된 미학 형태들 — 그로스가 강등시키려고 했던 형식들 — 이 관례적으로 가치 절하된 레즈비언, 게이 친화적 대중문화보다 더 퀴어적이라고 — 즉 정상화의 명령에 더 저항적이다 — 생각한다. 멜로드라마, 포르노그라피, 장르소설, 뮤지컬 등 대중적 미학형태들이 제공하는 쾌락은 익숙하고 쉽게 접근 가능한 쾌락이다. 이 대중적 형식들은 관객이나 독자의 동일화를 쉽게 해주는 서사들을 제공함으로써 인정의 쾌락을 제공한다(게이남성들이 멜로드라마의 여주인공과 동일화되는 스테레오타입의 사례에서처럼 관객의 동일화가 사회적으로 규정된 다양한 경계들을 가로지르는 경우에도 이는 마찬가지이다[20]). 이처럼 손쉬운 인정의 쾌락을 제공할 수 있다는 사실 때문에 이 문화적 형식들은 대중적이다. 물론 대량판매도 가능해진다. 진정한 의미에서 기업화된 미디어의 지원을 받는 초국가적 자본주의는 이렇게 비교적 미학적 쾌락에 손쉽게 접근 가능하다는 매력에 기대고 있다. 다시 말해서 그로스의 몸짓이 가리키고 있는, 정신분석적으로 규정된 미학적 수용이론들은 본질적으로 소비의 이론이다.

　　그렇지만 소비에 적극적으로 저항하고, 의도적으로 접근불가능하게 만드는 엘리트주의적인 미학적 형태들은 어떤가? 관객이나 독자와의 동일화를 꾀하는 대신 금지시키는 예술은 어떤가? 오로지 상당한 정도의 해석학적 폭력을 사용함으로써만 친숙해질 수 있는 고급 문화적 형식들은 어떤가? 내가 염두에 두고 있는 것들은 마크 로스코, 알랭 레네, 에밀리 디킨슨, 하트 크레인 등의 '난해한' 예술작가들이다. 이들의 낯섦과 혹은 퀴어다움은 창작자들의 동성애보다는 식별가능성에 맞서는 그들의 미학적 도전과 더 관련되어 있다.[21] 이렇게 의미를 교란시킴으로써 근본적으로 정상화에 저항하는 예술은 쉽게 의미를 전하는 대중문화의 생산물보다 퀴어 정치에 좀 더 강력한 동맹이 되는 것 같다. 그렇게 함으로써 또한 주체적이고 사회적 인식도 제시한다.

인식가능성의 도식과 정상화과정을 동일시함으로써 — 또 '난해한' 예술을 퀴어다움과 연계시킴으로써 — 나는 일정한 미학적 형태들이 타자성을 담보하고 있고, 소비에 기초한 문화적 수용 이론을 아예 부적절하게 만든다고 제안하고 싶다. 문화적 생산에 초점을 둔 정신분석적 미학 이론들은 이런 맥락에서는 문화소비에 대한 정신분석적 설명으로서는 소용가치가 없다. 승화의 개념을 통해 정신분석이 문화생산의 방향으로 향하게 된다는 것을 인정할 필요가 있다. 이 방향에서는 미학적 타자성을 이해하기란 더 어렵다. 프로이트가 미학에 기여한 것은 생산이 아니라 수용에 집중했을 때이다. 가령 『기묘함』에서 미학적 효과의 이론이 제공되었는데, 이 글은 프로이트가 죽음충동을 '발견'했던 시기에 썼다. 기묘함의 영역에서 예술은 불편할 정도로 낯설어지기 시작한다. 프로이트는 내가 예술의 타자성이라고 부르는 것을 기록

하는 데 근접했다. 물론 프로이트는 미학적 낯섦을 다시 친숙하게 만들
수 있는 해석학적 프레임을 자유로이 사용하고 있다. 물론『기묘함』을
해석한 수많은 해설자들에게는 이 프로이트의 프레임이 이해하려고
애쓰는 미학적 효과에는 사실상 부적절해 보인다. 정신분석이 후기헤
겔주의적 타자성의 철학을 취하고 인식의 변증법을 넘어갈 때에만 윤
리적 견지에서 예술의 타자성에 대해서 사유할 준비를 갖추게 된다.

정신분석이 '난해한' 미학형식들의 비인간적 낯섦을 윤리적으로
다루기 위해서는 정신분석을 설립했던 해석학적 명령에 저항해야만
한다. 어려운 예술을 만들지 않는다는 것은 — 즉 미학적 불투명함을
좀 더 이해가능하게 변형시키려는 충동을 거부하는 것 — 아마도 여타
다른 제도화된 해석보다 정신분석에 더 큰 도전이 된다. 그로스와 달
리, 예술을 퀴어다움과 프로이트주의 사이의 동맹을 유지하려고 하기
보다는 퀴어 쪽에 위치 지우는 것이 더 쉬울지 모른다. 그럼에도 불구
하고 라캉주의적 실재의 범주에서 — 의미에 저항하고 해석을 방해하
는 것으로서의 실재 — 우리는 예술의 타자성에 반응하는 정신분석의
윤리를 절합할 개념적 방식을 찾아야 한다. 시인 수잔 하우는 디킨슨
의 '난해한' 예술이 담고 있는 규제할 수 없는 경제를 사색하면서 "의미
의 타자는 해석 불가능한 변이이다"라고 말했다.[22] 하우가 "해석불가능
한 변이"라고 표현한 의도가 동성애 또는 몇몇 비평가가 디킨슨의 레
즈비어니즘이라고 과감하게 규정하려고 했던 것과는 무관하지만, 해
석 불가능한 변이는 퀴어다움과 동의어라고 볼 수 있다.[23] 일단 에로스
적 실천, 판타지와 욕망들이 해석불가능한 지점까지 변이적이라고 인

정된다면 — 그리고 식별가능성의 도식, 라캉의 '욕망의 구조'와 같은
것들이 전적으로 에로스적 변이와 통약불가능하다고 인정된다면 —
정신분석은 최종적으로 정상화의 사회적 장치로부터 분리될 것이다.
미래의 어느 지점에선가 정신분석은 아마도 치유와 해석학적인 것보
다는 미학적이고 예술적인 실천이 되어야 할지 모른다. "이 사경을 헤
매는 담론"은 낯선 형태로 되돌아올 수도 있다.

주

1 Elizabeth Grosz, "The Labors of Love: Analyzing Perverse Desire: An Interrogation of Teresa de Lauretis's *The Practice of Love*," *Differences* 6 (1994), 278쪽. 이 논문은 Grosz, *Space, Time and Perversion: Essays on the Politics of Bodies* (New York: Routledge, 1995), 155–171쪽에도 수록되어있다. 또 de Lauretis, *The Practice of Love: Lesbian Sexuality and Perverse Desire* (Bloomington: Indiana Universit Press, 1994)도 참조할 것. 드 로레티스가 그로스의 비판적 독해에 대해 답변한 것은 "Habit Changes", *Differences* 6 (1996), 296–313쪽에 수록되었다.

2 Grosz, "The Labors of Love", 287쪽.

3 Tim Dean, "On the Eve of a Queer Future", *Raritan* 15:1 (1995), 116–134쪽 참조.

4 가령 『엄브라 충동』 특별호 *Umbr(a)* 1 (1997) [한국어 번역본은 『충동의 몽타주』(인간사랑)로 번역되었다(역주)]; Teresa de Lauretis, "The Stubborn Drive," *Critical Inquiry* 24 (1998), 851–877쪽; Charles Shepherdson, *Vital Signs: Nature, Culture, Psychoanalysis* (New York: Routledge, 2000), 특히 187–195쪽 등을 참조할 것.

5 Jacques Lacan, *The Four Fundamental Concepts of Psychoanalysis.* Jacques–Alain Miller 편집. Alan Sheridan 번역 (Harmondsworth: Penguine, 1977), 1–5쪽.

6 리오 베르사니는 이에 관련해서 프로이트가 정확히 어떤 이론적 기획이라도 탈선을 하게 하고 그럼으로써 메타심리학의 현실화를 교란시키는 정신적 힘들에 대해 묘사한다고 주장한다. Bersani, *The Freudian Body: Psychoanalysis and Art* (New York: Columbia University Press, 1986)을 참조.

7 충동으로 번역되는 영어의 drive에 해당하는 독일어 원어. 본능인 instinct와 구별된다(역주).

8 Stephen A. Mitchell, *Hope and Dread in Psychoanalysis* (New York: Basic, 1995)를 참조.

9 Jean Laplanche, *Life and Death in Psychoanalysis.* Jeffrey Mehlman 번역 (Baltimore: Johns Hopkins University Press, 1976), 124쪽.

10 Jacques Lacan, "Position of the Unconscious". Bruce Fink 번역. *Reading Seminar XI: Lacan's Four Fundamental Concepts of Psychoanalysis.* Richard Feldstein, Bruce Fink and Maire Jaanus 편집 (Albany: SUNY Press, 1995), 275쪽.

11 퀴어 연구를 개입의 실천으로 보는 개념에 관련해서 William Haver, "Queer Research: or, How to Practice Invention to the Brink of Intelligibility". *The Eight Technologies of Otherness*. Sue Golding 편집 (New York: Routledge, 1997), 277-292쪽.

12 나 자신 *Beyond Sexuality* (Chicago: Unviersity of Chicago Press, 2000)에서 주장했듯이 퀴어 이론은, 현재 이론가들 대부분이 믿고 있듯이 푸코가 아니라 프로이트에서 시작되었다.

13 Jacques-Alain Miller, "On Perversion". *Reading Seminars I and II*. Richard Feldstein, Bruce Fink and Maire Jaanus 편집 (Albany: SUNY Press, 1996), 313쪽.

14 퀴어는 일반적으로 성소수자를 의미하는 말인데, 단지 동성애자 뿐 아니라 트랜스젠더, 바이섹슈얼, 판섹슈얼 등 이성애주의에 속하지 않는, 다양한 성적 취향에 따른 소수자들을 포괄하는 표현이다(역주).

15 De Lauretis, "The Stubborn Drive:, 858쪽. 또 Shepherdson, *Vital Signs*도 참조할 것.

16 Grosz, 이 책 281-282쪽 참조.

17 이런 종류의 작업에 대한 고전적 사례는 Constance Penley, "Feminism, Psychoanalysis and the Study of Popular Culture", *Cultural Studies*, Laurence Grossberg, Cary Nelson, and Paula A. Treichler 편집 (New York: Routledge, 1992), 479-500쪽에서 볼 수 있다.

18 Michael Warner, *The Trouble with Normal: Sex, Politics, and the Ethics of Queer Life* (New York: Free Press, 1999), 106쪽.

19 camp는 의도적으로 질이 좋지 않거나 나쁜 것처럼 만들거나 그런 것을 칭송하는 예술적 스타일이고 kitsch는 의도하지 않게 질이 떨어지거나 세련되지 못하고 예술적 가치가 떨어지는 것을 말한다(역주).

20 퀴어 이론에서 이런 교차동일화에 대한 연구가 많이 있다. 퀴어의 기호로 보이는 것으로 부분적으로는 퀴어와 교차 사이의 어원상, 그리고 개념상의 연관성에서 비롯된다. 가령 Judith Butler and Biddy Martin, "Cross-Identifications", Introduction to a queer special issue of *Diacritics* 24:2-3(1994), 3쪽을 보라. 그리고 Eve Kosofsky Sedgwick, "Foreword: T Times," *Tendencies* (Durham: Duke University

Press, 1993), xi-xvi; D. A. Miller, *Place for Us: Essay on the Broadway Musical* (Cambridge: Harvard University Press, 1998)등을 참조. 내가 보기에 교차정체성 – 어떤 사회적 통제의 경계를 위반하는가와 무관하게 – 은 그것과 비교하면 모든 동일화를 무력화시키고 따라서 인식을 실패하게 하는 정상의 울타리에 남아있다.

21 로스코와 르네에 관련된 논의는 Leo Bersani and Ulysse Dutoit, *Arts of Impoverishment: Beckett, Rothko, Resnais* (Cambridge: Harvard Univeristy Press, 1933)을 보라. 디킨슨에 관한 논의는 Susan Howe, "These Flames and Generosities of the Heart: Emily Dickinson and the Illogic of Sumpturary Vales." *The Birth-Mark: Unsettling the Wilderness in American Literary History* (Hanover: Wesleyan University Press, 1993)을 참조. 크레인에 관해서는 Alen Grossman, "Hart Crane and Poetry: A Consideration of Crane's Intense Poetics with Reference to 'The Return,'" *English Literary History* 48(1981), 841-879쪽 참조할 것. 이 다채로운 비평적 해석들은 드러내놓고 미학적 난해함의 형식을 퀴어와 연결시키지는 않는다. 물론 이런 연결성을 가능하게 하는 조건들을 제공하고는 있다.

22 Howe, "These Flames and Generosities of the Heart", 148쪽.

23 나는 "Normalizing Emily Dickinson"에서 이런 주장을 피력했다. 이 글은 미간행원고로, 그로스의 글에 대해 쓰고 있는 현재 이 논문과 함께 *Beyond Sexuality*의 마지막 문장을 이론적으로 정치하게 발전시킨 것이라고 할 수 있다. 이 책의 말미에서 나는 "섹슈얼리티 너머 미학의 수 천 수 만개의 가능성이 놓여있다"(279쪽)라고 썼다.

저자 약력

- **어네스토 라클라우**

  아르헨티나출신 정치이론가로 급진적 민주주의 이론을 포스트이론과 정신분석을 결합해서 발전시켰다. 한국독자에겐 『사회변혁과 헤게모니』로 알려져 있다. 에섹스대학과 뉴욕주립대 등에서 강의했고 2014년 작고했다.

- **카를로스 페소아**

  에섹스대학교에서 브라질노동자 정당에 관한 연구로 박사학위를 받았다. 세인트매리대학교 정치학과 교수.

- **마르타 헤르난데즈**

  듀크대학교에서 라틴아메리카문화연구 및 문학연구로 박사학위를 받았다. 캘리포니아대학교(리버사이드) 스페인어교수

- **이성원**

  에섹스대학교에서 민주주의와 인권에 관한 박사학위를 받았다.

- **라쎄 토마센**

  에섹스 대학교에서 민주주의와 배제에 관한 박사학위를 받았다. 런던대학교에서 정치이론 강의를 하고 있다. 하버마스, 급진적 민주주의 등에 관한 책을 편집, 출간했다.

- **줄리엣 플라우어 맥케넬**

  캘리포니아대학교(어바인) 비교문학과 명예교수. 저서로 *The Hysteric's Guide to the Future Female Subject*(2000) 등이 있다.

- **신콴 청**

  뉴욕시티칼리지 영문과 교수. 프랑스와 독일의 비판이론, 법학과 문화연구, 영국탈

식민문학 등을 연구했고, 조운 콥젝, 줄리엣 플라우어 맥케널, 줄리아 크리스테바 등이 참여한 *Law, Justice, and Power*를 편집했다.

- **마크 드 케젤**

  네덜란드의 라부드대학교 신학과 교수. 저서로 자크 라캉의 세미나 7에 관한 책 *Eros and Ethics*(2002) 등이 있다.

- **커스틴 힐드가드**

  덴마크의 아허스대학교 교육학과 교수. 저서로 *From Fantasy to Powerlessness: Seven Chapters on Lacan and Philosophy*(1998) 등이 있다.

- **샘 질레스피**

  철학자이자 알랭 바디우 전문연구가. 정신분석 센터의 무의식 저널 『엄브라』를 공동 창간했다. 2003년 작고했고, 와익대학교 철학과에 제출한 박사논문 *The Mathematics of Novelty*(2008)가 사후 출간되었다.

- **아디 아피르**

  이스라엘의 텔아비브 대학교 철학과 교수. 저서로 *Plato's Invisible Cities: Discourse and Power in the Republic*(1991) 등이 있다.

- **아리엘라 아줄레이**

  브라운대학교 비교문학과, 현대미디어학과 교수. 저서로 *Death's Showcase*(2001)등이 있다.

- **믈라덴 돌라**

  슬로베니아출신 철학자. 루블레나대학교에서 가르쳤고 현재 네덜란드의 얀반윅아카데미 연구원이다. 저서로 *A Voice and Nothing More*(2006)이 있다.

· 엘리자베스 그로스

오스트렐리아 출신 페미니스트 철학자. 듀크대학교 여성학과 명예교수이다.
저서로 *The Incorporeal: Ontology, Ethics, and the Limits of Materialism*(2017) 등이
있다.

· 팀 딘

정신분석이론가. 미국 일리노이주립대학교(어바나샴페인) 교수. 저서로 *Beyond
Sexuality*(2000)등이 있다.

역자 약력

· 강수영

영문학박사. 알래스카대학교 강사.
2007년부터 뉴욕주립대 정신분석과 문화센터의 무의식 저널『엄브라』번역을 기획
하고 번역하고 있다. 그 외 다수 번역서를 출간했다.

폴레모스: 헤게모니와 민주주의
- 정신분석과 정치

발행일 1쇄 2024년 9월 30일

지은이 어네스토 라클라우/엘리자베스 그로스 외
옮긴이 강수영
펴낸이 여국동

펴낸곳 도서출판 인간사랑
출판등록 1983. 1. 26. 제일-3호
주소 경기도 고양시 일산동구 백석로 108번길 60-5 2층
물류센타 경기도 고양시 일산동구 문원길 13-34(문봉동)
전화 031)901-8144(대표) | 031)907-2003(영업부)
팩스 031)905-5815
전자우편 igsr@naver.com
페이스북 http://www.facebook.com/igsrpub
블로그 http://blog.naver.com/igsr
인쇄 하정인쇄 **출력** 현대미디어 **종이** 세원지업사

ISBN 978-89-7418-620-3 93100